순천 양천허씨의 임란기 구국활동과 충렬사

순천 양천허씨의 임란기 구국활동과 충렬사

초판 1쇄 발행 2015년 10월 15일

저 자 | 이욱 · 최연숙
발행인 | 윤관백
발행처 | ▲출판선인

영 업 | 이주하

등록 | 제5-77호(1998.11.4)
주소 | 서울시 마포구 마포대로4다길 4(마포동 324-1) 곳마루 B/D 1층
전화 | 02)718-6252/6257
팩스 | 02)718-6253
E-mail | sunin72@chol.com

정가 28,000원
ISBN 978-89-5933-937-2 93900

· 이 책은 2007년 정부(교육과학기술부)의 재원으로 한국연구재단의 지원을
  받아 수행된 연구임(KRF-2007-361-AM0015)

· 잘못된 책은 바꾸어 드립니다.

순천 양천허씨의 임란기
구국활동과 충렬사

이욱 · 최연숙 著

세수재와 충렬사 원경(왼편 건물이 세수재이고, 오른편 뒤쪽 건물이 충렬사이다.)

4 순천 양천허씨의 임란기 구국활동과 충렬사

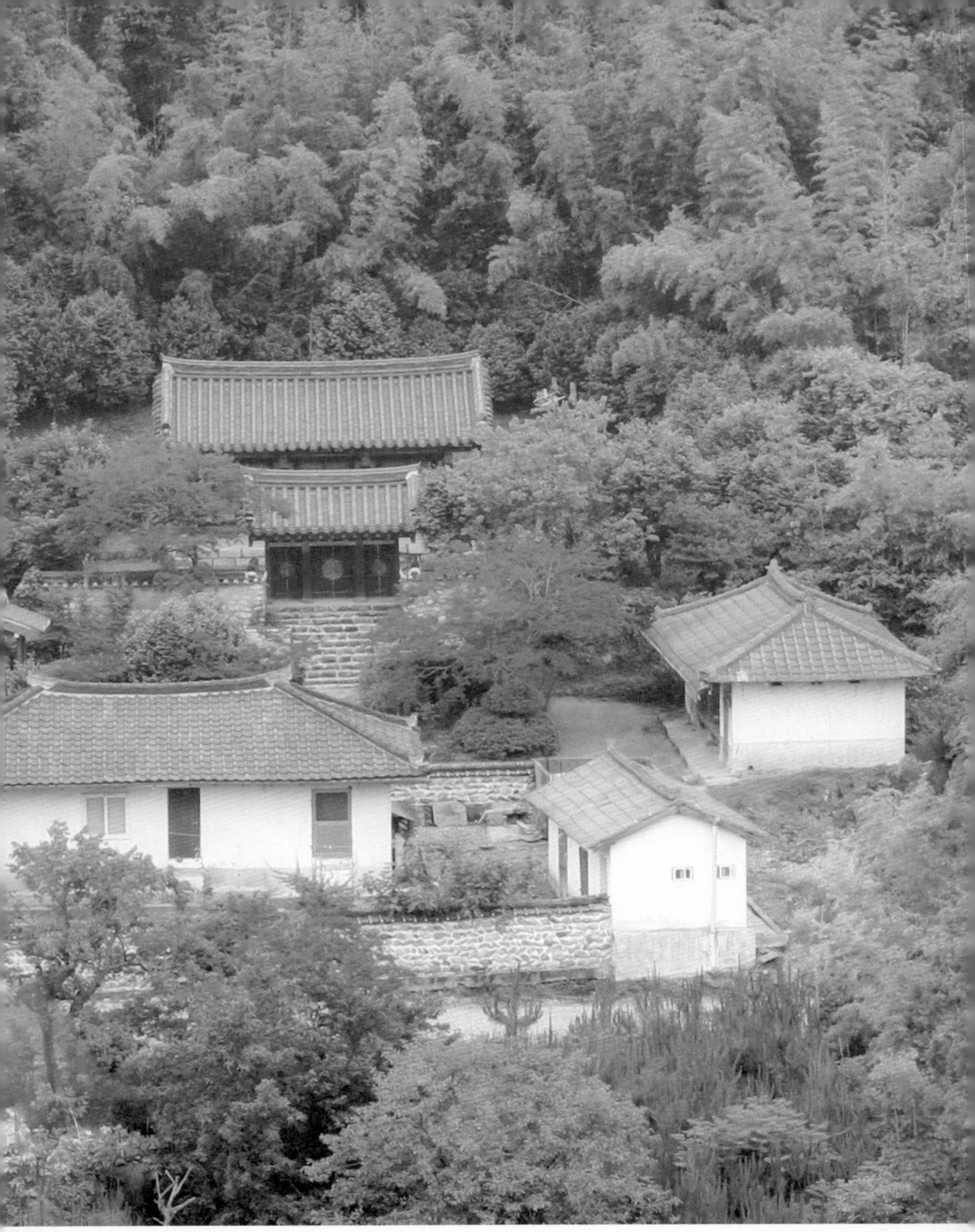

세수재 전경과 여재문(세수재 밖에서 찍은 모습. 원 안은 세수재의 정문인 여재문의 현판이다.)

세수재(양천허씨 대제학공파 승지공 종중의 순천 입향조 허형의 재실인 세수재 모습. 세수재 현판은 석촌(石邨) 윤용구(尹用求)가 썼다. 전남 순천시 조례동에 있다.)

허형의 묘소
양천허씨 대제학공파 승지공 종중의 순천 입향조
허형의 묘소와 묘비. 묘소는 전남 순천시 조례동의
충렬사 왼편 산기슭에 있다.

허형 기적비
세수재 들어가는 입구에 세워져 있는 허형 기적비. 양천허씨 대제학공파
승지공 종중은 입향조의 공적과 음덕을 기리기 위한 기념물로 기적비를
세워 놓았다.

염수재

승지공 종중의 소종인 무안공파의 재실. 왼편 사진은 멀리서 바라 본 염수재의 전경이고, 오른편은 염수재의 모습이다. 입향조 허형의 셋째 아들 무안 현감 허회인과 그 후손들의 신위를 봉안하고 있다. 전남 순천시 주암 면에 있다.

구암재
허희린의 다섯째 아들 허택의 재실. 전남 순천시 황전면에 있다.

충렬사
임란선무원종1등공신 허일을 봉안한 충렬사 전경. 전남 순천시 조례동에 있다. 1984년 2월 29일 전라남도문화
재자료 제6호로 지정되었다. 왼편 사진은 충렬사 외삼문인 소현문, 오른편은 사당인 충렬사이다. 두 현판 모두
의재(毅齋) 허백련(許百鍊)이 썼다.

순천 양천허씨의 임란기 구국활동과 충렬사

충렬사 기적비, 충렬사 공적비
왼편의 사진은 충렬사 기적비로 충렬사 입구에 세워져 있다. 오른편은 충렬사 공
적비로 충렬사 들어가는 입구에 입향조인 허형 기적비와 나란히 세워져 있다.

순천 양천허씨의 임란기 구국활동과 충렬사

육충각
임진왜란 때 순절한 허일과 그의 아들 6부자의 신위를 봉안한 육충각. 전남 순천시 황전면에 있다.

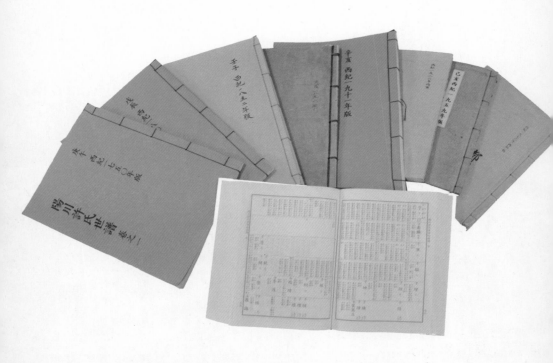

양천허씨 족보
1750년에 간행한 경오보부터 2009년에 간행한 기축보까지 총 9종의 양천허씨 대제학공파 승지공종중 족보

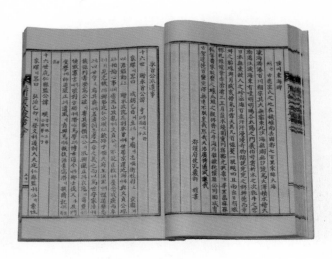

양천허씨문헌고
1966년 간행한 양천허씨문헌고. 1927년 『양천세고』 간행 후 양천허씨 대제학공파 승지공 종중의 역사를 정리하고, 선조들의 유문을 정리한 책. 1939년 허영, 허경 등의 주도로 체재가 완성되었고, 1966년 당시 전남부지사 허련의 재정 지원으로 간행하였다.

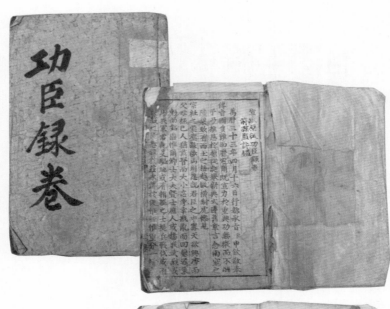

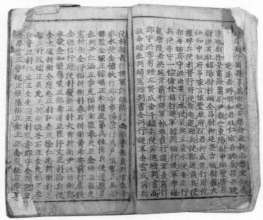

선무원종공신녹권

1605년(선조 38) 허일을 선무원종1등공신으로 녹훈하면서 간행한 공신녹권. 이때 허일과 함께 그의 종제인 허약은 3등, 아들인 허곤은 2등 공신으로 녹훈되었다. 허문조, 허백이 소장하다 문중에 기증하였다.

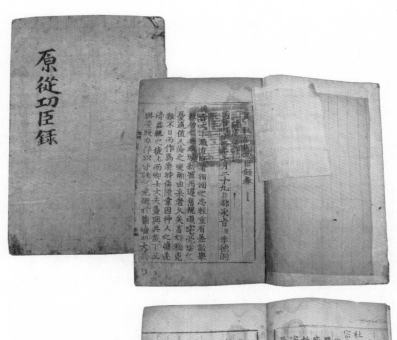

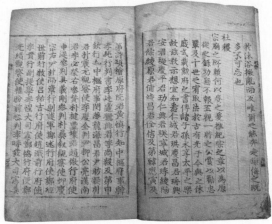

익사원종공신녹권
1613년(광해군 5) 승평사인 중 일인이었던 허엄의 장자 허경을 익사원종공신으로 녹훈하면서 간행한 공신녹권. 양천허씨 대제학공파 승지공 종중에서 소장하고 있다.

허일 추증교지

1595년(선조 28) 봉정대부 수 군자감 정 허일에게 통정대부 형조 참의의 증직을 내리는 고신교지. 왼편에 임진 왜란 때의 군공을 이유로 증직한다고 적혀있다. 허문조, 허백이 소장하다 문중에 기증하였다.

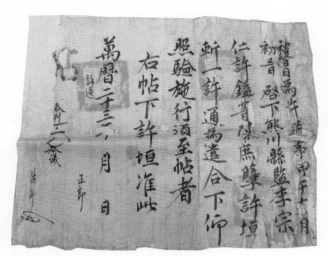

허원 허통첩
1594년(선조 27) 허원이 일본군 1명을 참수한 공을 인정하여 서얼에서 허통시켜주는 교첩.
허문조, 허백이 소장하다 문중에 기증하였다.

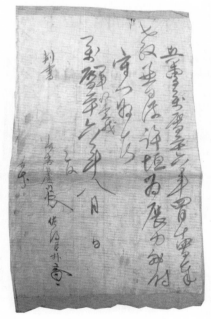

허원 교첩
1597년(선조 30) 겸사복 허원이 군공을 세웠기 때문에 전력부위 수문장에 임명한다는
내용의 교첩. 허문조, 허백이 소장하다 문중에 기증하였다.

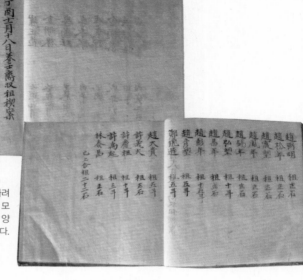

양사재수조계안

1717년(숙종 43) 향교 교육을 진흥하려
고 양사재를 건립하기 위해 자금을 모
으면서 작성한 계안. 허협, 허수 등 양
천허씨 문중 인물들의 이름이 보인다.
허명균이 소장하고 있다.

향집강안

향교의 임원인 집강의 명단을 기록한
책. 순천에서는 1732년부터 향안 대신
향집강안이 작성되기 시작했으며, 이
는 이 지역 향권의 중심지가 공식적으
로 향청 또는 향회에서 향교로 옮겨졌
음을 의미한다. 허얼, 허엽 등 양천허
씨 문중 인물들이 집강을 맡고 있음을
알 수 있다. 허명균이 소장하고 있다.

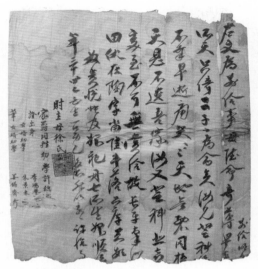

분재기(별급문기)
어머니가 둘째 아들의 과거 급제를 축하하면서 토지를 특별 상속
하는 문서. 앞부분과 아래가 결락되어 상속일이나 상속받는 이가
누구인지 알 수 없다. 허명균이 소장하고 있다.

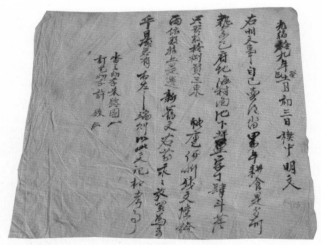

토지매매명문
1893년(고종 30) 주용국이 토지를 방매하며 작성한 문서. 토지 매득자는 허씨 문중에
서 만든 계이다. 문중 계를 원활하게 운영하기 위해 해촌면 지하평에 있는 4마지기의
논을 구입하고 있음을 알 수 있다. 허명균이 소장하고 있다.

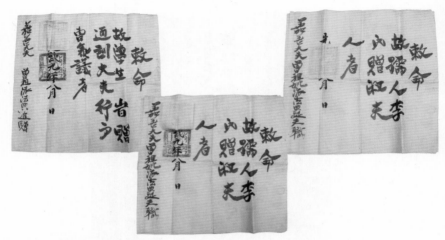

허암 추증교지
1905년(광무 9) 증손이 가선대부의 관계를 받아, 그 증조부와 증조모에게 각각 통훈대부 행 호조참의와 숙부인의 증직을 주는 교지. 허문조, 허백이 소장하다 문중에 기증하였다.

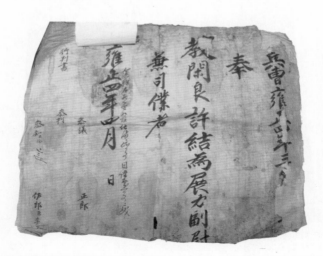

허결교첩
1724년(경종 4) 허결을 전력부위 겸사복의 관직에 임명하는 교첩. 교첩은 5품 이하 하위 관료의 임명장이다. 허문조, 허백이 소장하다 문중에 기증하였다.

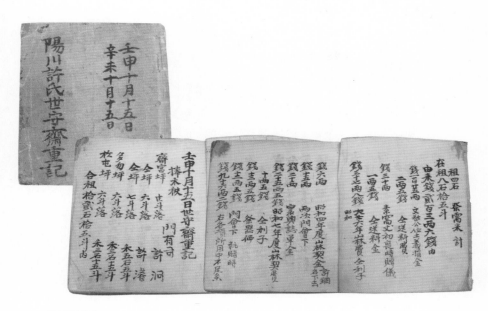

세수재 중기
양천허씨 순천 종중에서 작성한 회계장부. 1932년부터 지금까지 문중 재산에서 발생한 수입과 문중일로 인한 지출을 빠짐없이 기록하고 있다. 이를 통해 문중의 결속을 유지하며, 문중의 전통을 이어가고 있다. 양천허씨 대제학공파 승지공 종중에서 소장하고 있다.

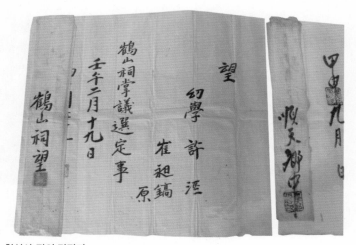

학산사 장의 망단자
1942년 학산사 장의 후보로 허경을 추천하는 단자. 1940년대에도 양천허씨 문중이 순천 유림에서 일정한 영향력을 행사하고 있음을 보여주는 자료이다. 허명균이 소장하고 있다.

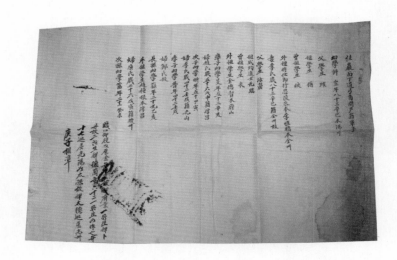

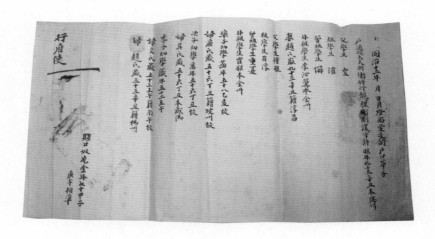

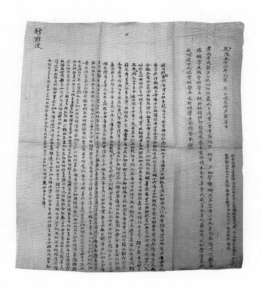

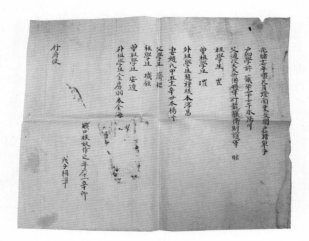

준호구

주암과 월등에 살던 허입, 허현, 허식 3대의 준호구. 31쪽 상단의 준호구는 1789년 허입이 29세이던 해에 작성되었으며, 많은 수의 노비가 있음이 확인되고 있다. 그 아래의 준호구는 허입이 83세때의 것으로 노비수가 급격히 줄어들고 있다. 이에 대해 양천허씨 순천 종중에서는 이때 노비를 해방시켜주었기 때문에 노비수가 급격히 줄어들었다는 이야기가 전해오고 있다. 허상만이 소장하다 문중에 기증하였다.

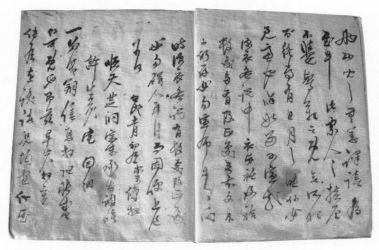

간찰첩
양천허씨 순천문중 선조들이 주고받은 편지를 모은 첩. 문중의 역사를 정리한 『양천허씨문헌고』를 편찬하면서 주고 받은 편지 등이 들어있다. 허옥, 허종이 소장하고 있다.

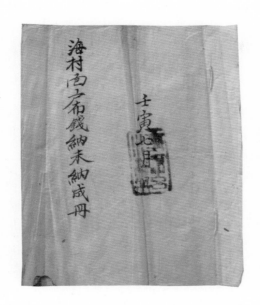

해촌면호포전납미납성책
1902년 해촌면에 할당된 호포전 중에서 납부액과 미납액을 결산한 문서. 당시 해촌면의 집
강이 양천허씨였기 때문에 이 자료가 전하고 있다. 허일만, 허창욱이 소장하고 있다.

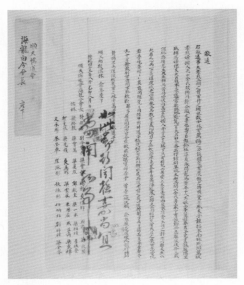

열녀통문
순천유도회 해룡분회에서 순천향교에 보낸 통문. 성균관에 광산김씨를
열녀로 추천해 달라는 내용을 담고 있다. 허상만이 소장하고 있다.

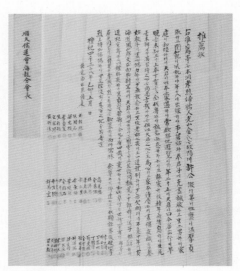

열녀추천장
순천유도회 해룡분회에서 광산김씨를 열녀로 포상할 것을 추천
하는 문서. 수신자는 성균관이다. 허상만이 소장하고 있다.

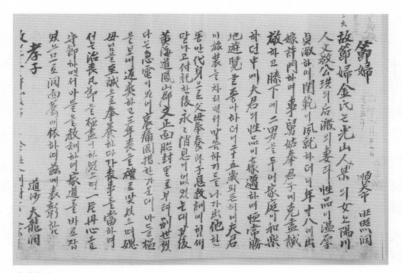

열녀사적

허은의 처 광산김씨의 열녀로서의 행적을 기록한 글. 성균관에서 광산김씨를 열녀로 표창하면서 그 행적을 정리하였다. 허상만이 소장하고 있다.

열녀포양장

성균관장의 명의로 허은의 처 광산김씨가 1975년에 열녀로 표창되었다는 사실을 확인해주는 문서. 허상만이 소장하고 있다.

| 발간사

국립순천대학교 지리산권문화연구원은 영호남에 걸쳐있는 지리산권의 역사, 사상, 그리고 문화를 중점적으로 연구하여 지리산권문화의 고유한 특성을 규명하고 바람직한 한국의 미래 사회상으로 모색하려고 합니다. 지리산권에는 지리산과 인접하고 있는 남원시, 순천시, 장수군, 곡성군, 구례군, 하동군, 산청군, 함양군 등이 포함됩니다. 지리산권문화연구원은 지난 2007년 개원이후 장족의 발전을 이룩하였습니다. 연구원은 구례와 순천대학교 캠퍼스에 인문학연구원으로서는 드물게 큰 연구공간을 가지고 있습니다. 또한 지리산권문화연구원은 정부지원을 받아 인문한국(Humanity Korea) 사업단을 주관기관으로 운영하고 있습니다. 인문한국사업단은 전국 200여개 대학 중에서 23개 대학만 선정되어 운영되고 있는 인문학분야의 최대 국책연구사업입니다. 연구원은 경상대 경남문화연구원과 콘소시움을 맺어 매년 10여억원씩 지난 8년 동안 80억여원을 지원받아 순천을 포함한 지리산권 문화연구에 매진하고 있습니다.

그 결과 지리산권문화연구원은 60여권에 달하는 지리산관련 연구성과를 출판하여 지리산권문화관련 대표 연구원으로 짧은 시간에 자리매김했습니다. 이를 바탕으로 지리산권문화연구원은 일본 신슈대학교 산악종합연구소, 중국 태산학원, 여산연구소, 운남민족문화연구원, 그리고 베트남 사회과학원 산하 종교문화연구소 등과 동아시아산악문화회를 결성하여 매년 정기 국제학술대회를 개최하고 있습니다. 올해에는 제4회 동아시아산악문화연구회 국제학술대회를 순천대에서 개최할 예정입니다. 이번에 연구성과를 국제화하기 위한 일환으로 『Journal of Mountains & Humanities』라는 영문학술지를 창간하기도 했습니다.

지리산권문화연구원은 연구와 더불어 인문학의 사회적 확산을 위해 인문학의 사회교육에도 관심을 쏟고 있습니다. 순천대학교 평생교육원에서 순천권 시민들을 대상으로 지리산관련 교육을 해서 한국연구재단 우수사례로 선정되기도 했습니다. 2014년부터는 사회적 교육 범위를 넓혀서 구례, 남원, 장수, 순천, 담양 등지에서 인문학 관련 강좌를 폭넓게 진행하고 있습니다.

앞으로도 지리산권문화연구원은 지역 관련 연구도 활발하게 진행해내가려고 합니다. 남원지역과 관련하여 『남원호경마을의 역사와 문화』를 출판하였습니다. 여수순천지역 관련해서는 2014년에 '여순연구센터'를 신설하여 지역의 핵심 사안중의 하나인 『여순사건자료총서』를 2015년부터 발행하기 시작했습니다.

이번에 순천지역연구의 하나로 순천의 명문가인 양천허씨 연구서를 출판하게 되었습니다. 조선시대 지식인들이 국난극복에 어떠한 자세로 임하였는지, 그리고 그들이 만들고자 했던 이상사회는 무엇이었는지를 밝히는 것은 본 연구원의 중요한 과제 중 하나입니다. 양천허씨는 기묘사화를 피해 순천으로 내려온 이후 순천의 유학 진흥, 임진왜란의 국난기에 전 문중이 힘을 합쳐 국난극복에 온힘을 다한 집안입니다. 흩어진 자료를 모으고 잊혀진 인물들을 재조명하는 이번 연구성과는 지리산권에 존재하는 다양한 문중들의 역사를 정리하는 단서를 열 것으로 기대합니다.

끝으로 제한된 연구비에도 기꺼이 집필과 출간의 책임을 맡아준 국립순천대 인문학부 사학전공 이욱 교수님께 깊이 감사드립니다. 지리산권문화연구원에서 출판관련 실무를 도와준 김용철 HK연구교수님께도 고마움을 표합니다. 또한 이 자리를 빌어 이러한 연구활동이 가능하도록 재정적 지원을 해주신 정민근 한국재단이사장님, 송영무 순천대 총장님, 허상만 양천허씨 대제학공파 승지공 종중 회장님께도 고맙다는 말씀을 드립니다.

2015년 10월 12일
국립순천대 지리산권문화연구원
원장 강성호

| 책을 내면서 …

  2013년 겨울쯤으로 기억된다. 허상만 전 순천대학교 총장님과 점심을 하게 될 기회가 있었다. 총장님께서는 『양천세고』, 『양천허씨 승지공파 파보』, 『선무원종공신녹권』을 가지고 오셔서 문중의 역사를 정리해보고 싶다는 의견을 피력하셨다. 이것이 저자와 양천허씨 승지공파와의 첫 만남이었다. 기묘사화를 계기로 수천 년을 살았던 서울을 뒤로 하고 순천에 터를 잡고 살아온, 순천에서만 500년 가까이 지낸 문중이었다. 게다가 순천을 대표하는 명문가 중 하나였다. 그러나 순천이 겪었던 한국근현대사의 굴곡을 대변하듯, 문중의 역사를 증명하는 자료는 많지 않았다. 식민지시기 삶의 신산함에, 한국전쟁의 혼란 속에서 문중 선조들이 일궈놓은 많은 자료들이 유실되고 말았던 것이다.

  이때부터 저자의 고투는 시작되었다. 국립중앙도서관과 규장각을 비롯한 각종 도서관과 한국고전번역원의 DB 등을 뒤져도 필요한 자료는 많지 않았다. 『승평지』와 같은 순천 지방에서 간행된 자료도 간혹 있었으나 단편적인 자료에 불과하였다. 문중의 역사를 복원할 수 있을 수준의 자료는 없었다.

  저자의 의욕이 낙담으로, 포기로 변하려고 할 때 하나의 희망이 갑자기 찾아왔다. 그것은 『양천허씨문헌고』의 발견이었다. 500년을 버텨온 문중은 저력이 있었다. 이미 80년 전에 문중의 힘으로 자신들의 역사를 정리해놓고 있었다. 문중 선조들의 업적을 소개하고 그에 대한 지역의 평판을 간략하게 요약해 놓았다. 그리고 당시 남아있던 문중 선조들의 저술을 망라해서 한 권의 책으로 엮어놓았던 것이다.

  『양천허씨문헌고』를 살펴보면서 낙담은 다시 희망으로 바뀌었다. 이때부터 작업은 순조롭게 진행되었다. 우선 저자가 재직하는 순천대의 지리산권문화연구원에서 수행하는 HK 사업의 일환으로 연구를 진행해도 된다는 내락을 받았다. 연구비 지원도 이어졌다. 양천허씨 문중에서는 심적, 물적으로 지원을 아끼지 않았다. 이러한 지원을 바탕으로 『양천허씨문헌고』의 번역에 착수하였다. 그리고 『양천세고』, 『승평지』 등에 실린 문중 관련 자료를 모으기 시작했다. 양천허씨 대제학공파 승지공 종중 회장이신 허상만 전 총장님, 문유사이신 허상호 선생께서 각 문중에서 소장하고 있는 자료를 조사하고 섭외하여 필자가 일람할 수 있도록 주선해주셨다. 거기에서 또 새로운 자료들이 발견되었다.

자료를 정리하면서 집필 방향이 바뀌었다. 원래는 임진왜란 당시 의병장으로 활약하셨던 허일 장군의 공적에 초점을 맞추고자 하였다. 그러나 문중의 역사를 복원할 때 한 인물에만 집중하는 것은 오히려 문중의 역사를 왜소화시키는 것 같았다. 이 문중에는 임진왜란 당시 활약한 분들이 매우 많았다. 그러나 그들을 기억하는 이는 거의 없었다. 심지어 문중에서도 잊혀지고 있었다. 게다가 많은 의병장이 탄생하도록 터전을 닦았던, 입향조 이래의 선조들 역시 외면할 수 없었다. 그리고 의병장이었던 선조의 명예에 누를 끼치지 않기 위해 평생을 살았던 후손들 역시 도외시해선 안되었다. 그래서 양천허씨 문중 전체의 역사 속에서 임진왜란 당시의 다양한 구국활동을 조망하기로 하였다.

이 책은 그 결과물이다. 잘못 기억되거나 오해가 있었던 부분을 바로 잡으려고 노력하였다. 자료에 기반하고 기존의 연구성과를 참고하여 사실을 재구성하였다. 이를 통해 한 문중의 역사를 복원하고, 나아가 지리산을 기반으로 살아갔던 조선시대 사람들의 삶의 모습을 추적할 수 있는 단서를 제공하고자 하였다. 그러나 이 작업은 이제 첫걸음을 내딛은 것이고, 그렇기 때문이 미흡한 점도 많다. 앞으로 좀더 많은 연구가 진척되어 이러한 공백을 메울 수 있기를 기대해본다.

많은 분들의 도움으로 이 책이 세상에 나올 수 있었다. 양천허씨 승지공파 허상만 회장님의 문중에 대한 자존심과 정성, 함자를 밝히지 않은 수많은 문중 어른들의 도움이 없었다면 이 책은 나올 수 없었다. 그리고 지리산권문화원의 강성호 원장님과 김용철 교수님의 도움 역시 거론하지 않을 수 없다. 무엇보다 바쁜 와중에서도 『양천허씨문헌고』 번역을 맡아준 한국국학진흥원의 최연숙 박사의 도움은 절대적이었다. 자료를 정리하고 사진 촬영하는 작업을 해 준 학부생 김창일 군의 도움도 빼놓을 수 없다. 다시 한 번 감사의 말을 전한다. 마지막으로 난삽한 원고와 사진을 깔끔하게 정리해 준 선인출판사의 윤관백 사장님과 박애리 님께도 감사를 드린다.

2015년 10월
이 욱

| 목 차

제1부
순천 양천허씨의 임란기 구국활동과 충렬사

  조선시대 각 지역에는 수백 년에 걸쳐 그곳에 세거하면서 서로 학문적
으로 교유하고 그들만의 폐쇄적인 통혼권을 유지하면서 사회적인 주도권
을 행사하는 가문들이 있었다. 이는 순천도 마찬가지였다. 순천은 16세
기 후반부터 고려시대 이래 순천에서 거주하던 토성 사족보다 외부에서
유입된 성씨들이 주도권을 장악하였다. 그들은 대체로 임진왜란 이전에
순천으로 이거하였다. 조선 개국과 함께 불사이군(不事二君)의 절의를 지
켜 순천 주암에 터를 잡은 순창조씨를 필두로 양천허씨, 고령신씨, 경주
정씨, 상주박씨, 연일정씨, 광산이씨, 목천장씨 등이 모두 사화기에 순천
으로 이거하였다. 새롭게 순천에 입향한 이들 가문은 16세기 중반부터 재
지세력으로서의 토대를 구축하기 시작하였다. 이들 신입사족들은 순천에
서 향권을 장악해 가는 과정에서 기존 사족들과 갈등과 마찰을 빚기도 하
였다.[1] 기존 사족들은 조위(曺偉)와 김굉필(金宏弼)이 순천으로 유배되어
온 16세기 초까지도 지역사회에서 우위를 유지하였다. 신입 사족들이 나
름의 활동을 펴기 시작한 것은 이른바 승평사은(昇平四隱)이 두각을 나타

---

[1] 조원래, 「조선 전기 순천지방의 新興士族과 鄕中人物」 『順天鄕校史』, 順天鄕校, 2000, 125~126쪽
    조원래, 『張潤의 의병활동과 정충사』, 승평지방사연구원, 2013, 19~21쪽

내는 16세기 후반에 이르러서였다.[2] 이정(李楨)이 순천부사로 부임하여 성리학 진흥에 힘쓰면서 순천 지역사회에 성리학적인 질서가 자리를 잡아 갔으며, 그것을 바탕으로 승평사은과 같은 순천지역의 신입 사족이 주도 권을 잡고 본격적인 활동을 펴게 되었다.[3]

임진왜란의 발발은 이들 신입 사족이 지역에서 주도권을 잡는 중요한 계기가 되었다. 신입 사족의 각 성씨마다 의병장을 배출하였다. 의병장으로서의 활약은 왜란이 끝난 이후 지역사회의 주도층으로 성장하는 중요한 배경이 되었다. 임진왜란이 끝난 직후 의병장은 상대적으로 저평가 받았다. 전투에서 공을 세운 선무공신보다는 선조를 호종했던 호성공신을 더 우대하였다. 곽재우를 비롯한 의병장은 공신 책훈에서 제외되었다. 그런데 광해군 즉위 이후 의병장 출신이 많은 대북정권이 들어서면서 사회분위기는 많이 바뀌었다. 의병에 대한 재인식이 이루어졌다. 임진왜란 초기 관군이 적절히 대처하지 못하였을 때 이를 수습한 한 주체로서 각 지방의 의병 활동이 주목받았다. 의병장에 대한 사회적 평가는 인조반정 이후에 더욱 높아졌다. 이러한 분위기는 시대를 내려올수록 강화되었다.

의병장들의 활동은 그 당대의 시대적 과제에 충실했던 인물들이었다. 그렇기 때문에 시대가 내려올수록 더 높은 평가를 받았다. 그 후손들은 그분들의 후손이라는 이유만으로 자부심을 가질 수 있었다. 주변 사람들은 또 그 이유만으로 존경심을 표하였다. 17세기 후반 들어서면서 의병장의 직계 후손들이 그분들을 불천위로 모시고, 문호를 세웠던 이유도 바로 여기에 있었다.[4] 임란 이후 이들은 향안(鄕案)과 향집강안(鄕執綱案) 작성을 통해 그들의 결속을 강화하고 향촌에서 주도권을 행사하였다. 향교와 양사재를 중심으로 성리학적 질서를 확립하기 위해 노력하였다.[5]

---

2) 鄭勝謨, 「조선시대 순천의 사림」『順天市史』(정치·사회편), 順天市史編纂委員會, 1997, 230~238쪽
3) 변동명, 「16세기 중엽 順天府使 李楨의 성리학 진흥」『南道文化研究』 28, 2015, 212쪽
4) 이욱, 「경북 선비와 임란기 의병활동」『경북의 유학과 선비정신』, 한국국학진흥원·경상북도, 2014, 313쪽
5) 정승모, 「향교(鄕校)와 사족조직: 전라도 순천지역의 사례」『조선후기 지역사회 구조 연구』, 민속원, 198~206쪽

이와 같이 순천지역 사족 가문들은 16세기 성리학 진흥, 임진왜란 당시 의병장으로서의 활약, 임진왜란 이후 향촌사회 복구와 성리학 질서의 확산에 많은 공을 세웠다. 이 글에서 다루고자 하는 양천허씨도 이러한 가문 중 하나였다. 특히 강조하고 싶은 것은 20세기 양천허씨 문중 구성원들은 자기 문중의 정체성 내지 자부심을 이러한 모든 것에서 찾고 있었다는 점이다. 의병장의 후손이라는 자부심도 컸지만, 16세기와 17세기 이후에 활동했던 선조들에 대해서도 강한 자부심을 갖고 있었다. 20세기 들어 양천허씨는 급속하게 변화하는 세태 속에서 문중의 결속력과 정체성을 강화하기 위해 문중의 역사를 정리하는 작업을 대대적으로 추진하였다. 대원군의 서원 철폐 조치로 폐지된 충렬사의 복원, 『승평속지』 편찬의 주도, 문중 선조들의 저술을 수습한 『양천허씨문헌고』의 발간 등이 그것이었다. 이 과정에서 자기 가문의 자부심을 이렇게 정리하고 있다.

> 문헌으로 전해지는 것은 ① 참찬공(參贊公)의 지학근행(志學謹行)[6], ② 무안공(務安公)의 효렴덕정(孝廉德政)[7], ③ 노정공(蘆汀公)의 곤계담흡(昆季湛翕)[8], ④ 강호공(江湖公)의 유문사범(儒門師範)[9], ⑤ 문천공(文川公)의 재관염청(在官廉淸)[10], ⑥ 웅천공(熊川公)의 부자순국육충(父子殉國六忠), ⑦ 장연공(長淵公)과 첨추공(僉樞公)의 형제거의호가(兄弟擧義扈駕)[11], ⑧ 연파공(蓮坡公)의 독학진현(篤學進賢)[12], ⑨ 참봉공(參奉公)의 은덕불사(隱德不仕)[13] 등 약간의 편이 있다.[14]

---

6) 지학근행 : 학문과 행동이 훌륭했다는 뜻이다.
7) 효렴덕정 : 효성스럽고 청렴하며 훌륭한 정치를 폈다는 뜻이다.
8) 곤계담흡 : 형제간에 우애있게 지냈다는 뜻이다.
9) 유문사범 : 유림을 이끌어가는 스승과 같은 존재였다는 뜻이다.
10) 재관염청 : 관직 생활을 청렴하게 했다는 뜻이다.
11) 형제거의호가 : 형제가 의병을 일으켜 임금을 호위했다는 뜻이다.
12) 독학진현 : 학문에 힘써 현명한 경지로 나아갔다는 뜻이다.
13) 은덕불사 : 덕망을 갖췄으나 은거하면서 관직에 나아가지 않았다는 뜻이다.
14) 『陽川許氏文獻考』 「序文」

입향조 허형의 아들들의 공을 우선 꼽고 있다. 참찬공 허희린(許希麟)의 학문과 덕행, 무안현감을 지냈던 허희인(許希仁)의 청렴함과 어진 정사가 바로 그것이다. 이어 입향조의 손자대에서는 노정공 허잠(許潛) 5형제가 무유당(無猶堂)을 짓고 한 집에서 거주했던 우애의 돈독함과 승평사은 중 한명이었던 허엄(許淹)의 경현당과 옥천서원의 건립 주도, 그리고 문천현감을 지낸 허택(許澤)의 청렴함을 특기하였다. 순천에 입향한 이후에도 양천허씨 문중에서는 관직에 진출하여 청렴하고 어진 정사를 폈다고 평가받거나, 학문과 덕행, 우애로 지역사회의 존중을 받는 인물을 배출하고 있었던 것이다.

임진왜란기에는 입향조의 장손이자 당시 웅천현감을 지내던 허일(許鎰)과 그의 다섯 아들이 의병으로 참전하여 모두 순국하였던 사실과 허희인의 손자들인 허경(許鏡), 허전(許銓) 형제와 재종인 허동(許銅)이 의병을 일으키고 의주까지 호가했던 사실을 기록하고 있다. 그리고 연파공 허건(許鍵)의 독학(篤學)과 참봉공 허함(許鍼)의 처사(處士)로서의 삶을 들고 있다.

그런데 『양천허씨문헌고』에서는 대체로 가문이 배출한 인물들의 행적을 거론하면서 임진왜란 당시까지로 제한하고 있다. 『양천허씨문헌고』를 보면 그 이후 양천허씨 문중에서 배출한 많은 인물들의 행적과 저술을 모아 편집하였고, 그 중에 순천 지역사회에서 여러 가지 형태로 기여한 인물이 적지 않다. 그럼에도 불구하고 임진왜란기 의병장으로 활약했던 인물과 그 선대에 대한 기록만을 특기하고 있다. 이는 조선후기 사족사회에서 가문의 위상을 결정짓는 주요한 요소가 의병장 배출 여부에 있었던 데서 기인한다고 보인다.

그러나 양천허씨는 임진왜란 당시 의병장으로서의 활약뿐만 아니라, 그 이전과 이후에도 순천 지역사회에서 큰 영향력을 행사하고 있었다. 때문에 문중의 역사를 재조명할 때 임란기 구국활동에 국한시키게 되면 문중의 업적을 축소 내지 왜소화할 가능성이 있다. 오히려 양천허씨 임란기 구국활동의 의미를 부각시키기 위해서도 좀더 거시적이고 통시적인 접근이 필요하다고 생각된다. 이러한 작업을 통해 순천의 양천허씨 문중 역사를 복원하고, 나아가서는 조선시대 순천의 변화상이나 사족의 활동을 좀더 구체적으로 이해할 수 있을 것이다. 이 글의 제목이 임란기의 구국활동임에도 불구하고 문중 전체를 조망한 이유도 여기에 있다.

가문의 역사를 복원하면서 직면하게 되는 가장 큰 어려움은 자료의 부족이다. 양천허씨 인물들의 활동을 파악할 수 있는 연대기자료나 고문서는 그렇게 많지 않다. 비교적 객관적인 자료라고 할 수 있는『강남악부』에는 양천허씨에 대한 자료가 소략한 편이다. 총 152개의 항목 중 7항목만이 양천허씨를 다루고 있으며,[15] 내용도 소략하다. 그리고『승평지』에 실린 내용은 대체로『양천허씨세보』나『양천허씨문헌고』등 양천허씨 문중에서 간행한 자료와 대동소이하다. 다시 말해 양천허씨 문중의 역사를 복원하기 위해 사용하는 주자료는 문중 사람들에 의해 작성된 자료에 의존할 수밖에 없는 것이다.

하지만 문중 후손에 의해 작성되었다고 해서 자료로서 가치가 전혀 없다고는 할 수 없다. 특히 조선후기 족보의 신빙성에 대해 의문을 제기하는 사람들이 많다. 그러나 조선말기에 작성된 족보라고 해서 그 신빙성은 일반이 생각하는 것처럼 그렇게 크게 의심스러운 것은 결코 아니다. 족보가 신빙성을 견지할 수 있었던 데는 몇 가지 요인이 작용하였다. 하나는 씨족 집단이 고유하게 가지고 있는 배타성의 작용이었다. 그 배타성은 씨족과 씨족간에도 작용하였고 같은 씨족내의 계파간 또는 같은 계파내의 분파간에도 작용하였다. 그러한 배타성은 족보편찬과 같은 일이 있을 때

---

15) 조원래,「강남악부해제」『국역 江南樂府』, 순천문화원, 1992, 285~286쪽

에는 상호감시의 기능을 충분히 발휘하였다. 족보 편찬을 위해서는 으레 씨족내의 각파를 대표하는 인사들로써 일종의 위원회가 조직되었고 편찬 과정에서 일어난 상반되는 주장을 해결하기 위해 상세한 범례를 만들어 지침을 확정하였다. 지침으로 해결이 안되는 사항은 그 사유를 각주로 밝히기도 하였다. 이처럼 객관성과 신빙성을 보장하기 위한 족보 편찬자들의 노력은 대단하였다.

게다가 조선시대에는 어느 지역에나 유림집단이 있었다. 그들은 향교나 서원을 중심으로 하고 향안이나 향약의 조직을 통해 그 지역 내의 정치, 사회, 문화, 기타 모든 영역에서 지배적인 역할을 하였다. 이들은 이른바 보학(譜學)에 관해서도 일정 수준 이상의 교양을 다 갖추고 있는 사람들이었다. 그 중에는 그 지역 주요가문의 파계(派系)와 내력을 소상하게 아는 사람들이 으레 있었다.[16] 때문에 일부 관직이나 관력에 사실과 다른 허위 자료가 끼어있을 순 있으나, 족보 기록 자체를 사실과 다르다고 도외시하는 것은 곤란하다. 후손의 입장에서 약간의 과장이나 관직의 과장은 있을 수 있으나, 그 안의 상당부분은 진실이기도 한 것이다. 따라서 이 글에서는 『양천허씨문헌고』와 『양천허씨세보』를 주자료로 활용하면서, 다른 기록과 비교를 통해 가능한 사실들을 복원하고자 한다.

이 글은 크게 세 부분으로 구성되었다. 첫 번째는 임란기 구국활동의 전사(前史)로서 순천 입향 이전의 양천허씨 문중의 역사를 살펴보고, 순천으로의 낙남 시기와 계기, 그리고 낙남 이후 순천지역 사족으로 자리잡는 과정을 고찰하겠다. 이 장에서 특기할 것은 순천 입향 시기에 대한 고증이다. 입향 시기를 둘러싸고 문중 기록과 학계의 견해에 이견이 있다. 전자는 갑자사화 이후를, 후자는 기묘사화 이후를 각각 입향 시기 및 계기로 들고 있다. 이에 대한 검토를 행하고자 한다.

---

16) 송준호, 「韓國에 있어서의 家系記錄의 歷史와 그 解釋」『朝鮮社會史硏究』, 일조각, 1987, 42~45쪽

두 번째는 임란기 구국활동이다. 허일 부자의 의병 활동과 함께 허일 종형제들의 활동을 주로 검토하겠다. 이 장에서는 특히 허일 부자의 활동에 대한 자료 검토에 주력하고자 한다. 허일의 경우 선무원종1등공신에 녹훈되고, 아들 허곤(許坤)은 선무원종2등공신에 녹훈되었다. 그러나 부자가 모두 순국한 탓인지 그들의 활동 내역에 대한 자료는 많지 않다. 그리고 기록에 따라 서술 내용에 차이를 보이기도 한다. 따라서 임진왜란의 추이에 따른 허일 부자의 활동을 기록상의 차이를 검토하여, 구체적인 활동 내역을 복원해보고자 한다. 아울러 허일 장군과 그의 4촌, 6촌 형제들 역시 다양한 형태로 국난을 극복하기 위한 활동을 하였다. 조금 과장해서 표현하자면, 전 문중의 힘을 기울여 국난극복에 나선 것이었다. 이에 대해서도 상세하게 살펴보겠다.

마지막은 임진왜란 이후 순천 지역사회에서 양천허씨 문중 인물들의 활동상을 검토하겠다. 향안과 향집강안을 분석하여 순천 사족 사회에서 양천허씨가 차지했던 위상을 살펴보겠다. 이어서 식민지 시기 문중 정체성 확립을 위한 다양한 문중활동에 대해 검토하겠다. 충렬사 복원과 육충각 건립, 세수재 복원, 『양천허씨문헌고』 발간과 같은 사업, 그리고 세수재의 후손이라는 정체성을 유지하기 위해 문중 재산을 마련하고 이를 통해 충렬사 제향을 수행하는 모습 등을 살펴보고자 한다.

Ⅱ. 임진왜란 이전 양천허씨의 활동

1. 순천 입향 이전의 양천허씨

양천허씨는 허선문(許宣文)을 시조로 한다.[17] 그는 공암(孔巖; 지금의 강서구, 양천구, 김포 일원) 지방의 호족으로 고려 태조를 도와서 고려 건국에 공로를 세워 이 집안의 시조가 되었다. 그로부터 곧이어 자손들이 중앙에 진출하여 크고 작은 벼슬을 하면서 가세를 이어 갔다. 이에 대해서는 다음의 두 자료가 크게 참고된다.

① 허씨의 비조(鼻祖)는 선문(宣文)으로, 고려 태조를 도와서 삼한을 통일하여 공암을 채지(采地)로 받아 드디어 대대로 양천인(陽川人)이 되었다. 8세대에 걸쳐 계속 벼슬을 이어왔는데 허공(許珙)에 이르러서 시중(侍中)의 지위에 올라 명상(名相)이 되었다(『朝鮮金石總覽』下, 709쪽, 許曄神道碑).

② 공(公, 許珙)의 비조로부터 공에 이르기까지 무릇 11세대에 걸쳐 계속 벼슬을 이어 계적(桂籍, 과거 합격자 명부)을 서로 전하였다(『朝鮮金石總覽』上, 464쪽, 許珙墓誌).

---

17) 이하에서 서술하는 고려시대 양천허씨의 내력에 대해서는, 朴龍雲, 「孔巖(陽川)許氏家門의 分析」『高麗社會와 門閥貴族家門』, 景仁文化社, 2003, 252~267쪽을 요약, 정리하였다.

위의 두 자료에 따르면, 양천허씨는 시조부터 그 9대손인 허공까지 10대에 걸쳐 계속 관직에 올랐음을 알 수 있다. 이를 구체적으로 살펴보면 다음과 같다. 시조의 아들인 허현(許玄)은 갑과(甲科)로 과거에 급제하여 공문 박사(攻文博士)가 되지만 따로 공적이 있어 공신이 되었다고 한다. 현의 아들인 허원(許元) 역시 을과로 과거에 급제하였으며 벼슬은 좌습유(左拾遺), 시어사(侍御史)를 거쳐 종4품인 내사사인(內史舍人), 지제고(知制誥)에까지 오른다.[18] 게다가 그는 현종의 아들 충의 사위일 가능성이 높다. 고려 왕실과 공암허씨 사이에 혼인관계가 있었던 것이다.[19]

이어 원의 아들 허정(許正) 또한 일찍 세상을 떠 벼슬은 종8품인 대창승(大倉丞)에 그치긴 했지만, 역시 관직을 지냈다. 그 아들인 허재(許載)는 예종 연간에 있었던 여진전투에서 큰 공로를 세워 승진을 거듭하였다. 거기에 이자겸과 친분 관계가 있어 재상인 판병부사(判兵部事)까지 승진하였다.[20] 그리고 허재의 장남인 허순(許純), 손자인 허이섭(許利涉) 역시 관직을 지내고 있다.[21]

이상에서 살펴본 것처럼 양천허씨 집안은 무신란 이전에 이미 문반귀족가문으로 뚜렷한 위치를 점하고 있었다. 무신란 이전까지 최소 1명 이상이 재상의 지위까지 올랐고, 일찍 돌아간 허정을 제외하면 고려시대 고관의 기준이었던 5품 이상의 관직을 모두 지냈던 것이다. 고려시대 전체를 보면 그 성세는 더욱 두드러진다. 허목이 쓴「양천허씨족보서문」에 의하면 다음과 같다.

③ 허씨는 고려 5백 년 동안에 정승 11인, 관추(莞樞; 중추원사(中樞院使))가 6인, 학사(學士) 9인, 부마(駙馬) 5인, 원(元) 나라에 벼슬한 이 2인, 봉군(封君) 14인이었다.[22]

---

18)「韓國金石文追補」107쪽, 許載墓誌銘 및「高麗史」권5, 世家 顯宗 14년 10월, 同 18년 6월, 德宗 즉위년 9월
19) 박용운, 앞의 글, 253쪽
20)「高麗史」권97, 許載傳
21)「朝鮮金石總覽」上, 464쪽, 許珙墓誌
22)「眉叟記言」권12,「陽川許氏族譜序」, "許氏終麗五百年 作相者十一人 莞樞者六人 學士九人 尙主者五人 仕於元者二人 封君者十四人."

위의 자료에서 보듯이 고려시대 전체로는 재상만 11인, 그 이외에도 왕실의 부마가 5인, 봉군된 이가 14인이었음을 알 수 있다. 혼인 대상도 왕실 내지는 당대의 명문인 강릉김씨, 경원이씨 등이었다.

이와 같이 양천허씨는 고려 전기를 대표하는 귀족가문 중 하나였다. 게다가 무신란이 일어난 이후에도 그러한 위상은 변하지 않았다. 무인이 집권한 이후에 허이섭의 아들 허경(許京)과 손자 허수(許遂)가 모두 고위직에 올랐다. 허경은 종4품인 예빈소경(禮賓少卿), 지제고를 지냈고,[23] 허수는 정3품의 밀직부사와 한림학사 승지를 역임하였다. 그리고 무신정권이 끝나는 시점인 허공(許珙) 대에는 최대의 벌족으로 성장하였다. 허공은 재상의 아들로서 처음에는 문음(門蔭)으로 관직을 시작했다. 그러나 고종 45년에는 과거에 급제하였다. "문학과 이무(吏務)의 재능은 미칠 자가 없었다."고 한 평에서도 알 수 있듯이 그는 학문적인 능력과 관료로서의 실무 능력까지 겸비하였다. 게다가 "성격이 공검(恭儉)하여 산업을 일삼지 않았으며, 비록 고관의 지위에 오른 뒤에도 반찬은 1가지에 지나지 않았고 옷도 소박한 옷감을 사용하였다."고 한 것으로 미루어 그는 청렴한 사람이었다.[24] 실무 능력과 학문, 청렴한 행동에 기반한 그는 관계에서 착실히 승진하여 충렬왕 13년에는 종1품인 첨의중찬(僉議中贊)으로 수상의 지위에 올랐고 충렬왕 17년 돌아갈 때까지 집권하였다.

허공 생존시 양천허씨 가문이 전성기를 구가했다는 것은 왕실과의 혼인에서 잘 드러난다. 허공은 슬하에 5남 4녀를 두었는데, 3녀가 충선왕의 순비(順妃)가 되었다. 또 5남들도 모두 관직에 올랐는데, 그 중 막내아들인 허부(許富)가 순천 양천허씨 문중의 직계 선조이다. 그는 정3품 우대언(右代言)과 선부전서(選部典書)의 요직을 역임하였다.[25] 족보에는 예문

---

23) 위와 같음
24) 『高麗史』권105, 許珙傳.
25) 『高麗史』권105, 許珙傳 附許富傳.

관 대제학을 역임한 것으로 나와 있다.[26] 이 때문에 순천에 세거하는 양천허씨는 작게는 순천 입향조를 중시조로 하는 승지공파이면서, 대종(大宗)으로는 대제학공파에 속하고 있다.

고려시대 승지공파의 번성은 허부의 여섯번째 아들인 허완(許完)대에도 이어진다. 그는 아버지의 뒤를 이어 예문관 제학을 거쳐, 재상인 정당문학(政堂文學)까지 오른 인물이다. 그는 공민왕을 따라 원나라에 입시했으며,[27] 공민왕 즉위 후에는 신돈과 함께 개혁을 주도하다 유배당하였다.[28] 우왕대에 다시 복귀하여 재상인 정당문학에 올랐다. 그러나 당시 이인임과 함께 권력을 좌우하던 권신 임견미(林堅味)와 도길부(都吉敷)를 제거하려다 오히려 역공을 당해 화를 당하고 말았다.[29]

이상이 순천에 세거하는 양천허씨의 고려시대의 연원이다. 위의 검토에서 두 가지 특징이 나타난다. 첫째로 이 집안은 호족계 개국공신으로 국초부터 귀족화의 길을 밟아 계속 그 지위를 유지 성장시켜 간 가문이었다. 게다가 고려전기 문반귀족가문이었음에도 불구하고 무신란 이후의 고려후기 사회에서 더욱 성장, 번영해 갔다는데 큰 특징이 있다. 이는 허수, 허공과 그 후손들이 대부분 높은 벼슬에 취임함으로써 이룩된 결과였지만, 그 중에서도 허공이 가장 뛰어났었다.

두 번째 특징으로 이 집안은 귀족가문이었음에도 불구하고 음서보다는 과거를 통해 관직에 오르고 있다는 점이다. 과거 급제자를 많이 배출한 집안의 상징 중 하나는 아들 셋이 과거에 급제했다는 삼자등과(三子登科)인데, 양천허씨도 당당히 그 자리를 차지하고 있다.

④ 충렬왕(忠烈王) 이후로 (3자 등과한 집안은) 청주(淸州) 한씨의 한강(韓康) 이하 열여섯 집안이 있었다. … 재상(宰相) 김근(金覲)의 아들 셋이

26)『陽川許氏承旨公派譜』, 대보사, 2009, 24쪽.
27)『陽川許氏承旨公派譜』, 대보사, 2009, 32쪽.
28)『高麗史節要』권29, 공민왕 4년 8월
29)『高麗史節要』권31, 우왕 5년 9월

과거에 급제했으니, 부일(富佾)과 부식(富軾)과 부의(富儀)가 바로 그들이
다. … 또 배가 다른 형제로는 월성이씨(月城李氏)와 양천허씨(陽川許氏)
와 회홀설씨(回鶻偰氏)의 예를 들 수가 있다.[30]

충렬왕 이후로 3인 등과한 집안이 16개 가문밖에 안되는데, 그 중에 양
천허씨도 포함되어 있는 것이다. 또 과거에 얽힌 허관(許冠)의 일화를 통
해서도 과거를 중시했던 집안 분위기를 잘 알 수 있다. 고려에서는 음서
를 통해 6품 이상의 관직에 오르면 과거에 응시할 기회를 주지 않았다.
하지만 6품 이상의 관직에 제수되었더라도 취임하지 않으면 과거를 볼 수
있었다. 그래서 허관은 낭장(郎將)에 임명되었음에도 4년 동안이나 관직
에 나가지 않고 과거를 준비하였다. 그는 과거에 급제하라는 아버지의 명
을 어기지 않기 위해서라고 그 이유를 설명하였고, 마침내 과거에 급제하
여 관직에 진출하였다.[31]

다시 말해 양천허씨는 고려를 대표하는 문벌귀족가문이었음에도 기득권
에 안주하지 않고 가학(家學)을 유지하려고 노력했던 것이다. 그리고 이러
한 학문 전통은 조선시대에 들어서도 계속 관직을 놓치지 않는 원천이었다.

조선시대 들어 승지공파 가계는 허완의 둘째 아들 모당(慕堂) 허질(許
晊)로 이어진다. 그리고 그 역시 과거에 급제하였다. 세종대에 문과에 올
라 현감을 지냈다. 그리고 그 셋째 아들 허예(許禮) 역시 과거에 급제하
여 선절장군(宣節將軍) 회령포 만호(會寧浦萬戶) 및 사헌부 감찰(司憲府
監察)을 역임하였다. 그의 장남 허온(許溫)은 성종대에 다시 문과에 올랐
고, 이조정랑(吏曹正郎)을 역임하였다.[32] 이렇게 보면 허완에서 허질, 허
예, 허온으로 이어지는 승지공파의 직계는 모두 과거에 급제하고 있다.

30) 李穡, 『牧隱文藁』 권8, 「賀竹溪安氏三子登科詩序」, "爰自忠烈王以後 得上黨韓中贊公而下十六家耳 … 宰相金
觀有子三人登科 曰富佾 曰富軾 曰富儀是已 … 又有異母者 月城李氏 陽川許氏 回鶻偰氏".
31) 『高麗史』 권105, 許珙傳 附許冠傳.
32) 이상 조선시대 승지공파 가계와 관직은 『陽川許氏承旨公派譜』, 대보사, 2009에 의거하였다.

입향조 허형의 부 허온, 조부 허예, 손자 허혼 등 3인의 설단 숭묘비(設壇崇墓碑)

司憲府 監察 諱 禮 墓碣銘

公의 휘諱는 예禮이시고 세종二六년 一四四四년에 서울 연지동蓮池洞에서 태어나셨다 父는 세종조에 문과에 급제한 후 현감縣監을 지내시고 성종조에 영부사領府事에 추증되신 모당공慕堂公 휘 질晊이시다 조부는 정당문학政堂文學 휘 완完이시고 증조부는 우리 파조이신 예문관藝文館 대제학大提學을 지내신 휘 부富이시다 어머님은 安東權氏 校理 大宣의 따님이시다 공은 세조 七년에 해령관군 회령포 만호萬戶를 지내시고 문과에 급제한 후 사헌부司憲府 감찰監察을 지내셨다 묘는 경기도 광주에 있다가 失傳되었다고 世譜에 기록되어 있으나 수백년이 지난 오늘날 찾을 길이 없다

順天에 世居하고 있는 陽川 許氏는 연산조 시대 시조 허선문許宣文 할아버지의 十六 세손인 형亨자 할아버지께서 순천부 옥계리로 낙남落南하심으로써 시작되었다 양천세고에 亨(一四八九-一五六四)자 할아버지는 대대로 서울 연지동蓮池洞 (현 종로五가)에 사시다가 연산군의 폭정이 계속되자 벼슬을 버리고 林下에서 독서강도讀書講道하시는 山林의 길을 들어섰다고 되어있다

입향조入鄕祖 亨자 할아버지의 父는 溫이시고 祖父는 禮이시고 孫子는 渾이시다 세분 할아버지의 봉제사奉祭祀를 누대에 걸쳐 궐闕하고 오늘에 이르렀다 자손된 도리를 다하지 못함을 늘 걱정하고 고개를 들지 못하던차 이제야 단壇을 세우고 정성으로 제물祭物을 마련하여 천여자손千餘子孫이 무릅꿇어 충효忠孝의 유훈遺訓을 지키지 못함을 사죄하고 잔을 올린다 여기 모셔진 세분 할아버지께서는 十一세조 대제학공의 세업충효世業忠孝 여력문장餘力文章의 가르침을 萬代에 걸쳐 지킬수 있도록 그동안의 잘못을 용서하시고 天下의 吉地인 매봉의 자락에서 명복冥福을 누리시고 자손의 번영을 지켜보소서 늦게나마 자손들은 입향조 묘역의 좌상단에 艮坐坤向으로 제단祭壇을 만들고 비석碑石을 세워 선조의 유훈을 지키고자 다짐한다

十八세손 祥萬은 옷깃을 여미고 삼가 碑文을 짓고 題字는 방계손 龍이 쓰다
甲午 二O十四년 十월 十五일 陽川 許氏 大提學公파 承旨公 宗中

吏曹正郎 諱 溫 墓碣銘

양천허씨陽川許氏의 시조는 휘諱 선문宣文이시다 시조할아버지는 공암촌孔
巖村에서 오랜동안 世居하셨으며 왕건을 도와 고려창건에 큰공을 세우셨다
고려가 창건되고 태조 왕건은 宣文 할아버지를 공신당에 삼한벽상공신으로
모셨고 가부假父로 존칭하시고 공암현을 식읍으로 내렸다고 한다 시조할아
버지를 이어 十세에 와서 문경공文敬公 공공자 할아버지는 양천허씨를 크게
현창시킨 분이시다 고려에서 최고 벼슬인 첨의부중찬을 지내셨고 충열왕 묘
정에 배양되신 분이다 공자 할아버지는 아들 다섯을 두었는데 막내아드님이
우리의 파조이신 대제학大提學공 부富자 할아버지시다

온溫 할아버지는 세조조 一四六七년에 서울 蓮池洞에서 태어나셨다 아버지
는 戊子 一四六八년 文科에 급제하여 회령포萬戶와 사헌부司憲府 감찰監察
을 지내신 예禮이시고 조부는 세종조에 문과에 급제하여 현감을 지내시고 성
종조에 영부사領府事에 추증되신 모당공慕堂公 질晊이시다 부인은 한양 조
씨로 判義禁 瑛의 따님이시다 公은 성종 五년 갑오년에 진사시를 거쳐 연산
조 甲子 一五〇四년에 문과에 급제한 후 여러 벼슬을 거쳐 봉정대부 이조정랑
吏曹正郎 자리에 올랐으며 충무위 부호군을지냈다 후일 조선조에서 吏曹正
郎자리를 차지하기 위해 東西의 붕당이 격화되었고 이조정랑 벼슬은 청직淸
要職으로 선망의 대상인 중요한 자리였다 당시 할아버지의 인품과 덕망이 조
정朝廷에 가득했다고 行狀에 기록되어있다

후손 휘 涇이 찬한 陽川 許氏 문헌고文獻考에는 공의 문학이 아중雅重하고
풍의風儀가 동인動人하니 나라안에서 유삼달존지칭有三達尊之稱하다고 기록
되어있다 公은 아들 둘을 두었는데 연산조에서 王朝의 道가 어지러움을 한탄
하고 서울을 떠나 순천부 옥계리로 은둔하신 순천 입향조 亨이 큰 아드님 이
시다 陽川世譜에 公의 墓所은 경기도 廣州에 있었다고 하는데 실전되어 이제
늦게나마 입향조 묘역에 제단을 마련하여 모시게 된것은 가전충효家傳忠孝
세수청백世守淸白의 유훈을 지키고자 하는 자손들의 決意이다

　　　　十七 세손 祥萬 삼가 碑文을 짓고 題字는 방계손 龍이 쓰다

2. 허형의 낙남과 세수재

순천에 세거하는 양천허씨의 선계는 서울 근교인 양천을 근거지로 하였다. 고려시대에는 전후기에 걸쳐 많은 과거 급제자와 재상을 배출했던 대표적인 명문거족이었다. 조선 건국 이후에도 사환(仕宦)이 끊이지 않았으며, 서울 연지동에서 거주하였다. 그러나 연산군과 중종대의 정치적 혼란을 배경으로 양천허씨는 순천과 인연을 맺게 되었다. 그 이후 400년이 넘는 오랜 기간 동안 순천을 대표하는 가문 중의 하나로 자리잡았다.

양천허씨 순천 입향조는 세수재(世守齋) 허형(1489~1564)이다. 허형의 낙남 계기는 연산군과 중종대의 혼란한 정세 때문이었다. 다만 낙향 시기에 대해서는 문중에서의 기억 및 기록과 현존 자료 사이에 약간의 차이가 있다. 우선 그에 대해 다루고자 한다.[33] 우선 양천허씨 족보의 기록을 보자.

> ① 허형(許亨)은 자는 통지(通之)이고 호는 세수재(世守齋)이다. 중종 때 여절교위(勵節校尉)였는데 선조 때 증손인 허일의 훈공으로 승정원 좌부승지(左副承旨)의 증직을 받았다. 대대로 서울의 연지동(蓮池洞) 교외(郊外)에 살았다. 그 때 연산군이 폭정을 폈으나 문정공이 바로잡을 수 없자 울분으로 병을 얻어 죽었다. 위기를 느끼고 아우인 비인공(庇仁公) 영(瑛)과 함께 순천부 옥계리(玉溪里)로 은거하였다.[34]

위의 기록에 따르면 문정공 허침의 죽음이 낙남 계기인 것으로 설명하고, 아우인 비인현감 허영과 함께 순천 옥계리로 낙향한 것으로 나타난다.

---

33) 허형의 순천 입향시기에 대해 갑자사화 때가 아닌 중종 기묘사화 이후일 것이라는 견해를 처음 제기한 이는 조원래이다(趙湲來, 「조선 전기 순천지방의 신흥사족과 향촌인물」, 『순천향교사』, 2001, 123쪽). 여기에서는 조원래의 견해를 따랐다.

34) 『陽川許氏承旨公派譜』, 대보사, 2009, 78쪽, "許亨 通之 號世守齋 成宗己酉一四八九年生 中宗朝勵節校尉 宣祖朝以曾孫鎰勳 贈承政院左副承旨 公世居京蓮池洞郊外 燕山君亂政 文貞公琛不能匡救 憂憤成疾而卒 見危機 與弟庇仁公瑛 斂跡順天府玉溪里

通訓大夫行庇仁縣監陽川許公 諱 瑛 墓碣陰記

公公의 휘는 영영瑛이고 자는 가패可佩로 양천인陽川人이다 시조는 고려의 삼
국통일에 공을 세워 고려개국벽상공신高麗開國壁上功臣 공암촌주孔巖村主로
봉해진 휘 선문宣文이시며 정당문학政堂文學에 판합문사判閤門事를 지낸 휘
완完이 고조이시다 증조는 세종년간에 문과급제文科及第하고 현감縣監을 지
낸 휘 질晊이고 조는 회령포만호會寧浦萬戶와 사헌부감찰司憲府監察을 지낸
휘 예禮이시며 아버지는 이조정랑吏曹正郎과 충무위부호군忠武衛副護軍을
지낸 휘 온溫이시다 어머니는 한양조씨로 瑛의 따님인데 공은 서기 一四九二
년 성종 二三년에 형제 중 작은 아들로 태어나시었다

공은 후일 좌부승지左副承旨로 증직贈職되고 순천 입향조入鄕祖가 되시는
兄인 세수재世守齋 형형亨을 따라 연산燕山의 난정亂政을 피해 어린 나이로 이
곳 순천땅 옥계玉溪로 찾아드신 공은 세상이 바뀌어 中宗의 시대가 열리자
서기 一五三三년 중종 二三년에 문과文科 사마시司馬試에 급제하고 통훈대
부通訓大夫로 비인현감庇仁縣監을 지내셨다 배위配位는 경주이씨로 사정司
正 영상榮商의 따님이며 祖는 문정공文靖公 달충達忠이다 후배繼配 거창신
씨居昌愼氏는 부장部將 난종蘭種의 따님으로 祖는 감사 自建이고 증조는 참
의 后甲이다 두 부인에게서 所生이 없어 조카인 희수希壽로 후사後嗣를 삼았
으며 공이 돌아가심에 서울에서 가까운 처가인 광주廣州 거창신씨居昌愼氏
묘역에 모셨다고 기록되어 있으나 실전失傳으로 찾을 길 없고 또한 거듭된
전화戰禍로 문헌文獻이 일실逸失되어 공에 대한 상세한 기록을 알 수 없음이
안타깝기 그지 없다

세월이 흐르면서 추모의 情이 간절하여 후손들이 이곳 재궁동齋宮洞 갈치葛
峙 배위配位인 거창신씨居昌愼氏 묘역에 숭모崇慕의 단壇을 세우고 수비竪
碑하여 향례享禮를 받드오니 영영세세永永世世 명복冥福을 누리시고 음덕蔭
德을 노래하게 하시옵소서

傍後孫眉叟一二世冑孫 陽川許氏大宗會長 燦 謹識　題字 傍後孫 龍 謹書
갑오 二0一四년 十월 十五일 陽川許氏 大提學公派 順天宗中

그런데 『승평속지』에는 위와 내용이 거의 같으면서 다음의 내용이 덧붙여져 있다.

② 허형(許亨)은… 문정공(文貞公) 침(琛)과 서로 심사(心事)를 의논했다. … 장인인 진사 박증손(朴曾孫), 아우 현감 영(瑛)과 화를 피해 순천부 옥계리(玉溪里)로 은거하였다.[35]

첫 번째는 허침의 죽음이 낙남 계기가 된 이유를 설명한 부분으로, 허침과 허형이 심사를 토로할 정도로 막역한 관계였다는 것이다. 허침은 1444년생으로 허형과는 45세의 연배 차이가 있다. 물론 같은 일가로 허형의 항렬이 족조(族祖)에 해당되기 때문에 서로 대화를 나눌 수 있는 관계이기는 하다. 그렇지만 심사를 토로할 정도로 막역한 관계를 맺기에는 연배 차이가 너무 크다고 할 수 있다. 아마도 갑자사화 이후 허침의 죽음과 허형의 순천 낙남을 연계시키기 위해 덧붙여진 것으로 생각된다. 두 번째는 순천 낙남 시 허형의 장인인 박증손도 화를 피해 함께 순천으로 낙남했다고 되어 있다. 이에 대해 박증손의 기록과 비교 검토할 필요가 있다. 다음은 『승평속지』의 박증손 관련 기록이다.

③ 박증손은 자는 태이(太而)이고 호는 운곡(雲谷)이다. 본관은 상주이다. 생원 윤문의 아들이다. 공의 품성은 침착하고 조용했으며, 행동거지는 확고하였다. 학문과 덕행으로 세상에 명성이 있었다. 중종 연간에 소과에 입격하였다. 처음에는 종조(從祖)인 도원재(道源齋) 박세희(朴世熹)에게 학문을 익혔다. 나중에 정암(靜庵) 조광조(趙光祖)의 문하에 나아가 학문을 익혔다. 선생을 모시고 하루 종일 앉아있어도 몸가짐이 단아하였다. 선생이 그것을 보고 특이하다 여기고, "군자로구나 이사람은!"이라 말하면서 칭찬을 멈출지 몰랐다. 정암과 도원 두 선생이 기묘사화 때문에 강계로 유배를 떠나게 될 때, 주자가 은퇴했던 의리를 들어 훈계하면서 다음

---

35) 「昇平續志」 권3, 人物 遺逸

과 같이 말하였다. "세도의 병폐가 날로 심해지고 있으니, 너는 다시는 벼슬자리나 영예를 구하지 말아라!" 공은 그 이후로 모습을 감추고 도를 즐기면서 살았다. 그리고는 선생들이 이별할 때 남기신 가르침을 생각하여, 두 아들인 기(杞)와 매(梅), 사위인 허형(許亨)과 함께 순천 운곡(雲谷)으로 은거하였다.[36]

위의 자료를 보면, 박증손의 낙남 계기가 기묘사화임을 분명히 밝히고 있다. 박증손의 학문연원은 종조인 박세희와 조광조에 있고, 그들이 기묘사화를 당하면서 박증손에게 은거하라는 가르침을 내린 것이 낙남 계기였다고 하였다. 그리고 낙남할 때 두 아들과 함께 사위인 허형도 함께 낙향했음을 밝히고 있다.

이보다 더 결정적인 것은 허형의 막내아들인 허희인의 묘갈명 내용이다. 거기에 보면 '허희인이 1516년(중종 11) 서울 연지동에서 태어났다.'라고 되어있다.[37] 만약 허형이 갑자사화 이후 순천으로 낙향했다면, 1505년 정도가 된다. 그렇다면 1516년에는 순천에 거주하고 있어야 하며, 따라서 허희인이 서울에서 출생한 것은 앞뒤가 안맞게 된다.

반면 위의 박증손 기사를 보면, 박증손은 기묘사화 이후 한동안 서울에서 은거하며 지내다가, 스승들의 훈계를 기억하고 순천으로 낙남한 것으로 되어 있다. 기묘사화는 1519년에 일어났기 때문에, 허희인은 서울에서 태어나도 무리가 없다.

이상의 검토 결과 허형은 기묘사화 이후 정치적 박해를 피해 장인 박증손, 동생인 허영 등과 함께 순천으로 내려왔다고 보아야 할 것 같다. 그리고 그 시기도 아무리 이르게 잡더라도 1516년 이후로 보아야 할 것 같다.

---

36) 『昇平續志』 권3, 人物 遺逸, 「朴曾孫 字太而 號雲谷 尙州人 生員允文子 公資性沈靜 操履堅確 學行稱世 中宗朝 中司馬 初從其從祖道源齋學 就正於靜庵趙先生之門 侍坐終日 儀表端雅 先生見而異之曰 君子哉若人 稱賞不已 靜庵道源兩先生 以己卯士禍 配江界時 以朱子遯逃之義 戒之曰 世道之病日甚 汝勿復求榮利 公自是斂跡樂道 仍念先生臨別之訓 與二男杞梅一女許亨 遯逃順天雲谷」
37) 『陽川許氏文獻考』 「伴鷗亭許公墓碣銘 幷序」

순천으로 내려온 허형은 벼슬과 명리(名利)에 뜻을 버리고 안빈낙도의 삶을 살았다. 그는 자기가 거처하는 건물을 짓고 '세수(世守)'라는 편액을 붙였다. 세수는 '대대로 지켜가는 것'이라는 의미이다. 그리고 '세수재기'라는 7언시를 지어서 후손들에게 대대로 지켜야할 것이 무엇인지를 말하였다. [38)]

세수재

---

38) 양천허씨 대종회(성백효 옮김), 『陽川世稿』

순천 양천허씨의 임란기 구국활동과 충렬사

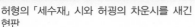
허형의 「세수재」 시와 허굉의 차운시를 새긴 현판

허찬의 「세수재기」를 새긴 현판

세수재기(世守齋記)

허형(許亨)

연동(蓮洞)의 방죽머리에 초정(草亭)을 지었으니　　　蓮洞堤頭結草亭
이제부터 거문고와 서책으로 노쇠한 나이 보내리라.　琴書從此送頹齡
다만 청백한 가법(家法)을 이어 받을지니　　　　　　但將家法承淸白
무엇하러 성명(姓名)이 청사(靑史)에 실리기를 구하겠나.何用時名載汗靑
궤(几)에 기대어 멀리 남곽(南郭)처럼 바람소리를 듣고　隱几遙聞南郭籟
벼슬을 쉬니 북산(北山)의 신령에 부끄럽지 않다오.　休官不愧北山靈
지난밤 꿈에 도원량(陶元亮)을 보았으므로　　　　　夜來夢見陶元亮
새로 지은 시로 묘지명(墓誌銘)을 대신하려 하네.　　已把新詩代壙銘

근차세수재운 (謹次世守齋韻)

허굉(許硡)

멀리 들으니 우리 족조(族祖)가 모정(茅亭)을 짓고　　遙聞吾祖結茅亭
홀로 거문고와 서책으로 말년을 즐기신다네.　　　　獨把琴書樂暮齡
북쪽 땅의 성상(星霜)에 두 귀밑머리 희어지고　　　北地星霜雙鬢白
남쪽 고을의 풍우 속에 한 등불 푸르구나.　　　　　南州風雨一燈靑
예로부터 충성과 효도는 천성으로 타고나니　　　　舊來忠孝由天性
늙어가며 지내는 곳 좋은 지역 의지하였네.　　　　老去捿遲仗地靈
다만 자손들이 가업(家業)을 잇기 원하노니　　　　但願雲孫承緖業
부디 충효(忠孝) 두 글자 마음속에 새길지어다.　　　堪將二字滿心銘

위의 자료에서 굵은 글씨로 표현한 부분이 순천 입향조 허형이 후손들에게 대대로 지키기를 원했던 내용이다. 청백한 가법을 이어받고 세속적인 출세를 바라지 말라는 것이었다. 그렇다면 여기에서 말한 청백한 가법은 무엇을 말하는가? 다음의 자료를 보자.

⑤ 조선 중엽에 아우인 비인공(庇仁公) 휘 영(瑛)과 함께 남쪽으로 내려와 이 지역에 피하여 유훈(遺訓) '충효(忠孝)' 두 글자를 대대로 지켜야 할 가법으로 삼았다.[39]

위의 자료를 보면 '충효' 두 글자를 대대로 지켜야 할 가법으로 유훈을 내렸다고 하였다. 충과 효의 성리학적 가치를 가장 중시하면서, 세속적 가치를 멀리하는 것, 그것이 순천 입향조가 후손들에게 내린 가법이었다. 그의 유훈과 가법은 그의 후손들에게 하나의 전통으로 자리잡았다. 그리고 '세수재' 후손으로서의 정체성과 함께 양천허씨 일족으로서의 자부심을 연결시키는 작업도 덧붙였다. 세수재의 유훈이 그 개인의 것이 아니라, 양천허씨를 빛낸 인물들의 그것과 맥을 같이하는 것으로 본 것이었다. 다음의 자료를 보자.

⑥ 도(道)를 강구하고 뜻을 즐기며 '세수(世守)'라고 자기가 사는 재에 편액을 붙였다. 삼종손(三從孫) 판서 굉(硡)이 그 재(齋)에 시를 읊었는데 **문정공의 충효(忠孝) 두 글자 유훈(遺訓)의 뜻을 대대로 지켜왔기 때문이었다.**[40]

⑦ 승지공(承旨公)의 "다만 청백한 가법을 이어받을지니 무엇 하러 성명이 청사에 실리기를 구하겠나[但將家法承淸白 何用時名載汗靑]"라는 시를 받들어 읽으니, 이는 실로 **대제학공(大提學公)의 "대대로 충효를 일삼고 여력이 있으면 문장을 한다."는 훈첩(訓帖)과 미수공(眉叟公)의 "대대로 청백을 지킨다."는 경계**를 본받아 자손들을 위해 만세의 계책을 세운 것이다.[41]

---

39) 『陽川許氏文獻考』 序文
40) 『昇平續志』 권3, 人物 遺逸
41) 『陽川許氏文獻考』 「世守齋重建記」

⑥번 자료는『승평속지』에 실린 기록이다. 여기에서는 '세수'의 가훈이 문정공 허침의 유훈을 지킨 것이라고 하였다. 허침과 허형의 인연을 강조한 것이었다. 허형의 낙남 계기를 허침의 죽음과 관련시켰던 것의 연장선상에 있다고 할 수 있다. ⑦번 자료는 이와 궤를 달리하고 있다. 이 자료는 1939년에 완성되고 1966년에 간행한『양천허씨문헌고』에 실린 기록이다. 여기에서는 승지공 허형의 가훈이 대제학공 허부의 가훈을 잇는 것이고 미수 허목의 가훈과 맥을 같이 하는 것이라고 하고 있다. ⑥번 자료에 비해 가문의 계통을 더 중시하고 있다. 앞에서도 언급하였듯이, 순천에 세거하는 양천허씨는 승지공파로 하나의 문중을 이루었지만, 그 윗대로 올라가면 대제학공파에서 분파한 것이었다. 따라서 ⑦번 자료에서는 대제학공에서 승지공으로 이어지는 혈연적 전통과 함께 충효를 중시하는 가훈의 측면에서도 면면히 이어지고 있음을 강조하고 있는 것이다. 이와 함께 미수 허목도 같은 혈연이며 또 같은 전통을 지니고 있음을 밝히고 있다. 당대의 명상(名相)이자 석학(碩學)이었던 미수가 자신들과 혈연적, 정신적으로 맥을 같이 하고 있음을 내비치는 것이다. 이를 통해 자신들이 명문가의 일원이라는 자부심까지도 세수재의 가훈에서 찾았다. 20세기 중반에 간행된 책에서 이러한 내용이 나오는 것은 순천에 세거하는 양천허씨 일족이 입향조 허형의 후손이라는 정체성을 가졌음을 잘 보여주고 있다.

후손에게 '충효'를 가훈으로 남긴 허형은 본인의 처신을 통해, 양천허씨가 순천을 대표하는 명문으로 성장할 수 있는 기반을 마련하고 있는 것으로 보인다. 허형이 순천에 입향하였을 당시에는 순천의 토성(土姓)과 연결되는 전래의 사족 출신이 지역사회에서 우위를 차지하고 있었다.[42] 그러나 서울에서 내려온 허형의 학문과 언행은 순천 사회에 영향을 주었고, 성리

---

42) 鄭勝謨,「조선시대 순천의 사림」『順天市史』(정치・사회편), 順天市史編纂委員會, 1997, 215~220쪽

학의 진작에 영향을 미쳤다. 아래의 자료는 이러한 사실을 잘 말해준다.

⑧ 매일 일찍 일어나고 의복과 의관을 바르게 하여 경건한 자세로 독서하
다가 마음에 꼭 맞는 부분에 이르면 기뻐서 밥 먹는 것도 잊었다. 고을의
선비와 뛰어난 젊은이들이 문하로 많이 와서 수학(受學)했는데 사도(師道)
가 엄립(嚴立)해서 유풍(儒風)이 크게 일어났다.[43]

허형은 순천으로 낙향하여 학문에 정진하는 것으로 소일을 하였다. 그
러나 그의 언행과 학문이 소문이 나면서 지역의 선비와 청년들이 급문 수
학하였던 것이다.

3. 순천의 성리학 진흥과 양천허씨

1) 지학근행(志學謹行)과 효렴덕정(孝廉德政)

허형의 순천 입향 이후부터 임진왜란이 일어나기 이전까지 순천지역 성
리학 진흥에 미친 양천허씨의 영향은 적지 않았다. 허형의 아들과 손자에
해당하는 이들은 김굉필, 조위, 이정의 영향을 받아 순천의 성리학적 기
틀을 잡아나갔다. 세대 순으로 이에 대해 알아보겠다.

우선 입향조 이후 양천허씨의 세계도를 보면 다음과 같다.

---

43) 『昇平續志』 권3, 人物 遺逸

양천허씨 승지공파 세계도

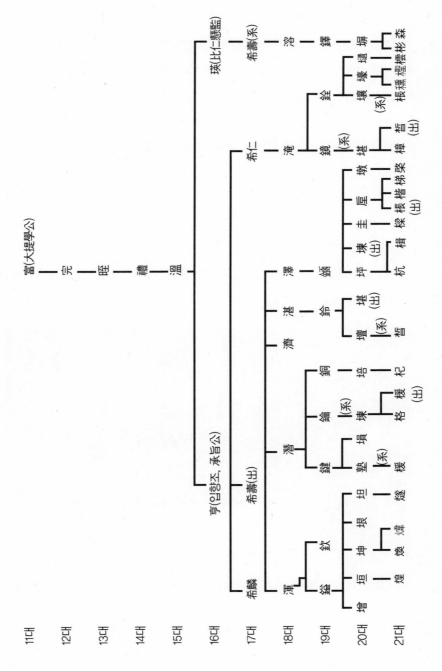

11대
12대
13대
14대
15대
16대
17대
18대
19대
20대
21대

앞의 세계도에 나타나듯이 입향조 허형에게는 3명의 아들이 있었다. 큰
아들은 허희린(許希麟), 둘째 아들은 허희수(許希壽), 셋째 아들은 허희
인(許希仁)이었다. 그리고 이들 삼 형제는 각각의 문중을 형성하였다. 큰
아들의 후손은 당연히 승지공파의 대종이었다.

둘째 아들 허희수는 허형과 함께 순천으로 낙향한 동생 허영에게 아들
이 없어 그의 후사를 이었다. 따라서 순천에 입향한 양천허씨는 크게 허
형의 후손과 허영의 후손으로 나뉘지만, 생가쪽으로는 모두 허형의 후손
이라고 할 수 있다.

막내아들 허희인의 후손들은 승지공파 내의 작은 문중으로 분파하였다.
이들은 무안공파라는 소종을 만들고 순천 주암 궁호(궁각)에 대대로 거주
하였다. 그리고 그들 문중의 상징으로 염수재를 지어 무안 현감공 등의
신위를 제향하고 있다.

염수재

그렇다면 이들 삼형제의 삶에 대해 살펴보겠다. 큰아들 허희린에 삶에 대해 문중에서는 '지학근행(志學謹行)'으로 설명하고 있다. 그 구체적인 내용을 자료를 통해 살펴보겠다. 그에 대한 자료는 그의 5대손 허협(許俠)이 쓴 묘표와『승평속지』인물 음사조에 실린 기사, 그리고『양천허씨문헌고』「승지공파유사」에 남아있다. 이 중 특기할 만한 것은 다음과 같다.

① 허희린(許希麟) – 자가 언서(彦瑞)이고 양천인. 교위(校尉) 형(亨)의 아들이다. 재덕(才德)을 겸비하였다. 당시 **사림들의 추천을 받아 성세(聖世)에 교도(敎導)로 제수**되었다. 의방(義方)과 충효(忠孝)를 집안에 전했다. 인종 때 돈용교위(敦勇校尉)를 지냈고 **좌찬성에 추증**되었다.[44]

② 시남공(市南公 : 許楘)이 지은 묘표의 내용은 대략 이렇다. "1512년에 태어났다. 어려서부터 특이한 자질이 있고 재덕을 겸비하였으며, 신중하고 말이 적었다. 명종 연간에 돈용교위를 지냈고 선조대에 통정대부(通政大夫) 승정원좌부승지 겸경연참찬관(承政院左副承旨 兼經筵參贊官)의 증직을 받았다. 효성이 지극하여 부모님의 뜻을 잘 받들었다. … 두 동생인 통덕랑 희수와 현감 희인과 우애가 돈독하였다. 영욕(榮辱)을 모두 멀리하여 함께 전원으로 돌아와 늘그막까지도 형제간 우애의 정을 온전히 하였다. 집에 있을 때는 수신제가의 도리를 다하였고, 향리에서는 비난이나 헛된 명예를 경계하였다. 학문을 열심히 하여 자질을 가르쳤고, 공경을 다하고 삼가는 행동으로 후생들에게 권면을 주었다. **사림이 추대하여 사표(師表)로 삼았다.**[45]

위의 자료를 보면 허형의 큰아들인 허희린은 아버지의 유훈을 받들어 은자로서의 삶을 살았던 것으로 보인다. 형제간의 우애를 중시하고 자제

---

44)『昇平續志』권3, 人物 蔭仕
45)『陽川許氏文獻考』「承旨公派遺事」"市南公所撰墓表에 曩日正德壬申에 公이 生하니 幼有異質하고 才又兼德하고 愼重寡言하다 明宗朝에 敦勇校尉요 宣廟에 贈通政大夫承政院左副承旨 經筵參贊官하다 性孝至誠하야 服勤愉愉順志하며 痛必禱天하고 喪幾滅性하며 哭泣靡懈하야 與二弟通德郎希壽와縣監希仁으로 友義尤篤하고 俱謝榮途하야 同歸田園하야 到老에 猶全塤箎之樂하고 居家而務修齊之道하야 處鄕而戒毀譽之口하며 立志務學하야 以敎子姪하고 致敬謹行하야 以勉後生하니 士林이 推而師表하다."

들에게는 학문을 잇도록 가르침을 주었고, 지역에서는 행동으로 모범이 되는 삶을 살았다. 이 때문에 지역 사림의 공론으로 추천을 받아 교도의 직임에 제수되었다.

다만 위의 자료에서 관직에 대한 기록이『승평지』와 다른 자료가 맞지 않는다. 아마도『승평속지』저자는 참찬이라는 관직을 의정부 좌참찬으로 오해하였고, 또 기록 과정에서 좌참찬을 좌찬성으로 잘못 기록한 것이 아닌가 생각된다. 문중에서 작성한 모든 자료가 좌부승지 겸 경연참찬관으로 기록되어 있기 때문이다.

둘째 아들인 허희수는 '통덕랑으로 영(瑛)에게 출계하였다.'[46]는 자료 이외에는 잘 나타나지 않는다.

셋째 아들인 허희인의 삶을 문중에서는 '효렴덕정(孝廉德政)'으로 압축하고 있다. 그의 생애를 알 수 있는 자료들 역시 효렴과 덕정에 대해 서술하고 있다. 이 중 특기할만한 자료를 들면 다음과 같다.

③ 부군의 휘(諱)는 희인(希仁)이고 자는 인백(仁伯)이며 호는 반구정(伴鷗亭)이다. 성품이 너그럽고 후하였으며 효도와 우애를 모두 지극하게 하였다. 장성해서는 무예를 업으로 삼아 명종 가정(嘉靖) 기유년(명종 4, 1549년)에 을과(乙科) 제3방에 급제하여 훈련원 주부(訓鍊院主簿)에 배속되었다. 기미년(명종 14, 1559년) 여름에 서부 주부(西部主簿)로 옮겼다가 이내 사헌부 감찰로 승진하였다. 다음해 일 때문에 파직되어 고향으로 돌아왔다. 임신년(선조 5, 1572년) 2월 4일 신묘일에 세상을 마치니 향년 57세였다.[47]

④ 승지공이 처음으로 순천에 살게 되었는데 공은 바로 승지공의 셋째 아들이다. 모친은 상주박씨(尙州朴氏)로 생원 휘 증손(曾孫)의 따님이다. 정덕(正德) 병자년(중종 11, 1516년) 1월 기유일(己酉日)에 경성 연지동

---

46)『陽川許氏文獻考』「忠順衛校尉贈通政大夫承政院左副承旨經筵參贊官兼春秋館修撰官府君墓表」
47)『陽川許氏文獻考』「奉正大夫行務女縣監府君墓表」

(蓮池洞) 집에서 공을 낳았다. 어려서는 남다른 자질이 있어 효도와 우애를 모두 지극하게 하였다. 명종 기유년(명종 4, 1549년)에 무과(武科)에 급제하여 훈련원 주부(訓鍊院主簿)에 배속되었다가 이내 사헌부 감찰로 승진하고 가을에 무안 현감(務安縣監)을 제수받았다. 공은 평소 병을 많이 앓아 몇 년 동안 누워 지내다가 곧바로 귀거래사를 읊으며 돌아와 반구정을 지어 늙어 죽도록 다시 벼슬에 나아가지 않으셨다. … 구옹(龜翁)이 행장을 다음과 같이 지었다. "집에 있을 때에는 효도하고 공경하였으며, 관직에 있을 때에는 청렴하고 근실하였다."[48]

⑤ 가정(嘉靖) 기유(己酉)년에 무과에 올랐고 벼슬은 무안 현감(務安縣監)에 이르렀다. 성격이 관대하고 온화했으며, 효성과 우애가 모두 지극하였다. 집에 있을 때는 생업에 종사하지 않았고, 관에 있을 때는 청렴하고도 성실하였다. 구암(龜巖) 이정(李楨)이 행장(行狀)을 지었다.

집에서는 효가 으뜸이요, 관에서는 청렴이 으뜸이니,
효도하지 않으면 가르쳐 무엇을 이루며 청렴하지 않으면 다스려 무엇을 베풀랴.
탐관오리나 순종치 않은 지식은 백성을 해치고 하늘을 어긴다네.
포정(蒲亭)의 효는 향기를 날리고, 진평(晉平)의 청렴은 이름을 전하니,
무안현감이 끼친 정치는 천년을 두고 옛 현인으로 생각되리라.[49]

⑥ 명종 을묘년(乙卯年, 1555)에 적이 달량(達梁)을 함락시켰을 때 공(丁傑)의 형인 찰방공(察訪公)은 전라수사 최호(崔豪)의 막하(幕下)에서 우부장(右部將)으로 있었다. 좌부장(左部將) 허희인(許希仁)과 함께 협공하여, 마침내 흥양 나도(羅島, 나로도)에서 적을 물리쳤다.[50]

위의 자료를 통해 허희인의 삶을 재구성하면 다음과 같다. 허희인은 1516년(중종 11) 서울 연지동에서 태어났다. 그리고 1549년 34세의 나이에 무과에 3등으로 급제하였다. 이후 훈련원 주부, 사헌부 감찰의 관

---

48) 『陽川許氏文獻考』「伴鷗亭許公墓碣銘 幷序」
49) 『江南樂府』「孝廉行」
50) 「資憲大夫兵馬節度使丁公傑遺墟碑」, "乙卯年敵陷達梁時 公之兄察訪公 在全羅水使崔豪幕爲右部將 與左部將 許希仁挾擊 遂敵興陽羅島

직을 지냈고 마지막으로 무안 현감을 지냈다. 그의 삶을 묘사하는 '효렴덕정' 중 청렴과 덕정은 바로 무안 현감 당시의 치적을 찬송하는 것이다. 우선 순천 부사를 지냈던 구암 이정은 허희인의 아들인 허엄과 친분이 있어서 그의 행장을 찬하였다. 거기에서 집에서의 효행과 관직 생활할 때의 청렴과 근실함을 큰 덕행으로 꼽았다. 다음으로 조현범 역시 『강남악부』에서 그의 효행과 청렴함을 칭송하는 악부를 지어 남겼다. 그의 덕정에 대해 무안 사람들도 송덕비를 세웠다.[51]

또 「정걸장군유허비」에서는 을묘왜변 당시의 활약상도 기록하고 있다. 1555년 5월 전라도 달량포(達梁浦)와 이진포(梨津浦)에 왜선(倭船) 70여 척이 침습하여 성내를 방화하고 약탈하였다. 전라 병사 원적(元績)은 장흥 부사 한온(韓蘊), 영암 군수 이덕견(李德堅)과 함께 구원하러 갔다가 되레 왜구에 포위되었다.[52] 그러나 전라 우수사 김빈(金贇)의 소극적인 대응으로 원적 등은 포위망을 뚫지 못하였다.[53] 결국 성 안의 양식이 떨어진 원적 등은 항복하려고 하였으나 성 안의 상황을 파악한 왜구의 급습으로 성이 함락되고 말았다.[54] 달량을 함락시킨 이후에 왜구는 어란포를 침략하고 진도로 향하는 도중 남도(南桃)와 금갑(金甲) 양보(兩堡)를 함락하였다. 이후 5월 22일에는 장흥을 침입하여 부중의 모든 창고와 민가를 약탈했고, 26일에는 병영에 침입하여 병기를 비롯한 잡물과 쌀 700여 석을 약탈한 후에 군사시설에 방화하였다.[55] 이것이 곧 을묘왜변이었다.

이때 전주 부윤이었던 이윤경과 정걸, 류충정(柳忠貞) 등의 활약으로[56] 왜구 100명을 참수하는 전과를 올렸다.[57] 이후 왜구들은 녹도와 제주로

---

51) 『陽川許氏文獻考』「承旨公派遺事」 "秋에 進陞奉正大夫 除務安縣監하다 有古循吏風하니 鄉人이 立碑頌德하다"
52) 『명종실록』 권18, 10년 5월 己酉.
53) 『명종실록』 권18, 10년 5월 壬子.
54) 『명종실록』 권18, 10년 5월 辛亥.
55) 宋正炫, 「乙卯倭變에 대하여」 『湖南文化研究』 12, 1982.
56) 李潤慶, 『崇德齋先生遺稿』 권3, 「答原吉書」 "今此之戰 亦爲先登 其勇敢之實 亦可知矣 柳忠貞丁傑之策甚良".
57) 『명종실록』 권18, 10년 5월 壬戌.

퇴각하였다. 이때 허희인이 활약한 것으로 보인다. 허희인은 전라 수사 최호(崔豪)의 좌부장으로 참전하여 달량에서 격퇴되어 녹도로 퇴각한 왜구들을 추격하여 나로도에서 물리쳤던 것이다.

무안 현감으로 부임한 이듬해 병 때문에 사퇴하고 고향으로 돌아와 옥계리 동쪽 옥천(玉川) 가에 반구정을 짓고 유유자적한 삶을 보냈다. 반구정은 훗날 현재의 연동마을 앞 연지 위로 이건하였다. 그는 반구정기와 함께 시를 남겨 강호에 은둔하는 삶의 즐거움을 노래하였다.[58] 그의 「반구정」시를 소개한다.

허희인의 「반구정기」와 허찬의 「반구정중건기」를 새긴 현판

반구정 (伴鷗亭)

허희인(許希仁)

산 구름 바라보니 고향 산천 아득한데	岫雲入望杳鄕山
게으른 새 훨훨 날아 제 둥지로 돌아온다.	倦鳥翱翔知自還
모래 위의 안개와 물결 호수의 한 구비요	沙上烟波湖一曲
바람에 꽃과 달을 겸한 세 칸의 정자라오.	風兼花月榭三間
부침하며 홍진(紅塵)의 더러움 깨끗이 씻고	浮沈潔濯紅塵累
친근한 백조는 한가로움 자랑하네.	親近誇偸白鳥閒
강 머리 향해 맑은 흥취 묻는다면	爲向江頭晴興問
몇 소리 어적(漁笛)의 가락 즐긴다오.	數聲漁笛樂機關

---

58) 『陽川許氏文獻考』「承旨公派遺事」, "越明年에 賦歸하야 築亭于玉溪東玉川上하고 自適逍遙하야 扁亭以伴鷗하고 作記而繼詩하다"

허희인의 「반구정」 시와 거기에 차운한 형 허희린과 구암 이정의 시를 새긴 현판. 시는 허희린, 허희인, 이정의 순서로 되어있다.

2) 입향 3대 : 곤계담흡(昆季湛翕), 유문사범(儒門師範), 재관염청(在官廉淸)

허형의 순천 입향 이후 큰아들은 학행을 인정받아 사림의 추천으로 교도와 돈용교위(敦勇校尉)의 관직을 지냈고, 막내아들은 무과를 통해 사헌부 감찰과 무안 현감 등을 거쳤다. 순천 입향 전부터 대대로 관직을 지낸 가문인 데다가 입향한 이후에도 관직이 끊어지지 않았기 때문에, 양천허씨는 순천 지역사회에 쉽게 자리를 잡았다. 이를 잘 보여주는 것이 허형 손자대부터 나타나는 통혼관계이다.[59]

허희린은 다섯 아들을 두었다. 큰 아들인 허혼(許渾)은 옥천조씨 중형(重珩)의 딸과 혼인하였다.

---

59) 이하 통혼관계는 『양천허씨 승지공파보』에 의거하였다.

嘉善大夫 戸曹參判 諱 渾 墓碣銘

公의 휘는 혼渾이시고 자는 후숙厚叔이요 호는 동계東溪이시다 중종 辛卯
一五三一년 順天府 玉溪里에서 출생하셨다 아버님은 중종조에 돈용교위敦勇
校尉를 지내시다가 선조조에 승정원承政院 좌승지左承旨에 추증되신 묵헌공
黙軒公 희린希麟이시고 어머님은 金堤金氏 參奉 殷輅의 따님이시다 조부는
순천 입향조이신 형亨자 할아버지시다 배위는 순창 조씨 重珩의 따님이시다

公은 형제가 다섯이었는데 방에 무유당無猶堂이라는 편액을 걸고 어릴때부
터 한 방에 기거하면서 형제간 우애가 지극하였으며 成人이 되어서는 長子로
서 아들과 조카 교육에 진력하였다고 전해지고 있다 공은 명종조에 소위장군
昭威將軍을 지내셨고 선조조에 아들 일일鎰이 임난공신壬亂功臣에 록훈錄勳됨
으로써 가선대부嘉善大夫 호조참판戸曹參判겸 동지의금부사同知義禁府事 오
위도총부五衛都總府 부총관副總管에 추증되셨다 아들 일鎰은 선조조에 무과
에 급제한 후 삼포수방사三浦守防使겸 웅천熊川 현감縣監으로 있으면서 충
무공忠武公 이순신李舜臣을 도와 임란壬亂 전쟁에서 큰 공을 세우셨다

鎰은 나주에서 의병을 일으킨 김천일金千鎰 의병장에게 준마를 보내 충의를
격려하였으며 막하의 朱貴生을 시켜 적정을 수시로 탐지한 다음 李舜臣장군
에게 보고하여 전쟁을 도왔다고 한다 鎰은 一五九三년 二차 진주성 싸움에
서 金千鎰 崔慶會장군과 함께 진주성이 무너진 六월 二九일 순절殉節하셨다
전란중에 아들오형제와 종제 막하의 주귀생도 진주성과 한산도 싸움에서 전
사하였다 임진왜란이 끝나고 선조는 許鎰 장군에게는 선무원종宣武原從 一
등공신을 아들 다섯과 종제에게는 각각 二등과三등공신으로 주귀생도 三등
을 책훈策勳함으로써 六忠臣이 나온 名門 집안이 되었다 六충신의 충절忠節
을 자손들이 이어가기를 다짐 한다 公의 墓는 甲午譜에 갈치재 재궁동 제각
뒤편의 壬坐로 옥천인 조인석이 비문을 찬한 것으로 세보에 기록되어있으나
실전되어 禮字 溫字 할아버지와 함께 이 곳에 모신다

十四세손 祥萬 삼가 碑文을 짓고 題字는 방계손 龍이 쓰다
甲午 2014 년 10월 15일 陽川 許氏 大提學公派 承旨公 宗中

둘째인 허잠(許潛)과 넷째인 허담(許湛)은 광산김씨와 혼인했지만, 다섯째인 허택(許澤)은 순천 지역의 광산이씨와 혼인하였다. 허희인의 외아들 허엄(許淹)도 옥천조씨인 조개신(趙改臣)의 딸과 혼인하였다. 또 허엄의 아들 허경(許鏡)과 허담의 아들 허령(許鈴)은 목천장씨 순천 입향조인 장자강의 증손녀와 혼인하였다. 당시 순천부에서 이루어진 신흥사족들의 통혼 사례를 보면 순창조씨, 양천허씨, 경주정씨, 목천장씨, 상주박씨 등 저성 가문 상호간에 서로 얽힌 혼맥을 형성하고 있었다.[60] 양천허씨 역시 주로 16세기 사화기에 입향한 사족들과 통혼권을 형성하며 재지사족으로서의 기반을 다져가고 있었다.

허형 손자대의 기록은 크게 3가지로 나와있다. 첫 번째는 허희린의 다섯 아들 사이의 우애를 말하는 곤계담흡(昆季湛翕)이다. 두 번째는 승평사은의 일원으로 순천 지역 성리학 진흥에 큰 역할을 했던 허엄(許淹)의 업적을 칭송하는 유문사범(儒門師範)이고, 마지막은 허희린의 막내 아들 허택(許澤)의 청렴한 관직생활을 기리는 재관염청(在官廉淸)이 그것이다.

『양천허씨문헌고』 서문에서는 노정공 허잠만을 특정하여 곤계담흡이라고 표현하였다. 그러나 다음 자료에서 보듯, 맏형 허혼을 비롯한 5형제가 무유당(無猶堂)을 짓고 우애있게 지낸 것을 지칭하였음을 알 수 있다.

> ① 증참판공(贈參判公) 허혼(許渾). 자는 후숙(厚淑)이고, 참찬공(參贊公) 희린의 맏아들이다. 가첩의 내용은 대략 다음과 같다. 공은 천성이 순박하고 온후하여 부모에 효도하고 아우들과 우애가 있었다. 친족과 화목하고 이웃과 친하게 지냈다. 평소에 근검하고 말수가 적고 신중하였다. 다섯 형제의 우애가 매우 돈독하여, 형과 아우가 서로 겨루지 않고 잘 지냈다. 선조 때 소위장군(昭威將軍)을 지냈고, 아들 허일(許鎰)의 공훈으로 호조참판(戶曹參判)의 증직을 받았다.[61]

---

60) 조원래, 2013, 앞의 책, 22쪽
61) 『陽川許氏文獻考』「承旨公派遺事」

② 공의 휘는 잠(潛)이고 자는 명숙(明淑)이며 호는 노정(蘆汀)이다. … 가정 계사년(중종 28, 1533년) 6월 20일에 순천부 옥계리 집에서 공을 낳았다. 공은 어려서부터 효성과 우애를 타고났으며 학교에 들어가서는 이미 하늘과 사람의 성명(性命)의 심오한 뜻을 깊이 연구하니 **고을에서는 호남군자(湖南君子)라 칭찬**하였다. 형제 다섯 명이 한 집에서 살며 집을 '무유(無猶)'[62]라 편액하고, 기문에 대략 "형이 도모하지 않고 아우가 도모하지 않으니 누가 도모하겠는가?"라고 하였다. 1594년(선조 27) 처음 벼슬로 행 내금위 어모장군에 제수되었는데 다음해에 사직하고 돌아와 향원가(鄕園歌)를 지어 "외람되게 큰 은혜를 입었으나 나라를 호위하는 정성을 다하지 못하였고 만년에 동강(桐江)을 사모하여 또 일사(一絲)의 바람이 있다."[63] 하였다. **종제인 강호공(江湖公) 엄(淹)과 함께 선현들의 언행을 듣기 좋아하여 종신토록 세상에 나가지 않으니,** 선조께서 그 행실을 가상하게 여겨 특별히 통정대부 부호군으로 올리셨다.[64]

5형제의 맏인 허혼은 아들 허일이 의병장의 공로를 인정받아 선무원종공신1등에 녹훈되자 호조 참판의 증직을 받았다. 그러나 허일과 유일한 적손(嫡孫) 허증(許增)이 임란 당시 순절함으로써, 적자로는 대가 끊어졌다.

둘째 아들 허잠은 성리학 연구에 침잠하고 덕행(德行)이 있어 호남군자로 일컬어졌으며, 어모장군의 관직도 마다하고 은거했던 학자였다. 승평사은에 속하지 않았지만 그들과 뜻을 같이 했던 것으로 보인다. 승평사은에 속한 종제 허엄과 교유하였으며, 『양천세고』에는 역시 승평사은의 한 명이었던 배숙(裵璹)의 거주지를 읊은 시가 몇 수 전한다.

---

62) 무유(無猶) : 형제간에 화목하여 서로 도모하지 않는 것을 이른다. 《시경(詩經)》〈사간(斯干)〉의 "형과 아우들이여, 서로 화목하게 지낼 것이요, 서로 도모하려 하지 말지어다.[兄及弟矣 式相好矣 無相猶矣]"라는 말에서 나온 것이다.

63) 만년에 …… 있다 : 동강(桐江)은 후한(後漢)의 은사(隱士)인 엄광(嚴光)이 은둔하여 낚시질한 곳이다. 일사(一絲)의 바람은 작은 바람으로 조병문(趙秉文)의 시에 "유월에도 푸른 버들 밑에는 시원한 기운 생기니 낚싯배 위에 일사의 바람이 인다." 하였다. 곧 만년에 한가로이 낚시질하며 여생을 보냈음을 말한다.

64) 『陽川許氏文獻考』「蘆汀公墓碣銘 并序」

매곡의 유거시에 차운하다(次梅谷幽居) 2수

허잠(許潛)

일찍이 한강(漢江)의 달밤에서 놀다가	早遊漢江月
돌아와 해운림(海雲林)에 누웠노라.	歸臥海雲林
한번 남쪽 시내의 물을 보소	試看南澗水
주인옹(主人翁)의 마음처럼 맑다오.	淸若主翁心
마음 내키는대로 사립문에 이르니	隨意到衡扉
봄빛이 날로 점점 무르익어 가네.	春光日漸肥
사랑스러워라 매화를 보는 늙은이가	自愛觀梅老
경서(經書)를 들고 산중에 앉았구려.	持經坐翠微

배숙은 회재(晦齋) 이언적(李彦迪)의 문하에서 수학하였다. 1546년 사마시에 합격하여 성균관에서 7년 동안 수학하였다. 이때 요승(妖僧) 보우(普雨)를 배척하라는 상소를 올렸다.[65] 1564년 승평 교수관이 되어 순천 매곡으로 이거하였다. 이듬해에는 옥천에 있는 임청대 재건의 역을 주관하였던 인물이다.[66] 그의 학문과 덕행은 순천 뿐 아니라 호남 일대에 명성이 났다. 그래서 1580년에는 순천 유생들이 그의 학행을 포상할 것을 요청하는 등장(等狀)을 올렸고, 이듬해에는 광주 생원 이여정(李汝楨), 남원 진사 이대주(李大胄) 등 전라도 내의 대표적 유생들이 연명한 등장을 전라 감영에 내기도 하였다.[67]

이처럼 배숙은 학문과 덕행으로 순천을 비롯한 인근 지역 유생들의 존경을 받았으며, 또 순천 지역에 성리학적 기풍을 진작하기 위해 노력하였던 인물이다. 허잠이 매곡당에 대한 시문을 남겼다는 것은 그와 교분이 있었음을 말하는 것이다. 따라서 허잠도 승평사은이 주도했다고 하는 경

---

65) 『梅谷集』 권2, 「斥妖僧普雨疏」
66) 정승모, 앞의 책, 188쪽
67) 『梅谷集』 권2, 「道儒呈巡營狀」

현당 창건, 옥천서원 건립 등에 깊이 관여했다고 할 수 있다.

재관염청의 평을 받은 허택에 대한 자료는 다음과 같다.

③ 통훈대부(通訓大夫) 행 문천 현감(行文川縣監) 허택(許澤). 자는 혜숙(惠淑), 호는 계정(溪亭)이다. 참찬공 희린(希麟)의 다섯째 아들이다. 정간재(靜簡齋)가 쓴 묘표(墓表)에 대략 다음과 같은 내용이 나온다. 1546년(명종 1) 태어났다. 시와 예절에 대한 가르침을 받고 스스로의 몸가짐을 단정하게 하였다. 마음씀이 바르고 공평하며 일을 처리함이 매우 상세하였다. 식자들이 세상에 널리 쓰일 인재라고 하였다. 1589년(선조 22) 사용원 봉사(司饔院奉事)의 관직을 지냈다. 통훈대부(通訓大夫)에 올라 문천 현감(文川縣監)에 제수되었는데, 그때 청렴하게 행동하여 명성이 자자했다. 임기를 마치기도 전에 병 때문에 사직하고 고향으로 돌아왔다. 부모님께 효를 다하여 마음가짐과 행동 모두 예에 맞게 하였고, 형님들을 공경히 모셔 대들지 않고 우애 있게 지냈다. 당형인 강호선생에게 매일 나아가 학문을 강론하니 덕업과 행의가 세상의 칭찬을 받았다.[68]

④ 허택(許澤) … 태어날 때부터 뛰어난 재주가 있었고 당형(堂兄) 강호공(江湖公) 엄(淹)에게 가훈(家訓)을 익혀 학업이 굉장히 넓고 덕망이 있었다. 사람들이 높이 받들며 귀하게 대우하였고, 친우들은 그의 시를 높이 평가하여, 문인이라면 다투어 그가 지은 시를 다투어 암송하였다. 남쪽 고을 사우의 모범이 되었다. 선조 때 통훈(通訓) 사용원(司饔院) 봉사였으며 뒤에 현감에 제수되었다. 손자인 평(坪), 동(棟), 규(圭), 후(垕), 돈(敦)이 유훈(遺訓)에 독실했고 학업에 전념하여 삼문이필(三文二筆)로 일컬어졌다.[69]

③번 자료를 보면 문천 현감 재직시 청렴함으로 명성을 날렸다는 것, 효도와 우애가 남달랐다는 것, 그리고 학문을 당형인 허엄에게 익혔다는 것을 알 수 있다. 그리고 ④번 자료에서는 허택이 시인으로 문명을 날렸으

68) 『陽川許氏文獻考』 「承旨公派遺事」
69) 『승평속지』 인물 유일

며, 그의 영향을 받아 그의 손자 5명 중 3명은 문장으로, 2명은 명필로 명성을 떨쳤음을 알 수 있다.

마지막으로 유문사범(儒門師範)으로 칭해졌던 허엄에 대해 서술하겠다. 허엄과 관련된 자료를 소개하면 다음과 같다.

⑤ 무안공의 아들인 강호공(江湖公) 휘 엄(淹)은 모재(慕齋) 선생의 고제 (高弟)이며, 구암(龜巖)과 함께 경현당(景賢堂)을 창건하였다. 세상에서 승평사은(昇平四隱) 중 한 분으로 일컫는다.[70]

⑥ 공의 휘는 엄(淹)이고 자는 구숙(久淑)이며 호는 강호(江湖)이다. … 1538년(중종 33) 3월 13일에 순천부 옥계리(玉溪里)의 집에서 태어났다. … 15세부터 모재(慕齋) 김 선생에게 수업을 받았는데 같은 문하의 여러 사람들이 모두 그에게 미치지 못한다고 하였다. 거처를 반드시 공경하게 하고 행동거지를 반드시 예로서 하여 울연히 산림(山林), 숙덕(宿德)의 기대가 있었다. 1568년(선조 1)에 성균관 생원에 합격하였다. 순천부 서쪽에 옥천 임청대(臨淸臺)가 있는데 한훤당(寒暄堂) 김굉필(金宏弼)과 매계(梅溪) 조위(曹偉) 두 선생이 유배되었을 때 쉬던 곳이다. 그 뒤에 구암(龜巖) 이 선생이 순천 부사로 부임하였을 때 공과 매곡(梅谷) 배숙(裵璹), 청사(靑莎) 정소(鄭沼), 포당(圃堂) 정사익(鄭思翊)과 함께 임청대를 수축하고 경현정사(景賢精舍)를 처음으로 세웠다. 임청대 편액에 새긴 '경현당(景賢堂)' 세 글자는 바로 퇴도(退陶) 이 부자(李夫子)의 친필이다. 만력(萬曆) 경술년(광해 2, 1610년) 9월 14일에 돌아가셨다. 현풍(玄風) 곽진(郭趂)이 행장을 지었다.

위의 자료를 보면 허엄은 모재 김안국 문하에서 학문을 배웠고, 1568년 생원시에 합격하였다. 구암 이정이 순천부사로 부임하자, 그에게 건의하여 임청대와 경현(옥천)정사를 세우는 데 주도적인 역할을 하였음을 알 수 있다.

임청대와 옥천정사 건립은 이정의 순천 부사 부임이 계기가 되었다.[71]

---

70) 『陽川許氏文獻考』「世守齋記」
71) 이하 임청대와 옥천정사 건립에 대해서는, 변동명, 2015, 앞의 논문에 의거하였다. 번잡함을 피해 아래의

이정은 순천부사로 부임하면서 한훤당(寒暄堂) 김굉필(金宏弼)의 행적에 깊은 관심을 보였다. 그는 김굉필의 자취를 탐문하며 임청대의 옛 터를 찾았다. 김굉필을 흠모하던 이정이 그곳을 찾아 마침내 무너져 내린 옛 터를 수습하기에 이르렀다. 김굉필을 추모하는 사우인 경현당(景賢堂)이 건립되는 단초가 열린 셈이었다.

이정은 무너져 잡초가 무성한 옛 터를 정돈하여 임청대를 다시 수축하였다. 높이가 한 길 남짓인 석축의 돈대였다. 그리고는 임청대의 북쪽 언덕진 곳에 돌을 포개어 계단을 축조한 다음, 그 위에 3칸의 건물을 지었다. 그리하여 주위에 담을 두른 뒤 건물에 '경현(景賢)'이라는 편액을 걸었다. 김굉필을 추모하는 뜻에서 붙인 명호였다.

경현당이 완성된 다음 해(1565)에 다시 정사(精舍)의 건립이 추진되었다. 순천지역 사류(士類)들의 적극적인 요청에 따른 일이었다. 이정은 이 요구에 적극적으로 응하였다. 경현당 오른편을 맞춤한 터로 점찍은 다음, 민가(民家)에 속한 그 땅을 얻고자 관전(官田)을 제공해 그와 맞바꿀 정도로 적극적이었다. 그리하여 다섯 달에 걸친 공사 끝에 마침내 옥천정사(玉川精舍)가 건립되었다. 옥천정사의 완성은 곧 옥천서원(玉川書院)의 성립에 다름 아니었다. 경현당에서 선현(先賢)을 향사(享祀)하고 옥천정사에서 유생(儒生)들이 장수(藏修)·강학(講學)할 수 있게 되었기 때문에, 실제로는 서원이 만들어진 거나 다름없기 때문이었다.

이정이 임청대와 옥천정사 건립을 주도해가는 데 있어 순천 지역 사회의 사족들이 적극적으로 호응했으며, 그것을 주도했던 이들이 바로 승평사은이었던 것이다. 16세기 중반 경에 이르러 순천에서는 지역을 대표하는 사족으로서 배숙, 정소(鄭沼), 허엄(許淹), 정사익(鄭思翊) 등 4인을 들었다. 이들을 '승평사은(昇平四隱)'으로 불렀는데 중앙관직에서 활동

서술에서 위의 논문을 인용할 경우 별도의 주석은 생략한다.

하는 자들과는 달리 지방에 은거하면서 학문을 닦고 후학을 가르치던 이들의 존재를 이렇게 평가한 것이다.[72] 이들은 경현당(景賢堂)과 옥천정사(玉川精舍) 건립에 주도적으로 참여하였다.[73]

조선후기 서원은 사림들의 학문 연마에 핵심적인 역할을 하였으며, 향촌사회를 주도하는 사림의 거점으로서 기능하였다. 서원의 건립은 지역사회 성리학 발전에 많은 역할을 하였다.[74] 따라서 허엄이 옥천서원 건립을 주도하였던 것은 유학계의 스승으로서 역할을 한 것이고, 문중에서는 '유문사범'으로 기억하게 된 것이었다.

---

72) 정승모, 앞의 책, 186~187쪽
73) 梅谷集 3 附錄 「梅谷堂續記」, "甲子也爲昇平敎授官 越明年乙丑也 主董玉川臨淸臺之役 同事者鄭沼 · 許淹 · 鄭思翊也"
74) 이수환, 「서원건립활동」 『한국사』 28, 국사편찬위원회, 2003, 284~290쪽.

Ⅲ. 임진왜란기 구국활동과 충렬사

1. 허일 육부자의 의병활동과 순국 : 부자순국육충(父子殉國六忠)

순천에 입향한 이후 순천지역을 대표하는 명문으로 자리잡은 양천허씨의 명성을 더욱 높인 것은 임진왜란 때의 구국활동이었다. 그리고 그 중심에 허일과 다섯 아들의 순국이 있었다.

허일(許鎰)은 자가 여중(汝重)이고 호는 일심재(一心齋) 또는 남포(南浦)이다. 1549년(명종 4)에 태어났고 1585년(선조 18) 무과에 급제하였다. 선전관, 내금위, 훈련원 주부, 사헌부 감찰을 역임하였다. 임진왜란이 일어나던 해에는 웅천 현감으로 재임 중이었다. 그가 선무원종1등공신에 녹훈된 것으로 보아 의병으로서의 활약은 상당했을 터이다. 6부자가 전란 와중에 모두 순국하고, 결국에는 양천허씨 장손의 대가 끊기는 결과를 초래할 정도였다. 그러나 애석하게도 그에 관련된 자료는 많지 않다. 이 때문에 그들의 의병활동에 대한 조명이 제대로 이루어지지 못하였다. 부족한 자료나마 당시 정황이나 관련 기록을 비교, 검토하여 그들의 활동을 좀더 구체적으로 밝힐 필요가 있다. 이하에서는 임진왜란의 시간 경과에 따른 허일의 활동을 살펴보겠다.

임진왜란 개전 초기 허일에 대한 조선정부의 평가는 결코 긍정적이지 않았다. 허일과 관련된 『선조실록』의 기사 내용은 다음과 같다.

> ① 웅천 현감(熊川縣監) 허일(許鎰)은 적이 경내를 침범하기도 전에 먼저 스스로 도주하였다.[75]
>
> ② 웅천 현감(熊川縣監) 허일(許鎰), 성주 판관 고현(高晛) 등은 성을 버렸으니, 그들이 간 곳이 알려지는 대로 법에 의하여 처벌하소서.[76]

위의 자료를 보면 전쟁 소식이 들리자 경상도의 수령들이 모두 도망하였다는 기존 인식에서 크게 벗어나지 않는다. 그리고 중앙정부에서 허일의 소재를 정확히 파악하지 못하고 있음도 알 수 있다. 그런데 최근 들어 전쟁 초기 경상도 수령들이 도망가지 않고 제승방략[77]에 의해 군사를 동원하였음이 논증되었다.[78] 그에 따르면 전쟁 발발 소식이 전파되자 경상우도 역시 제승방략에 의해 군사력이 운용되었다. 먼저 김해 진관의 군사 동원이 실시되었으며 분군령이 발령되자 경상도 중, 북부 제진의 병력이 분군법에 의해 지정된 지역으로 이동하여 부대를 편성했다. 경상우도에서는 김해 진관의 김해와 창원의 우병영을 중심으로 동원이 진행되었다.

허일이 수령으로 있던 웅천현은 김해 진관 소속이었다. 따라서 허일은 부대를 이끌고 김해를 방어하기 위해 지정된 장소로 이동해야 했다. 그런데 김해의 상황은 여의치 않았다. 4월 18일 부산진 앞바다에 도착한 쿠로다(黑田長政)가 이끈 3번대 주력은 부산 앞바다에서 해상으로 이동하여 죽도에 19일에 상륙하였다. 죽도는 김해부 남쪽 10리에 있으며 낙동강 하류에서 김해강 지류가 합치는 곳으로 전선을 정박할 수 있었던 곳이었다.

김해 부사 서예원은 이곳에서 초선(哨船)을 미리 띄워놓고 적정을 탐색

---

75)『선조실록』 권27, 선조 25년 6월 28일(병진)
76)『선조실록』 권27, 선조 25년 6월 29일(정사)
77) 제승방략 : 유사시에 각 고을의 수령이 그 지방에 소속된 군사를 이끌고 본진(本鎭)을 떠나 배정된 방어지역으로 가는 분군법(分軍法). 중종 때의 삼포왜란, 명종 때의 을묘왜변을 겪으면서 시도된 전략으로서, 후방지역에는 군사가 없기 때문에 1차방어선이 무너지면 그 뒤는 막을 길이 없는 전법이다.
78) 이호준, 「임진왜란 초기 경상도 지역 전투와 군사체제」, 『군사 77』, 2010

중이었다. 이에 일본군은 먼저 초선을 빼앗은 다음 조총을 쏘면서 육상으로 직접 진격하여 올라갔다. 이곳을 지키던 감시병들은 이들의 공격에 밀려 김해성 안으로 철수하였다. 일본군 주력은 이들을 뒤쫓아 김해성에 접근하여 김해성을 이중으로 포위하였다.[79]

일본군의 급습으로 김해를 방어해야 할 병력이 제대로 도착하기 어려웠다. 당시 초계 군수 이유검만이 일찍 김해에 도착할 수 있었다.[80] 의령 군수 오응창은 낙동강 수로로 김해로 이동하다가 선박이 전복되어 김해성에 합류하지 못했다.[81]

한편 창원의 우병영에는 우병사 조대곤의 부대가 있었으나 김해성 지원 작전은 실패했다. 김해 전투가 발발하기 전 4월 18일 조대곤은 김해 노현(露峴)에 위치하여 김해와 창원의 관방 지역에 주둔하고 있었으며 200명의 선발대를 운용했다. 당시 일본군 3·4번대가 전력이 완전한 총 25,000여 명의 병력이었다는 점과 일본군의 공성 전술을 고려할 때 일본 군은 김해성을 포위한 이후 조선군의 증원을 차단하기 위해 주변 지역에 부대를 배치했다. 조대곤은 김해성 일대 일본군의 압도적인 병력을 인지하고 있었으며, 일본군의 차단작전에 의해 김해성 구원이 저지되었다. 김해 전투에서 수성군은 단시간에 패배하지 않았다. 그들은 최선을 다해 싸웠다. 그러나 경상도 겸순찰사 김수는 이를 인정하지 않았다. 그는 김해 전투 패전의 가장 큰 요인을 전투의 절정에서 초계 군수 이유검이 퇴각한 것과 초기에 김해성으로 동원된 병력의 부족으로 보았다. 김수는 김해성 서문에서 지휘하던 이유검이 전투의 절정에서 퇴각한 것으로 평가한 것이다. 또한 김수는 낙동강 수운을 통해 김해로 진입하다가 선박이 전복되어 의령진의 병력이 익사하여 김해의 수성 병력이 부족했다고 판단하였다.

---

79) 이형석, 『임진전란사』, 252쪽
80) 『燃藜室記述』 권15, 선조조고사본말 임진 4월 18일
81) 『선조실록』 권29, 선조 25년 8월 7일(갑오)

김수는 4월 26일 거창에서 김해전투의 패전을 이유로 초계 군수 이유검을 처형하여 군중에 효시했으며 김해성에 제때 도착하지 못한 의령 현감 오응창 역시 처형했다.[82]

허일에 대한 「실록」 기사는 현지 지휘관 김수의 이러한 판단이 반영된 것으로 보인다. 김해성 전투의 패배는 불가항력의 것이었으며, 김해를 방어해야 할 책임을 맡은 지방 수령들은 일본군의 김해성 봉쇄 작전에 막혀 후원할 수가 없었던 것이다. 제승방략에 따른 작전 수행이 불가능해진 지방 수령들은 현지 상황에 따라 산 속으로 대피하거나, 다른 부대에 합류하여 전쟁을 수행하였다. 때문에 중앙 정부는 지방 수령의 소재를 정확하게 파악하기 어려웠다. 그런데 이를 전쟁을 피해 도망한 것으로 판단하고 책임을 묻고자 했던 것이다.

그러나 이것이 정확한 판단이 아니었음은 이후 허일의 행동에서 찾을 수 있다. 김해 지원에 실패한 허일은 바로 이순신의 진영에 가담한 것으로 보인다.

> ③ **웅천 현감 허일이 데리고 온** 웅천현 기관(記官) 주귀생(朱貴生)이 다음
> 과 같이 말하였다. "김해부에 사는 내수사노(內需司奴) 이수(李水)가 이번
> 7월 2일 웅천에 사는 부모를 만나기 위해 왔다가, '김해 불암창(佛巖倉)에
> 정박중인 왜놈들이 전라도에서 접전하였다'고 말하였습니다."[83]

위의 자료에서 주목되는 부분은 굵은 글씨로 표시된 '웅천 현감이 데리고 온'이라는 표현이다. 이 말은 허일이 이순신의 진영에 가담하였으며, 단신이 아니라 웅천현의 향리 등도 대동하였다는 의미이다. 당연히 그의 소속 군졸도 함께 하였으며, 이 자료가 일본군과의 전투 내용을 알리는 장계라는 점에서 허일도 이순신과 함께 해전에 참가하였다 할 수 있다.

---

82) 이호준, 앞의 논문, 140~141쪽
83) 『李忠武公全書』卷二, 「見乃梁破倭兵狀」, "熊川縣監許鎰所率同縣記官朱貴生言內. 金海府內居生內需司奴李水.
今七月初二日縣居其父母相見事來到言內. 本府佛巖滄到泊倭人等. 全羅道接戰云云"

이와 관련된 내용이 문중 기록에는 다음과 같이 나온다.

④ 웅천 현감으로 이충무공을 따라 동래, 부산, 남해 등지에서 연승을 거
　두었다. 막하인 주귀생을 파견하여 정세를 자주 탐지하게 하여 보고하니
　충무공이 매우 훌륭하게 여겼다.[84]

『충무공전서』에는 주귀생의 첩보 활동이 단 한 차례 나오지만, 문중에서
는 여러 차례 보고한 것으로 나오고 있다. 주귀생의 첩보가 새롭지 않거
나 비중이 떨어져서 기록하지 않았을 가능성도 있다. 여하튼 허일이 웅천
현감으로 이순신을 따라 종군했음은 이론의 여지가 없다고 생각되며, 문
중 기록도 어느 정도의 신빙성은 갖추었다고 판단된다. 이는 위의 내용에
이은 다음 자료에서도 마찬가지이다.

⑤ 이어 충의공(忠毅公) 최경회(崔慶會)의 막하로 들어가 함께 진주를 지
　키다가 성이 함락되는 날에 여러 공들과 함께 순절하였다.[85]

이순신의 진중에서 나와서 의병장 최경회 부대에 합류하여 진주에서 순
절하였다는 내용이다. 이 사실 역시 다른 자료에서 확인된다. 허일이 이
순신 진중에서 나온 것은 웅천 현감에서 교체된 것과 관련이 있는 것으로
보인다. 그가 현감에서 교체된 정확한 날짜는 알 수 없지만 1592년 8월
27일에는 이종인(李宗仁)이 웅천 현감이었다.[86] 현감에서 교체된 허일은
최경회의 의병에 합류했다. 최경회는 당시 상중이었기 때문에 고경명 등
이 의병을 일으킬 때 참여하지 않았다. 그러나 고경명이 금산에서 전사하
자, 그의 소모관이었던 문홍헌의 의병 거의 권유에 응하였다.[87] 다음의
자료는 이때의 상황을 전해준다.

---

84)『陽川許氏文獻考』「承旨公派遺事」, "熊川縣監으로 從李忠武公하야 連捷於東萊釜山南海等地하고 遺幕下朱貴
　生하야 數探情勢하야 輒告한데 李公이 甚奇之하다".
85) 위와 같음. "因赴崔忠毅公幕하야 同守晋陽이라가 城陷之日에 與諸公으로 同殉節하다"
86)『亂中日記』임진년 8월 27일, "熊川倅李宗仁來話"
87) 趙湲來,「全羅左右義兵의 활동과 崔慶會一家의 의병운동」『임진왜란이 남긴 湖南義兵抗爭史』, 196쪽

좌의병(左義兵) 진중의 사자(士子)들이 흩어진 군사 8백여 명을 소집하여 전 화순 부사(和順府事) 최경회(崔慶會)를 추대하여 맹주(盟主)로 삼고 금월 26일 광주에서 기고(旗鼓)를 세웠는데, 골(鶻) 자로 장표(章標)를 만들었다. 우도(右道)로부터 군사를 모아 남원으로 향하면서 우의병(右義兵)이라 일컬었다.[88]

이때의 지휘부는 전부장에 판관 송대창, 좌부장에 군수 고득뢰, 후부장에 현감 허일, 우부장에 경력 권극평, 막좌에 최경회의 장자 홍기, 조카 홍우, 참모에 진사 문홍헌으로 구성하였다.[89]

최경회 의병부대의 후부장이 허일이었다고 기록된 최경회의 『일휴당실기』 부분

허일이 후부장으로 참여한 전라우의병은 남원에서 임계영이 이끄는 좌의병과 합세하였다. 이곳에서 다시 6~700명의 군사를 더 모집하여 장수에 진주하였다.[90] 그리고 장수를 거점으로 하여 무주, 진안, 금산 등지를

88) 조경남, 『난중잡록』 임진년 7월. "左義兵陣中士子等召聚散卒八百餘名 推前府事和順崔慶會爲盟主 月二十六日 建旗鼓于光州 以鶻字爲章標 由右道收兵 向南原 因稱右義兵 擧會之日 通示諸軍云賞一人而千萬人勸"
89) 최경회, 『일휴당실기』 「창의서록」
90) 조경남, 『난중잡록』 임진년 8월.

오가면서 일본군과 접전을 벌였다.[91]

이 지역은 영남우도로 통하는 요충지대로 영남지방에 주둔한 일본군이 개령, 금산, 지례 방면이나 거창 방면을 통해 전라도로 진출하려고 여러 차례 시도했던 곳이다. 특히 1592년 8월에 있었던 제2차 금산전 이후, 일본군은 금산성에서 성주, 개령 방면으로 철수하였고 무주 일원의 일본군 역시 같은 방향으로 물러났다. 이는 이치, 웅치 전투에서 입은 그들의 전력 손실이 주요한 원인이었지만 전라좌·우의병의 강력한 의병항전의 결과였다.[92]

전라도에서 일본군이 철수하자 영남의병장 김면과 우도관찰사 김성일은 전라도 의병장에게 경상도를 지원해달라고 요청하였다. 경상도 구원 요청에 대해 일부의 반대가 있었지만, "호남도 우리 땅이요 영남도 우리 땅이다. 의병장이 되어 어찌 원근을 헤아려 구원하지 않겠는가?"라며 영남 출병을 결의하였다.[93] 전라우의병은 2천여 명의 대부대를 거느리고 10월 6일 영남지방으로 진군하였다.[94]

최경회는 당시 산음에 머물고 있던 우도관찰사 김성일과 의논한 끝에 우의병군을 진주 살천창에 주둔시켰다. 이들은 진주성 전투의 외원(外援) 임무를 띠고 단성으로부터 살천에 이르는 지역을 방어하였다. 이들의 방어로 일본군은 이 지역을 침략하지 못하였다.[95]

이처럼 1차 진주성 전투에서 허일은 진주성을 외원하는 임무를 맡아 직접 전투에 참가하지는 못하였다. 1차 진주성 전투 이후 1592년 10월 중순부터 1593년 2월까지는 경상도 의병장들과 합세하여 성주성과 개령현을 수복하는 전투에 참여하였다. 의병장 김면, 정인홍 등과 합세하여 성

91) 『쇄미록』 임진 8월 23일~9월 21일. 조경남, 『난중잡록』 임진년 9월 22일.
92) 조원래, 2001, 앞의 책, 215쪽
93) 최경회, 같은 책
94) 정경운, 『고대일록』 임진년 10월 6일.
95) 조원래, 2001, 앞의 책, 217쪽

주와 개령을 오르내리며 다양한 공격을 폈고, 1593년 2월 성주와 개령을 수복하는 전공을 세웠다. 아래의 자료들은 최계영 등이 거느린 의병 부대가 세운 전공을 말해주는 자료이다.

⑥ 전라도(全羅道)의 최경회(崔慶會)·임계영(任啓英) 두 장수가 거느린 의병(義兵)들이 개령(開寧)의 적들을 습격하여, 최경회의 군사가 적의 머리 20급을 베고, 임계영의 군사가 11급을 베었다고 한다.[96]

⑦ 10월 10일. 임계영(任啓英)이 거창에 주둔하니, 최경회가 군사를 끌고 잇달아 이르러 장윤(張潤)·고득뢰(高得賚) 등을 보내어 본도 의병장 김면(金沔)과 더불어 협력하여 개령의 적을 토벌하여 베고 사로잡은 것이 많다.[97]

⑧ 계사년 정월 8일. 의병장 정인홍(鄭仁弘)·김면(金沔)의 군사가 감히 홀로 당하지 못하여 정성을 다하고 슬피 호소하여 전라 좌우 의병에게 구원을 청하므로, 두 의병장이 군사를 이끌고 거창(居昌)·합천(陜川) 등지로 달려가서 지난해부터 지금까지 수개월 동안에 혹은 산성에 둔쳐서 진주(晉州)의 적을 쫓는 데 협력하였고, 혹은 요로를 지키면서 성주(星州)·개령(開寧)을 나누어 공격하여 날마다 싸우지 않은 적이 없고 달마다 이기지 않은 적이 없었다. 그러므로 적이 움직이지 못하여 영남 6, 7고을이 온전히 살게 되었으니 두 장수의 공이 이것으로 보아도 큰 것이다.[98]

⑨ 계사년 2월 16일. 개령(開寧)의 적이 철병하여 퇴각해 내려가다. 호남·영남의 모든 군사가 어울려서 또 선산(善山)의 적을 공격하다.[99]

위의 자료들은 호남의 두 의병 부대가 성주, 개령을 수복하는 데 혁혁한 전과를 올렸음을 말해주는 자료들이다. 특히 ⑧번 자료는 성주, 개령을 수복하여 주변의 영남 6, 7개 군현이 살아갈 수 있게 된 것은 호남 의

---

96) 정경운, 『고대일록』 임진년 11월 4일. "四日庚申 全羅崔任兩義兵 襲開寧之賊 崔兵斬二十級 任兵斬十一級云云"
97) 조경남, 『난중잡록』 임진년 10월.
98) 조경남, 『난중잡록』 계사년 정월.
99) 조경남, 『난중잡록』 계사년 2월.

병 부대의 공이라고 평가하는 것이다. 이 전투에 허일이 참여하였음도 경상도 의병장 김면의 기록에서 확인할 수 있다.

松菴先生遺稿補遺 十六

稱之者無數以至勸降倭賊恢復 國家乃義兵之力也

壬辰倡義時同苦錄

趙兵有司鄭惟明　居安陰
成彭年　上同
盧士豫　居威陽
盧士尚　居安陰
朴蓮　上同
吳倪　居山陰
吳長

松菴先生遺稿補遺 二十

愼秀乙
文弘獻
文弘獻　居京
外防將全玫達
軍官張應麟
孫敬宗　前奉事
柳嗣弘
許鎰　熊川縣監
裵楔　陜川郡守
高得厚　居星州

김면과 함께 의병활동을 했던 이들의 명단인 「임진창의시동고록」이다. 허일은 군관의 직책을 띠고 있음을 알 수 있다(金沔, 『松菴先生遺稿補遺』).

경상도 의병장 김면은 전투 도중 경상 우병사의 직책을 받았다. 1593년 1월 김면이 죽자 최경회가 그 직책을 이어받았다.[100] 그리고 같은 해 2월 성주와 개령을 수복하는 전과를 올린 것이다.

1593년 6월 최경회 부대는 2차 진주성 전투에 참가하였다. 평안도와 함경도까지 북상했던 일본군은 명군의 참전과 조선군의 재정비, 의병의 저항 때문에 남하할 수 밖에 없었다. 그것은 1차 진주성 전투의 패배와 해전에서의 연속적인 패배로 호남 진출이 좌절되자, 일본군 자체의 군수물자 조달이 곤란해졌기 때문이었다.

이때 최경회는 경상 우병사의 직책을 맡고 있었기 때문에 그의 휘하 장졸들도 관군으로 파악할 수 있다. 게다가 2차 진주성 전투 당시 곽재우를 비롯한 경상우도의 의병장들은 1차 진주성 전투 때와는 달리 전투에 소극

100) 조경남, 『난중잡록』 계사년 정월.

적인 자세를 취했다. 반면 전라도 의병들은 적극적인 수성을 주장하였다. 최경회 역시 전라도 의병과 의견을 같이 하였다. 따라서 최경회가 거느린 부대는 진주 수성 전투에 참가하였던 것이다.[101]

그런데 허일은 의병이었기 때문에 경상 우병사 최경회가 이끄는 부대에서 직책을 맡지 않았다면 그 위상이 애매했을 것으로 보인다. 그는 최경회의 후부장으로 전투에 참여하였지만, 최경회가 경상 우병사에 임명된 이후 정부로부터 특별한 직책을 부여받지 못하였다. 따라서 관군 지휘부의 절제를 받아 전투를 수행하면서도, 관군 지휘부가 아니라 여전히 의병장의 신분이었다. 그렇다고 해서 독립적인 부대를 지휘한 것으로 보이지도 않는다. 이 때문에 진주에서 전투를 하고 결국에는 순절하였지만, 그의 이름은 진주성 전투와 관련된 어느 기록에서도 보이지 않는다.[102] 그리고 진주성 전투 순절자 명단인 『충렬록』에도 수록되지 않았다. 그러나 이후 허일이 진주에서 순절하였음은 많은 문헌에 기록되고 있다.

허일의 공에 대해 조현범은 『강남악부』에서 다음과 같이 상찬하고 있다.

허웅천(許熊川)이여.
용력이 남달라 충의(忠義)를 온전케 했네.
변방이 다스려지지 않았는데 용맹한 장군의 재질이 있어
용사년(龍蛇年) 불행의 근심을 나누고자 했네.
봉산(蓬山) 태수가 나라를 위해 죽었네.
왜놈들은 남에서 밀려와 기세가 하늘이라도 삼킬 것 같았네.
영남·호남을 보호할 계책을 누가 먼저 주선하리.
진양성(晉陽城)의 병사들은 용감하고,
장공(張公)은 강개하고 최야(崔爺)는 분기를 떨쳤네.
장한 계획이 있고 또 우리 공의 현명함이 있네.
기이한 공이 세워지지도 않았는데 전쟁의 상처를 싸매니,

---

101) 김강식, 「임진왜란 시기 晉州城戰鬪 참가자의 褒賞 과정과 의미」 『지역과 역사』 17, 2005, 141~144쪽
102) 이와는 다른 가능성도 있다. 이에 대해서는 허일의 추증과 공신 녹훈을 서술하는 부분에서 언급하겠다.

몇 사람의 충신이 나서 또 목숨을 버리는가?
나라의 은혜가 죽은 해골에까지 미치네.
백대(百代)의 집안 명성을 다시 누가 전하려는가?
남강(南江)은 끊이지 않고 촉석루(矗石樓)는 높은데,
충성스런 기운은 유유하여 지금까지 사모함을 받는구나.

마지막으로 허일 장군이 쓴 시를 소개한다. 그의 호국충정의 정신이 잘
드러난다.

웅천 앞바다에서 왜적을 막다 (熊川洋禦倭)

허일(許鎰)

하늘을 돌고 해를 가리던 적의 선박 돌아가니   旋天蔽日賊船還
해동(海東)에는 저들 용납할 곳 없어라.   海東無地措身間
비록 천추(千秋)에 손악(孫樂)[103]의 솜씨는 없지만   縱乏千秋孫樂手
이 마음은 결코 문산(文山)[104]에게 뒤지지 않노라.   此心端不後文山

---

103) 손악(孫樂) : 춘추전국시대의 명장(名將)인 손무(孫武)와 그의 후손인 손빈(孫臏) 및 악의(樂毅)를 가리킨
것이다.
104) 문산(文山) : 남송(南宋) 말기의 충신인 문천상(文天祥)의 호이다. 문천상은 길수(吉水) 사람으로 자가 송서
(宋瑞) 또는 이선(履善)이었는데, 성품이 정직하고 충성스러워 송(宋)나라를 위해 끝까지 충절을 바치다가
원(元)나라에게 사로잡혀 죽었다.

다음으로 허일의 아들들의 활약에 대해 살펴보겠다. 허일에게는 모두 5명의 아들이 있었다. 큰아들은 허증(許增)으로 유일한 적자였다. 출생 순서대로 허원(許垣), 허곤(許坤), 허은(許垠), 허탄(許坦) 등 네 아들은 모두 서자였다. 이들의 활약상에 대해 문중에서는 다음과 같이 묘사하고 있다.

⑩ 원, 곤 두 공이 형제들과 함께 복수장(復讎將)을 칭하고 남은 병사를 추슬러 한산(閑山) 전투에 참가하였다. 여러 차례 전공을 세웠으나 형제 5명이 함께 순절하였다.[105]

⑪ 그 아들 증(增)과 원(垣)과 곤(坤)과 은(垠)과 탄(坦)이 여병(餘兵)을 수습(收拾)하여 한산(閑山)에 이르러 여러 번 공(功)을 세우고 힘이 다하여 죽으니 부자(父子)가 모두 선무훈(宣武勳)에 기록(記錄)되었다.[106]

⑫ 공은 웅천 현감(熊川縣監)을 맡았고, 충무공은 호남 좌수사(湖南左水使)로 바다 위에서 기미를 살펴 적진을 뚫고 성원하며 서로 순치의 관계처럼 밀접하게 연결되었다. 아들 주부(主簿) 탄(坦)과 판관(判官) 곤(坤)을 보내 충무공의 막하에서 부리게 하면서 무슨 일이든 몸 사리지 말라고 이르니 그들이 계획을 도운 바가 많았다. … 이때부터 계사년(1593년)에 이르는 동안 여러 의장들이 진양을 지켰고, 공은 웅천 현감으로 왜적의 대거 공격을 받아 외로운 성을 보존하지 못하고 약간의 군졸들을 끌고 경력(經歷)인 증(增)과 탄(坦), 은(垠) 세 아들을 데리고 곧장 진양으로 달려갔다. 김 창의(金倡義) 이하 의지 하지 않은 이가 없었다. 이에 날마다 성을 순찰하였는데 적이 개미처럼 성에 붙어 있는 것을 보고는 매번 화살을 쏘았는데 번번이 적을 명중시켜 조금 저지시켰다. 성이 함락되자 부자는 나란히 목숨을 바쳤다. 이로부터 주부와 판관 형제는 더욱 더 애통해하며 국가의 원수를 갚기로 맹세를 하였다. 이 충무공을 따라 견내양(見乃洋)과 한산양(閑山洋) 사이에서 여러 차례 전투를 하여 죽이거나 포획한 자가 비록 많았지만 결국에는 목숨을 잃었으니 이 충무공이 슬퍼하기를 그만두지 않았다.[107]

---

105) 『陽川許氏文獻考』「承旨公派遺事」
106) 『陽川許氏文獻考』「六忠閣記」
107) 『陽川許氏文獻考』「永思軒事蹟記」

위의 자료는 몇 가지 점에서 검토가 필요하다. 특히 ⑩번, ⑪번 자료와 ⑫번 자료는 주장하는 바에 차이가 있다. 앞의 두 자료는 아버지의 죽음 이후 형제들이 복수를 위해 한산도 근처 전투에 참가했다가 모두 순절했다고 하였다. 여기서 문제는 한산도 근처 전투가 어떤 전투를 말하는지 특정하기 어렵다는 것이다. 만약 한산대첩을 말한다면 이는 시기적으로 앞뒤가 맞지 않는다. 한산대첩은 1592년 8월이고, 허일이 순절한 2차진주성전투는 1593년 6월의 일이다. 따라서 아버지의 복수를 위해 형제가 전투에 참가했다고 한다면 이들이 참가한 전투는 한산대첩이 아닌 다른 전투가 되어야 한다. 또 ⑪번 자료에서는 부자가 모두 선무공신에 올랐다고 하였다. 물론 부자가 오르기는 하였지만 모두 오른 것은 아니다. ⑫번 자료는 앞의 두 자료와 다른 설명을 하고 있다. 기존의 주장과 달리 허증, 허탄, 허은 세 아들은 진주성에서 허일과 함께 순절하였고, 허원, 허곤 두 형제는 이에 대한 복수를 위해 견내량과 한산도 사이에서 많은 전투를 하였다고 기록하고 있는 것이다. 그러나 이 서술 역시 시기적으로 앞뒤가 맞지 않는다.

이러한 이유 때문에 1784년 발간된 조현범의 『강남악부』에서는 "참의(參議)의 아들 원(垣)은 주부(主簿)의 벼슬에 있으면서 스스로 복수를 하고자 하여, 전쟁에 참가해서 한산(閑山)에서 죽었다."라고 기록하고 있다.[108] 허원의 전공을 인정하는 이 기록은 남아있는 자료와도 일치한다.

그의 활약을 보여주는 고문서 2점을 양천허씨 문중에서 소장하고 있다. 첫 번째가 다음에 보이는 서얼허통첩이다.

---

108) 『강남악부』 「허응천」

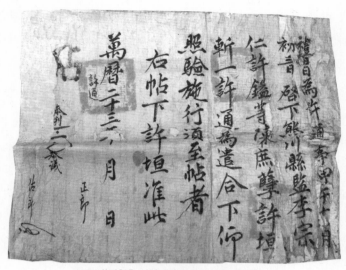

1595년 허원을 서얼에서 허통해 주는 허통첩

위의 자료는 1595년 웅천현감 이종인과 허일의 보고에 따라, 왜적 한 명을 벤 전공을 세운 서얼 허원을 허통시켜준다는 내용의 첩문이다. 참판과 좌랑의 수결이 남아 있어 원본임을 확인할 수 있다. 보고자가 웅천 현감이었던 허일과 이종인 두 사람으로 되어 있다. 임진왜란 개전 당시는 허일이 웅천 현감이었고, 같은 해 8월 이후에는 이종인이 웅천 현감이었다. 따라서 두 사람이 같은 보고를 올린 것이고, 이는 허원이 아버지가 웅천 현감일 때부터 전장에 나섰다는 것을 의미한다.

그의 활약은 1598년까지 이어지고 있다. 다음의 자료는 1598년(선조 31) 4월 군공을 올린 허원에게 전력부위(展力副尉) 수문장(守門將)의 관직을 수여하는 교첩이다. 병조 참판과 좌랑의 수결이 있다. 허원은 1595년 군공을 세워 서얼에서 허통되었고, 그로부터 3년 뒤에는 군공으로 종9품의 미관말직이기는 하지만, 전력부위 수문장의 관직을 제수 받고 있는 것이다.

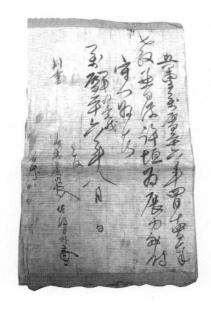

전공을 올린 허원을 전력부위 수문장에 임명하는
교첩

　위의 두 자료를 통해 허원은 전쟁 초기부터 아버지를 좇아 전쟁에 참가
하였고, 그리고 아버지가 순절한 뒤에도 계속 전장을 누비면서 군공을 세
워 무관직에 올랐음을 알 수 있다. 이때 허원이 아버지의 복수를 명분으
로 내세웠는지는 위의 자료로 확인할 수 없다.

　여기에서 한 가지 더 검토의 여지가 있는 부분이 있다. 후술하겠지만 허
일이 선무원종공신에 녹훈될 때 함께 공신에 오른 이는 허원이 아닌, 그
동생 허곤이었다. 그것도 3등공신이 아닌 2등공신에 올랐다. 자료가 남
아 있지 않아 확인할 수 없지만, 적어도 허곤의 전공이 허원보다 높다는
반증이라고 할 수 있다. 만약 허곤이 아닌 허증이 공신에 올랐다면 의심
의 여지가 있다. 앞에서도 언급했지만 허증은 맏아들이고 유일한 적자였
다. 때문에 공신을 책봉할 때 문중에서 적극적으로 허증을 공신으로 추대
하고자 했다면, 전공 여부와 상관없이 책훈되었을 가능성이 높다. 그러나
전공을 세워 관직을 제수받은 기록까지 남아있는 형 허원을 제치고 동생

인 허곤이 3등도 아닌 2등 공신에 책봉되었다는 사실은 허곤도 상당한 전공을 세웠다는 반증이 아닐까 생각된다.

이 때문에 『양천허씨세보』에서는 허증, 허원, 허곤에 대해서만 임진왜란 때 순절했다는 기사를 싣고, 허은과 허탄에 대해서는 통덕랑의 관계를 지녔고 허통되었다는 사실만을 기록하고 있다. 문중에서는 육부자가 모두 순절했다고 기억하고 있고 또 그렇게 기록하고 있다. 한편 족보에서는 그러한 사실이 일부 누락되고 있다. 이러한 차이에 대해서는 자료가 남아있지 않아 확언하기는 어렵다. 다만 허증, 허원, 허곤이 전공을 세웠고, 순절했다는 사실은 인정해도 되지 않을까 생각된다.

2. 허일 형제들의 거의와 호가

임진왜란 당시의 활약은 허일 부자에만 국한되지 않았다. 허일에게는 친아우인 허흠(許欽)과 허건(許鍵), 허약(許鑰), 허동(許銅), 허령(許鈴), 허함(許鍼) 등 5명의 종제, 또 재종제로 허경(許鏡)과 허전(許銓)이 있었다. 입향조인 허형의 후예로 모두 8명의 동생들이 있었던 것이다. 그리고 이들 역시 여러 가지 형태로 임진왜란이라는 국난에 대처하였다. 현재 남아있는 기록을 중심으로 각각의 활약상에 대해 살펴보겠다. 문중에서는 허일의 재종제인 허경, 허전 형제의 거의와 호가에 대한 기억을 강조하고 있다. 반면 허건과 허함에 대해서는 임진왜란과 무관한 인물로 기억하였다. 전자는 뛰어난 학문, 후자는 능력을 감춘 처사로서 기억하는 것이다. 하지만 이들 역시 임진왜란 같은 국난에 대해 방관하는 자세를 취하지는 않았을 것이고, 이들 형제들의 활약상 역시 함께 고찰할 필요가 있다.

우선 허일의 친동생인 허흠은 후손이 없어서인지 관련 기록이 남아 있지 않다. 허잠의 아들들인 허건, 허약, 허동에 대해서는 다음의 자료가 있다.

① 장남은 건(鍵)이니 지봉(芝峯) 이수광(李睟光) 선생과 도의(道義)의 교유가 있어 현장(賢長)이라 칭하였다. 임진왜란에 종백형 웅천공(熊川公) 일(鎰)과 함께 재산을 다 털어 곡식을 제공하여 특별히 사옹원 주부에 제수되었다. 차남 약(鑰)은 훈련원 주부이고, 동(銅)은 수직(壽職)으로 가선대부에 제수되었다.[109]

② 장남 건(鍵)은 사옹원(司饔院) 주부(主簿)요 二남 약(鑰)은 훈련원 주부요 三남 동(銅)은 가선대부로서 임진왜란 때 창의(倡義)하여 곡식을 제공한 공훈이 있다.[110]

위의 ①번 자료는 큰아들 허건이 허일과 함께 의병을 일으킬 때 곡식을 제공한 공이 있다고 기술하였다. 반면 ②번 자료에서는 3형제 모두 곡식을 제공한 것으로 기록하고 있다. 좀더 구체적으로 확인하기 위해 3형제 각각에 대한 자료를 검토해보겠다.

③ 허건(許鍵)은 자는 여수(汝守)이고 호는 연파(蓮波)이다. 통정공 잠의 큰아들이다. 가첩에 대략 다음과 같이 말하였다. 1555년(명종 10)에 태어났다. 성품이 침착하여 가정 교육을 잘 따랐다. 학문에 정진하여 날로 성취가 있었다. 종숙인 강호공 허엄이 매우 사랑하여, "장차 큰 인물이 될 것이다." 라고 하였다. 선현을 존숭하는데 정성을 다하여 경현당(景賢堂)을 중수하여 유풍(儒風)을 크게 진작시키고, 팔마비(八馬碑)를 중수하여 고적을 새롭게 하였다. 순천 부사 지봉(芝峯) 이수광(李睟光)이 선현을 존숭하는 지극한 행동을 가상히 여기고 현명한 어른(賢長)이라고 부르면서 그 일을 기록하였다. 임진왜란때 종형인 허일을 좇아 의병 거의에 참여하여 창고에 저장된 곡식을 모두 내어 군량미에 보태었다. 선조연간에 선무랑(宣務郎) 사옹원주부(司饔院主簿)에 제수되었다.[111]

장남인 허건은 학문에 정진하였고, 지역의 성리학 진흥에 힘을 썼다는

109) 『陽川許氏文獻考』「蘆汀公墓碣銘 并序」
110) 『陽川許氏文獻考』「敦勇校尉 贈通政大夫 承政院左副承旨經筵參贊官府君墓表」
111) 『陽川許氏文獻考』「承旨公派遺事」

사실을 특기하고 있다. 지봉 이수광의 지우를 받아 현장(賢長)이라 일컬어진 것도 문중으로서는 기억한만한 일이었을 것이다. 바로 이 때문에 허건을 '독학진현(篤學進賢)'으로 기억했던 것이다. 그러나 말미에 보면 허일의 의병거의에 뜻을 같이하여 군량미를 제공했다는 사실도 기록하고 있다.

④ 허약(許鑰)은 자는 여계(汝啓)이고 호는 하정(荷亭)이다. 통정공 잠의 둘째 아들이다. 가첩에 대략 다음과 같이 말하였다. 공은 정의감이 넘치는 성격이요, 힘은 맹호와 같았다. 종형인 허일과 함께 저장된 곡식을 모두 내어 군량미에 보태고 여러 차례 공을 세우니 사옹원 주부에 제수하였다.

⑤ 허동(許銅)은 자는 여중(汝重)이고 통정공 잠의 셋째 아들이다. 가첩에 대략 다음과 같이 말하였다. 공은 기도가 숙성하고 효도와 공순함이 남보다 뛰어났다. 아버지인 노정공 허잠은 그것을 보고 기특하게 여겨 장차 큰 그릇이 될 것이다 라고 하였다. 종형인 허경을 좇아 의병을 일으켜 충성과 절의를 다하였다. 군량미를 많이 공급하여 장연공 허경이 공을 세우는데 실로 많은 도움을 주었다. 임금이 가상히 여겨 가선대부 동중추에 제수하였다.

위의 두자료에서 보듯 허건의 두 동생들도 모두 의병에게 군량미를 제공했음을 밝히고 있다. 다만 형인 허약은 허일에게, 동생인 허동은 허경에게 각각 군량미를 제공하였다고 하였다. 의병에 투신하여 직접 전투를 치르는 경우와 전투에 참여하지 않고 군량미를 제공하는 것은 외견상 많은 차이가 있을지도 모른다. 때문에 문중에서도 임란 당시 그들의 역할에 대해 그렇게 높은 평가를 하지 않았다고 생각된다.

하지만 전쟁을 효과적으로 수행하려면 5가지 조건이 충족되어야 하는데, 군량과 정예 군사, 견고한 성지(城池), 잘 정비된 무기, 그리고 전쟁을 수행하는 관민의 인화가 그것이었다.[112] 그중에서도 제일 첫 번째 조

---

112) 柳成龍, 『軍門謄錄』 「병신 6월 20일」, "其戰守大總 不過四條 一日糧餉 二日軍兵 三日城池 四日器械 四者措備而又必不失人和".

건이 군량의 확보였다.[113] 농업 생산의 위축 속에서 얼마나 효과적으로 군량미를 확보, 공급하는가가 전쟁을 승리로 이끌기 위한 선결과제라고 할 수 있을 것이다. 게다가 관군은 국가로부터 군량을 제공받을 수 있지만, 의병은 원칙적으로는 군량을 자급해야 했다. 이 때문에 의병의 성패는 군량을 원활하게 확보하는 데 있었다. 그런 점에서 이들이 임란을 맞아 전 재산을 털어 군량미로 제공했던 것은 결코 낮게 평가해서는 안되는 것이다. 이 때문에 조선정부에서도 허일 형제들 중 허약에게 선무원종3등공신의 영예를 내렸다.

다만 한 가지 족보와 같은 문중 기록에서 가장 신뢰도가 낮은 것이 관직에 대한 기술이라는 점을 위의 자료는 여실히 보여준다. 3형제의 관직에 대해, 둘째인 허약은 훈련원 봉사, 사옹원 봉사로 각각 다른 관직에 임명된 것으로 나오고 있다. 또 막내인 허동은 수직(壽職) 즉 장수했기 때문에 가선대부의 명예직을 받았다는 기록과 임진왜란 당시의 공로로 가선대부 동중추의 관직을 받았다는 기록이 동시에 나오고 있다. 문중 기록에 나타나는 관직에 대해서는 좀더 신중하게 접근할 필요가 있다.

송헌의 낚싯대를 드리운 시운에 차운하다 (贈松軒南溪垂竿韻)

허건(許鍵)

헌(軒)의 소나무 우뚝 서서 천년(天年)을 마치는데	軒松卓立永終年
만난 환경에 따라 항상 수양(修養)을 온전히 한다오.	隨遇常居養履全
십리의 갈대꽃에 조용히 노를 저어가고	十里蘆花移棹靜
낚시터 곁에서 도롱이 입고 빗속에 졸고 있네.	一蓑江雨傍磯眠
달빛은 여지없이 비추지만 중간일 때가 좋고	月無餘地中間好
물 위에는 하늘이 있어 위아래가 연했구나.	水有其天上下連
오는 손님들 진세(塵世)의 일을 말하지 마오.	來客休言塵世事
기심(機心)을 잊기는 물고기와 새들도 마찬가지라오	忘機魚鳥亦皆然

---

113) 柳成龍, 『軍門謄錄』「병신 2월 8일」, "今日之事 患在於無食 而不在於無兵 食足則鍊兵城池器械等事 可以次第舉行 不患於無策矣".

허담의 아들인 허령에 대해서는 기록이 없다. 다음으로 허택의 외아들인 허함의 기록을 살펴보겠다.

⑥ 참봉공(參奉公) 허함(許鍼)은 자는 자정(子精)이고, 호는 성재(惺齋)이다. 현감공 택(澤)의 아들이다. 가첩에 대략 다음과 같이 말하였다. 공은 천성이 순후(純厚)하여 예의에 맞게 행동하였다. 가정교육을 잘 따라 학문에 전력하면서도 영리(榮利)를 붙좇지 않았다. 종숙인 강호공 허엄에게 사사받아 학문적 진취가 매우 깊었다. 수신제가에 힘써 유림의 중망을 받았다. 선조대에 학행(學行)으로 추천 받아 장사랑(將仕郎) 군자감 참봉(軍資監參奉)에 제수되었다.

위의 자료를 보면 허함의 경우는 의병과는 무관했음을 알 수 있다. 이는 당연한 것으로 그의 생년이 1588년이기 때문이다. 학행이 높았음에도 영리를 추구하지 않았던 그의 행적이 문중으로서는 더 귀중한 가치였다. 그렇기 때문에 문중에서는 그를 '은덕불사(隱德不仕)'로 기억하고 있는 것이다.

다음으로 '형제거의호가'로 기억하고 있는 허경과 허전 형제의 활동에 대해 살펴보겠다.

⑦ 강호공의 아들인 판관(判官) 휘 경(鏡)과 영장(營將) 휘 전(銓) 두 분은 의병을 일으켜 호가(扈駕)하고, 삼등공신에 책훈되었다.[114]

이 자료를 보면 허경과 허전은 의병을 일으켜 의주로 가서 선조를 호위하려고 하였으며, 그 공으로 공신에 녹훈되었다고 하였다. 그런데 이 부분은 좀더 검토할 필요가 있다고 생각된다. 우선 허경의 묘갈명을 보면 다음과 같이 기록되어 있다.

⑧ 공의 휘는 경(鏡)이고 자는 여명(汝明)이며 호는 장암(莊菴)이다. … 1564년(명종 19)[115]에 태어났다. 공은 어려서부터 이미 큰 뜻을 가지

---

114) 『陽川許氏文獻考』「世守齋記」
115) 명종 갑자년 : 원문에는 '中廟甲子'로 되어 있는데 중종조(1506~1544)에는 갑자년이 없고 선친 허엄의 생

고 있었다. 강호공이 일찍이 사랑하여 두 아들에게 이름을 지어주기를 경(鏡)과 전(銓)이라고 하고는 글을 지어 경계하기를, "거울로 물건을 비추면 곱고 추한 것이 저절로 나타나고 저울로 물건을 달면 가볍고 무거운 것이 함께 얻어진다." 하였다. 공이 엄격한 훈계를 명심하고 효도와 우애, 충성 세 가지를 평생의 신표로 삼았다.

선조조에 무과에 급제하여 특별히 선전관에 뽑히고 내금위(內禁衛), 훈련원 어모장군(禦侮將軍), 전라수군 우후(全羅水軍虞侯), 장연 현감(長淵縣監), 경주 판관(慶州判官)을 역임하니, 맡은 자리에서 청렴과 근실함으로 칭찬을 받았다. **임진왜란이 일어나자 아우인 찰방공(察訪公) 전(銓), 종제인 가선공(嘉善公) 동(銅)과 함께 창의하여 의병을 일으켜 전투할 때마다 공을 세웠다. 임금께서 의주에 행차했을 때 특별히 익사원종공신(翼社原從功臣)의 녹훈을 하사하고 아우 전에게는 특별히 청주 영장을 제수하셨다.** 대개 그 충심을 떨치고 적에 대한 의분에 대해서는 난형난제라 할 만하니 그 사적은 호남 충의록(湖南忠義錄)에 기록되어 있다.[116]

위 자료의 굵게 칠한 부분을 보면, '허경은 허전, 허동과 함께 의병을 일으켜 활약하였다. 임금이 의주에 행차할 때 익사원종공신으로 녹훈하였다. 그리고 허전에게는 청주 영장을 제수했다.' 라고 되어 있다. 이는 의병을 거의한 것은 맞으나 그 활약상에 있어서 앞의 기록과는 조금 어감 차이가 있다. 앞에서는 당시 일부 전라도 의병이 그랬던 것처럼, 전라도에는 일본군이 침략하지 않았기 때문에 의주에 있는 선조를 호위하고자 했던 것으로 읽힌다. 후자는 그에 대한 언급은 없고 의병을 일으켜 공을 세웠다는 사실만을 언급하였다. 그리고 공신에 녹훈된 것도 임금이 의주에 행차하면서 익사원종공신호를 준 것으로 나와있다. 그것도 공신은 형인 허경에게만 주고, 동생인 허전에게는 공신 대신 청주 영장에 제수한 것으로 되어 있다. 좀더 정확한 비교를 위해 허전의 기록을 살펴보겠다.

년이 1538년인 것으로 보아 중종조는 맞지 않는다. 이에 허엄과의 나이차를 고려하여 명종 갑자년으로 추정 번역하였다.
116) 『陽川許氏文獻考』「莊菴許公墓碣銘幷序」

⑨ 선조 때 생원 진사에 급제하여 별제(別提)에 올랐고, 성현 찰방(省峴察訪)에 제수되었으며, 특별히 청주 영장에 제수되고 첨중추부사(僉中樞府事)에 올랐다.[117]

⑩ 선고 휘 전(銓)은 선조 때 생원 진사 별제(別提)로 성현 찰방(省峴察訪)에 제수되었으며, 임진왜란 때 가형인 장연공(長淵公) 경(鏡), 재종형인 웅천공(熊川公) 일(鎰)과 함께 의병을 일으켜 곡식을 운반한 공으로 특별히 청주 영장에 제수되고 첨중추부사에 올랐으며 3등공신에 녹훈되었다.[118]

⑨번 자료는 허전 본인의 묘갈명이고, ⑩번 자료는 그의 아들인 허양(許壤)의 묘표이다. 본인의 묘갈명에는 의병에 대한 언급이 없는 반면, 아들의 묘표에서는 의병의 공로와 함께 3등 공신에 녹훈되었다는 설명이 첨가되어 있다. 또 의병 거의의 내용도 곡식을 운반한 것으로 나와 있다.

위의 엇갈린 자료 중에서 가장 분명한 사실은 허경은 익사원종공신으로 책훈되었다는 사실이다. 그것은 문중에서 익사원종공신녹권을 소장하고 있기 때문이다.

1614년(광해군 6) 전 우후 허경을 익사원종공신 3등으로 책훈하는 녹권

---

117) 『陽川許氏文獻考』「松菴許公墓碣銘并序」
118) 『陽川許氏文獻考』「通德郞府君墓表」

반면 아우인 허전은 공신녹권에서 이름을 찾을 수 없다. 공신 책봉은 허경만 받은 것이다. 그런데 문제는 그가 받은 공신이 호성공신이 아닌 익사공신이라는 데 있다. 주지하듯이 익사공신은 임진왜란 때 세운 공으로 받은 것이 아니라, 광해군 5년 임해군의 역모사건 처리에 공을 세운 이들에게 광해군 6년에 주어진 공신호이다. 다시 말해 문중 기록처럼 임진왜란 때 의병을 일으킨 것과 공신 책봉은 아무런 연관이 없는 것이다. 아마도 문중에서 구전되어 오는 과정에 의병을 일으켰던 것과 공신 책봉이 서로 연결되면서 이와 같은 기록이 나오게 된 것이 아닐까 생각된다.

다음은 의병 거의의 내용이다. 앞에서 언급했듯이 의병 활동과 공신 책훈이 잘못 연결되면서 문중 기록에 착오가 생긴 것이라고 한다면, 의병 거의는 인정할 수도 있다고 본다. 아마도 동생인 허전과 종제인 허동은 군량미를 지원하였고, 형인 허경은 근왕의병으로서 활동했던 것이 아닐까 생각된다.

임진왜란 당시 호남지방의 의병운동은 그 규모와 활동 목표에 있어서 다른 지방의 의병운동과는 상당한 차이가 있었다. 난초부터 전라도에서는 국가방위에 목표를 둔 근왕(勤王)의 의병활동이 전개되었기 때문이다. 선조가 의주를 향하여 피난길에 올랐을 때 이미 류성룡이, "호남의 충의지사들이 머잖아 봉기할 것"이라고 예견했던 대로 전라도 전역에서는 다투어 근왕의병이 봉기하였다. 다른 지역의 의병이 향토방위를 목표로 활동했다면, 전라도의 근왕의병은 한성 탈환을 목표로 북상하여 경기도에서 싸우기도 하고, 실지회복을 위해 경상도로 달려가 활약하는 등 의병 활동의 목표가 국가방위 자체에 직결되어 있었다.[119] 문중 기록에 나오는 허경의 의병 활동이 이와 같은 호남 의병의 특징과 유사한 측면이 있는 것이다.

절을 바꾸기 전에 허경, 허전 형제의 시를 소개한다. 이를 통해 그들의 삶을 추억해보는 것도 의미가 있을 것이다.

---

119) 조원래, 『張潤의 의병활동과 정충사』, 승평지방사연구원, 2013, 31쪽

초도의 바닷속에서 (草島海中)

허경(許鏡)

용이 높이 돛단배 보호하여 가벼운 바람을 부리니	龍護高帆御輕風
칠택(七澤)[120] 의 구름과 안개 눈앞에 사라진다.	七澤雲烟過眼空
먼 섬에 남은 꽃 삼월이 저물어 가고	遠島殘花三月暮
외로운 배에 맑은 피리소리 술잔을 비운다오.	孤舟清笛一樽中
약수(弱水)[121] 삼천리 길을 돌아보니	回看弱水三千路
멀리 유사(流沙)[122] 가 만리 밖에 통해 있네.	遙望流沙萬里通
묻노니 봉래산(蓬萊山)이 어느 곳에 있는가	借問蓬山何處是
허공을 타고 곧바로 진옹(眞翁)을 찾고 싶네.	憑虛直欲訪眞翁

불국사 (佛國寺)

허전(許銓)

노승이 말하기를 이 절은	老僧云此寺
처음 신라 때에 지었단다.	始自新羅朝
천년의 탑엔 구름도 다 하였고	雲盡千年塔
칠보교(七寶橋)에는 이끼가 깊이 끼었구나.	苔深七寶橋
흥하고 망한 옛 자취가 남아 있고	興亡餘古跡
병화(兵火)에 홀로 불타 없어짐 면하였네.	兵火獨免燒
밤에 앉아서 고금(古今)의 일 슬퍼하니	夜座傷今古
앞 시내에 비바람소리 들려오네.	前溪風雨蕭

---

120) 칠택(七澤) : 큰 못으로 호북성(湖北省)에 있는 바, 일곱 개라 하나 확실하지 않다. 한(漢)나라 사마상여(司馬相如)의 자허부(子虛賦)에 "신(臣)이 들으니 초(楚)지방에 일곱 개의 큰 못이 있다 하였는데, 신은 그중에 한 개만 보았고 그 나머지는 보지 못했습니다. 신이 본 것은 다만 그 작은 것일 뿐이니, 이름을 운몽(雲夢)이라 하였습니다." 하였다. 그러나 일곱 개가 무엇인지는 밝혀지지 않고 다만 운몽 칠택(雲夢七澤)이라 하여 오직 운몽만을 가리키는 것으로 보는 것이 일반적이다.

121) 약수(弱水) : 물이름으로 여러 곳에 있는 바, 부여국(夫餘國) 북쪽에도 있으며 중국의 서해(西海)에도 있다 한다. 『산해경(山海經)』 대황서경(大荒西經)에 "서해의 남쪽과 유사(流沙)의 물가, 적수(赤水)의 뒤와 흑수(黑水)의 앞에 큰 산이 있는데, 이름을 곤륜산(崑崙山)이라 하는 바, 이곳에는 신인(神人)이 있으며 그 아래에는 약수가 있다."하였다.

122) 유사(流沙) : 사막지방으로 모래가 바람에 휘날려 유동(流動)하기 때문에 붙여진 이름으로, 『서경(西經)』 우공(禹貢)에 "약수(弱水)를 인도하여 합려(合黎)에 이르고 남은 물결을 유사에 들어가게 했다." 하였는 바, 후대에는 서역(西域)의 먼 곳을 가리키기도 한다.

3. 허일의 공신녹훈과 충렬사 배향

임진왜란이 한참 진행 중일 때 정부는 전쟁 와중에 순직한 장졸들에 대해 포상하는 조치를 지속적으로 시행하였다. 예를 들어 1593년 6월 30일 진주성이 함락된 지 2개월이 지난 8월 4일 비변사에서는 진주성 수성 과정에서 전사한 장수들에게 포상하고 치제(致祭)하는 조치를 내려줄 것을 건의하여 허가를 받았다.[123] 그런데 8월 7일에는 그 포상 범위를 좁혀서 요청하였다. 진주성 전투에서 죽은 사람은 모두 충의로운 사람들이지만, 사망이 확실한 경우에 한하여 포상하는 것이 필요하다는 논리였다. 그래서 여러 장계를 통해 사망한 것이 확실한 김천일(金千鎰)·황진(黃進)·이종인(李宗仁)·김준민(金俊民)·최경회(崔慶會)·장윤(張潤) 등에게 우선 증직을 내리도록 요청하여 받아들여졌다.[124]

허일은 진주성 수성전에서 사망하였으나 강물에 투신하였기 때문에 시신을 수습하지 못하였다. 이 때문에 후손들도 시신 대신 허일의 유품으로 가묘를 만들었을 뿐이었다. 당연히 사망 여부를 확인할 길이 없었던 허일에게 포증은 시행되지 않았다. 그에 대한 추증은 한참 뒤인 1596년(선조 29)에 이루어졌다. 생전의 관직이 봉정대부(奉正大夫) 수 군자감 정(守軍資監正)인 허일에게 통정대부(通政大夫) 형조 참의(刑曹參議)의 증직을 내리도록 조처한 것이다. 다음의 그림이 그때 내려진 교지이다.

---

123) 『선조실록』 권41, 선조 26년 8월 4일(을유)
124) 『선조실록』 권41, 선조 26년 8월 7일(무자)

1596년 8월 내린 허일의 추증교지

　허일의 추증교지를 보면 생전의 마지막 관직이 군자감 정으로 나와 있다. 여기서 몇 가지를 설명할 필요가 있다. 무엇보다 허일이 군자감 정을 지냈다는 기록을 어디에서도 찾을 수 없다는 점이다. 문중에서는 웅천 현감을 마지막 관직으로 기록하고 있을 뿐 군자감 정에 대한 언급은 없다. 아마도 전쟁 중에 임명받았고 그에 대한 소식을 문중이나 심지어 허일조차 제대로 전달받지 못했을 가능성도 있다. 그러나 이는 추측에 그칠 뿐 확인할 방법은 없다.

　두 번째는 품계와 관직의 관계이다. 봉정대부는 정4품에 해당하는 품계이다. 그리고 군자감 정은 정3품 당하관, 즉 통훈대부의 품계를 가진 자가 임명되는 관직이다. 품계에 비해 관직이 더 높은 것이다. 그럴 경우 품계와 관직 사이에 수(守)를 붙여준다. 이와 반대되는 경우는 행(行)을 쓴다. 예를 들어 문중 족보에는 허일의 마지막 관직을 통훈대부 행 웅천 현감으로 적고 있다. 여기에서 통훈대부는 앞에서 말한대로 정3품 당하관의 품계이다. 그리고 현감은 종6품에 해당하는 관직이다. 관직이 품계보다 낮기 때문에 품계와 관직 사이에 행자를 적어준 것이다.

　두 번째는 군자감 정이라는 관직이다. 군자감 정은 요즘의 기관장에 해당한다. 관품은 낮지만 기관장이기 때문에 같은 정3품 당하관이라도 더 의미 있는 자리이다. 그렇기 때문에 증직을 수여받을 경우 품계가 정3품 당하관이면 대체로 군자감 정과 같은 정의 관직을 주는 경우가 많다. 따라서 허일이 군자감 정을 지냈다고 한다면 웅천 현감을 지낸 다음에 임명되었을 가능성이 높다고 할 수 있다. 왜냐하면 군자감 정은 중앙 기관의 기관장인 반면, 현감은 지방 수령 중에서 가장 낮은 관직이기 때문이다. 따라서 허일의 마지막 관직은 군자감 정이었을 가능성이 높다.

이렇게 추측할 경우 한 가지 문제가 남는다. 바로 봉정대부라는 품계이다. 임진왜란 당시에 이미 통훈대부의 품계를 갖고 있던 허일이 왜 봉정대부라고 하는 한 단계도 아니고 세 단계나 낮은 품계로 지칭되고 있는가 하는 점이다. 이에 대해서는 자료가 없기 때문에 확언할 수 없다. 후일의 과제로 미룬다.

여기에서 주목하고 싶은 것은 군자감 정의 관직이 내려진 시점이다. 아마도 허일이 최경회를 좇아 의병활동을 하던 중에 군자감 정의 관직에 제수되었을 가능성이 가장 높다. 그러나 허일은 관직에 취임하지 않고 최경회를 따라 진주성 수성전에 참가하였다. 그렇게 되면 허일은 중앙 관료로서 정부의 허가도 없이 의병도 아니고 장수도 아닌 신분에서 진주성 수성에 참가한 것이 된다. 비록 진주성 전투에서 순절한 것을 비판할 수 없지만, 그렇다고 그러한 행위에 대해 포상할 수도 없다. 때문에 허일이 진주성에서 순절했음에도 불구하고 『충렬록』 같은 기록에 이름을 남기지 못했던 것이 아닐까 추측된다. 이 역시 하나의 가능성으로 제시할 뿐 확언할 수는 없다.

1595년 허일은 형조 참의의 증직을 받았다. 그리고 자료가 남아있지 않지만, 문중에서는 숙종대에 형조 참판의 증직을 받았다고 한다.[125] 추

---

125) 이것도 확인이 필요하다. 족보나 묘갈명 등 각종 자료에서는 허일을 형조참의로 기록한 경우가 다수 발견된다. 승진하기 이전의 자료인 것인지, 그렇다면 숙종 때에 승진한 것인지 좀더 고찰이 필요하다.

증의 은전이 내린데 이어 1605년에는 선무원종공신 1등에 녹훈되는 영예를 입었다. 이때 그의 종제인 허약은 3등 공신, 아들인 허곤은 2등 공신으로 녹훈되었다.

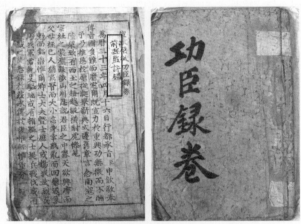

1605년 허일을 선무원종1등공신에 책봉하는 녹권

선무원종공신에 녹훈되면 본인에게는 품계를 올려주고 자손에게는 음직을, 부모가 죽은 자는 3대까지 추증의 영예를 준다. 이 때문에 허일의 증조부까지 증직의 영예를 입게 되었다.

이렇게 임진왜란 의병 활동으로 관직을 추증받고 공신에 책훈된 인물들의 경우 사우를 건립하는 것이 당시의 추세였다. 사우의 건립은 문중만의 힘으로 되는 것은 아니었다. 지역 유림의 공론 과정을 거쳐 정부에 청원을 올리고 허가를 받는 과정을 거쳐야 한다. 그런데 충렬사는 이 과정과 관계된 기록이 남아 있지 않다. 때문에 누가 발의하고 어떤 명분으로 사우를 건립했는가는 알 수 없다.[126) 아울러 정확한 건립 시기나 위치조차도 불명하다.

다만 그 상한은 다음의 몇 자료로 추측할 수 있다.

---

126) 이 때문에 정승모는 충렬사를 1972년에 설립한 것이라고 하였다(정승모, 앞의 책, 214쪽). 그러나 다른 기록을 볼 때 이는 사실과 다르다고 생각된다.

① 큰 아들 일(鎰)은 웅천 현감으로 임진왜란 때 순절하여 일등공신에 책
  훈된 후 충렬사(忠烈祠)에 배향되고 3대에 걸쳐 영화(榮華)가 따랐다.[127]

이 자료는 1720년에 허일의 4대손 허협(許綊)이 허일의 부친 허잠의
묘표에 쓴 글이다. 또 1750년에 간행된 『양천허씨 족보 경오보』에도 충
렬사에 배향되어 있다는 기록이 나오고 있다. 이후에도 허일이 충렬사에
배향되어 있음을 밝힌 자료는 계속 나오고 있다.

② 나라에서 형조 참의(刑曹參議)에 추증하였고, 충렬사(忠烈祠)에 배향
  하였다.[128]

이 자료는 1784년에 조현범이 쓴 『강남악부』의 기록이다. 또 1852년
에 간행한 『양천허씨 족보 임자보』에도 허일을 충렬사에 배향했다는 기록
이 나오고 있다.

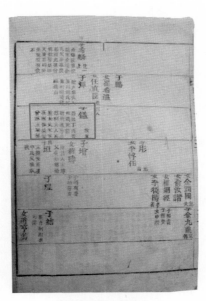

『양천허씨족보 임자보』.
네모로 표시한 부분에 허일이 충렬사에 배향되어 있다는 기록이 보인다.

---

127) 『陽川許氏文獻考』 「敦勇校尉 贈通政大夫 承政院左副承旨經筵參贊官府君墓表」
128) 『江南樂府』 「許熊川」

이로 보면 충렬사는 늦어도 1720년에는 건립되었고, 1850년대까지도 유지되었던 것으로 보인다. 이후 대원군 훼철 때 충렬사는 철폐되었다. 그리고 현재의 충렬사에는 허일과 함께 허곤, 허경 등이 배향되어 있다. 서원 훼철 이전 시기에는 충렬사 배향 인물로 허일만 거론되고 있어서, 허일 독향(獨享)의 사우였던 것으로 보인다.

IV. 임란 이후 향촌질서 확립과 양천허씨

1. 향안, 향집강안을 통해본 양천허씨의 위상[129]

16세기에 본격적으로 성장하기 시작한 사림세력은 임진왜란을 거치면서 지역사회의 주도세력으로 확고히 자리를 잡게 되었다. 임진왜란은 중앙 정치에도 강한 영향을 주었지만 지역사회에 끼친 영향도 매우 큰 사건이었다. 그리고 사족들이 지역에서 주도권을 잡게 된 것에는 임진왜란 당시 사족들의 의병활동이 중요한 계기가 되었다. 양천허씨도 임진왜란 때 진주에서 순절한 허일을 비롯, 다수의 의병장을 배출하였고, 그 음덕으로 순천 지역사회 향권의 한 축을 담당할 수 있었다.

조선후기 순천 지역사회를 장악한 세력을 분석하기 위해서는 향안이 매우 유용하다. 임란 이후 다른 지역의 사족들은 향권 경쟁을 천하게 여기고 싫어하는 경향이 있었고, 조선전기에 작성했던 향안을 파기하기도 하였다. 그러나 순천은 16세기에 순천으로 이거해온 신입 사족들이 주도하여 향안 조직을 새롭게 형성하는 경향을 보였다.[130]

우선 임란이 끝난 지 얼마 안 된 1605년에 작성된 향안을 살펴보겠다.

---

129) 정승모는 향안과 향집강안을 통해 임란 이후 순천 사족의 동향을 분석한 『조선시대 순천의 사림』『순천시사-정치사회편』, 1997, 순천시사편찬위원회가 있다. 이 글은 그의 분석틀과 방법론을 크게 차용하였음을 미리 밝혀둔다.
130) 정승모, 1997, 위의 책

〈표 1〉 만력(萬曆) 32년 정월 일 순천부 유향좌목(留鄕座目)(1605년)

동지	성윤문		첨정	이기윤	卒
첨지	조덕령	卒	유학	조진	卒
유학	장위	卒	생원	조경	
참봉	조무	卒	봉사	허경	
첨지	이기남		유학	박간	卒
전현감	정사준	卒	유학	안광	卒
충의위	한충민	卒	참봉	장홍도	
유학	허건	卒	첨정	이기준	
유학	박민의	卒	별제	허전	
충의위	유방	卒	봉사	조각	
유학	신언호	卒		刀割	
사평	정사횡		판사	刀割	
주부	유섭	卒	유학	안성	卒
유학	최경복	卒	유학	허영	
봉사	정사정		유학	장홍경	
유학	정돈	卒			
유학	조명		자제질		
유학	유흔		선전관	이원립	卒
충의위	유혜		주부	장홍의	卒
유학	조계	卒	봉사	정훤	
봉사	정빈		유학	조탁	卒
유학	조협		봉사	조숙	
유학	조현	卒	유학	정지추	
봉사	안용				
유학	박근	卒			
				좌수 허, 별감 장, 이, 안	

위의 명단을 보면 향안의 향원과 자제질을 포함하여 모두 46인으로 구성되었다. 그러다가 뒤에 무슨 사유인지 알 수 없으나 두 명의 명단을 칼로 도려내었다. 그리하여 모두 44인의 명단이 기록되어 있다. 이 중 卒으로 표시된 이는 사망한 사람으로 모두 23인이었다. 이를 본관별로 살펴보면 순창조씨가 11인으로 전체의 1/4에 해당하였다. 당시 순천 지역사회에서 순창조씨의 위상을 반영한다고 하겠다. 그 다음은 경주정씨가 7인으로 많고, 양천허씨, 목천장씨, 광산이씨가 각각 4인씩 그 다음으로 많은 수를 차지하고 있다. 이어 상주박씨, 순흥안씨가 각각 3인, 기계유씨, 문

화유씨가 각각 2인, 창녕성씨, 고령신씨, 전주최씨, 청주한씨가 각각 1인씩 차지하고 있다.

한편 향안의 임원은 위의 성별 분포와는 다른 비중을 보이고 있다. 첫 번째와 두 번째로 많은 비중을 차지하는 순창조씨와 경주정씨는 보이지 않고, 4명의 구성원을 가지고 있는 양천허씨와 목천장씨, 광산이씨, 그리고 3명이 참여한 순흥안씨에서 임원을 맡고 있다.

이보다 35년이 지난 1640년의 향안을 보면 다음과 같다.

〈표2〉경진 7월 19일 순천부 유향좌목(1640년)

유학	유흔	仚	유학	박희열	
전 현감	정빈	仚	유학	이율	
첨지	최경형		진사	조시일	
생원	조경	仚	유학	허단	
전 주부	조숙		유학	박희윤	
유학	박해		유학	박희증	
첨지	장홍적		유학	이윤	仚
유학	장홍양		생원	정회	仚
사과	조정일	仚	유학	장구공	
유학	이기현	仚	유학	안수량	
유학	허함		유학	허감	
유학	조윤찬		충의	유시화	
유학	최흠	仚	유학	장구정	仚
유학	김정두	仚	유학	조시명	仚
판사	양유남		유학	정운형	
유학	허지		유학	정세형	
도사	조원율		유학	장구용	仚
유학	조수		유학	임즙	
유학	조시성	仚			
유학	정두형		〈자제질〉		
유학	장원준		유학	조시민	
유학	허양		유학	조유경	
유학	김정익	仚	진사	조시술	仚
유학	안수익	仚	유학	허평	
유학	조의길		유학	정광형	
			좌수 장, 별감 허, 조, 허		

1640년 좌목에는 자제질을 포함하여 총 50명이 올라있다. 이 중 순창
조씨는 13명으로 여전히 가장 많은 수를 차지하고 있다. 그리고 경주정씨
와 함께 목천장씨, 양천허씨가 6명의 분포를 보이고 있다. 이전의 향안에
비해 양천허씨가 차지하는 비중은 많지 않지만, 4명의 임원 중 2명의 임
원을 차지하고 있다. 이처럼 양천허씨는 의병장을 배출한 경주정씨, 목천
장씨, 광산이씨 등과 함께 향안에서 주도적인 위치에 있었으며, 향촌 사
회 운영의 주도권을 장악하고 있었음을 반영하는 것이다.

그런데 이러한 향안체제는 얼마 가지 못하고 향집강체제(鄕執綱體制)
로 전환된다. 양자 간의 차이는 조직의 구심점이 유향소인가 향교인가에
있으며, 이는 사족들과 지방관과의 관계 및 관으로부터의 자율성 정도 등
복합적인 측면들을 내포하고 있다. 1732년부터는 향안을 대신해 향집강
안이 작성되기 시작하였다. 이는 이 지역 향권의 중심지가 공식적으로 향
청 또는 향회에서 향교로 옮겨졌음을 의미한다. 이 지역 사족들은 임진왜
란 이후 향촌질서를 회복하기 위해 향교의 교학 기능 강화에 나섰다. 이
를 위해 향교를 중건하였다. 이를 주도한 것은 유사(儒士)들이었다.[131]

1732년 향집강안의 일부

---

131) 『於于集』後集 권4, 「順天鄕校重修記」

순천 양천허씨의 임란기 구국활동과 충렬사

그리고 한 세대가 지난 1647년에는 순천 부사 김종일의 협조를 받아 향교를 중수하였다. 이를 통해 향교의 기능이 크게 강화되었다.[132] 그리고 1718년에는 향교 기능을 보완하기 위해 양사재를 건립하였다. 양사재는 부사 황익재가 순천 지역 유림과 상의하여 지역을 단위로 독자적으로 추진하였다. 양사재 건립을 주도했던 인물들의 면면은 『양사재비음기』에 보이는데, 비 제작에 참여한 인사로 허협(許綊)을 비롯해 정태구, 정휴경, 조송년, 조도명, 조창년 등의 이름이 보인다.

1717년 양사재 수조계안 : 양사재를 설립하기 위해 자금을 모으는 것으로 보인다.
여기에도 허협, 허수 등 양천허씨의 이름이 보인다.

이처럼 향권의 추이가 향안에서 향집강으로, 향청에서 향교로 넘어간 뒤에도 양천허씨의 인물들은 일정 부분 참여함으로써 향촌 사회 주도권을 잃지 않았다고 할 수 있다. 예를 들어 1732년 향집강안에는 20명의 명단이 들어 있는데, 거기에는 허얼(許蘖) 1명이 포함되어 있다. 상대적으로 양천허씨의 비중이 낮은 것으로 보이지만, 1736년에는 총 5명의 임원 중 허세(許繐), 허회(許繪) 등 2명이 참여함으로써 상당한 비중을 차지하는 것으로 나타난다. 따라서 그때그때의 사정에 따라 향집강안에 참여하

---

132) 『新增昇平志』名宦

는 수는 달라지더라도 양천허씨가 순천 지역 사회의 주도권에는 큰 변화가 없이 이어졌다고 할 수 있다.[133]

양천허씨 중 향안에 이름을 올렸으면서도 이와 무관하게 탁월한 덕행이나 학문, 처세 등으로 이름을 날린 이들도 많이 배출되었다. 그 중『강남악부』에 실린 이들 중 일부의 행적을 소개하겠다.[134]

① 허정(許椗)은 자가 여강(汝剛)이고 호는 정간재(靜簡齋)이니, 본관은 양천(陽川)이다. 문경공(文敬公) 공(珙)의 11세손이다. 부모를 섬김에 지극히 효성스러웠고 친상을 치름에 예를 극진히 하였다. 자신은 규율로써 다스리고, 친척을 가르침에도 자기 자식과 차이를 두지 않았다. 친지(親知)가 오면 땅을 나누어 살았다. 마을의 이웃이 병들고 굶주리면 곁마를 풀어서 구해주었다. 오천(鰲川) 한백유(韓伯愈) 선생이 그 행적을 기술하여 이르기를,
"효성과 공경과 충성스러움과 믿음직함이 천품이며, 인자하고 어지니 대개 평생의 지조를 공경한 것이다."
라고 하였다 한다.[135]

정간재 허정은 부모에 효를 다하고 어진 행적을 일삼은 것으로 명성이 났다. 그러면서 자신에게는 엄격하여 평생동안 지조를 버리지 않았다. 이 때문에 조현범은『강남악부』에서 허정의 삶을 '평생조(平生操)'로 평가하고 찬탄하였다. 또한 허정은 문학적 능력도 탁월하여 많은 시를 남기고 있다. 많은 시들이『양천세고』,『양천허씨문헌고』에 전하고 있다.

---

133) 향안이나 향집강의 임원을 역임한 양천허씨의 명단은 이 책 2부 말미에 부록으로 첨부하였다. 때문에 여기에서는 상론하지 않겠다. 이와 함께 승평지의 인물조, 양천허씨문헌고의 승지공과 유사 등 입향조 이후 각 세대별로 특기할 만한 행적을 소개해 놓은 글을 2부에 수록하였다. 따라서 1부에서는 승지공파가 배출한 인물 개개인에 대한 설명은 생략하겠다.

134) 여기에서는 허정과 허계의 사례만 소개하였다. 이에도『강남악부』에는 친구를 살리기 위해 아무런 댓가없이 인삼을 보내 치료해줘 인자함을 세상에 알린 허수(許綏)의「군자인(君子仁)」, 탁월한 덕행이 있음에도 명분없는 이해나 명성을 원하지 않았던 허미(許彌)의「선사행(善士行)」, 세속의 이해에서 벗어나 자신의 의지대로 살았던 허린(許璘)의「독행탄(獨行歎)」등이 실려 있다. 그 전문 번역문이 2부에 실려있기 때문에 중복을 피해 여기에서는 생략하였다. 2부를 참조하기 바란다.

135)『江南樂府』「平生操」

② 허계(許榮)는 자가 향백(香伯)이고 호는 어초정(魚樵亭)이다. 본관은 양천(陽川)이니, 문경공(文敬公) 공(珙)의 11세손이다. 상사(上沙)에 살았으며 흘산(屹山) 밑 의천(義川)가에 정사(精舍)를 짓고 '어초(魚樵)'라고 편액을 붙였다. 대개 공이 즐기는 바는 산수(山水) 사이에 있었으며, 바깥일에는 얽매이지 않았다. 집에 거처할 때의 풍도(風度)가 공북해(孔北海)보다 훨씬 뛰어났고, 모인 손님의 정취는 위원외(魏員外)의 꽃과 나무에 비길만하였다. 땔나무에 불을 붙여 생선을 끓이고, 생선이 끓으면 술을 마셨다. 술잔을 대하고는 세속의 이야기를 입에 올리지 않았으니, 어찌 물에서 뛰노는 방어(魴魚)만 읊었으랴. 정자에 임한 것보다 더한 여유가 있었으니 공의 일생을 상상할 수 있다.[136]

어초정 허계는 세수재 허형의 유훈을 지키고, 강호 허엄, 할아버지 허함의 뒤를 이어 세속적 이해를 추구하지 않고 은자의 삶을 즐겼다.

2. 세수재 중건, 육충각 건립과 문중활동

충렬사 훼철은 문중의 구심점을 상실하는 의미가 있었다. 이에 양천허씨는 1912년 충렬사를 복원하였다. 충렬사의 원위치를 알 수 없어서 현재의 조례동에 복설하였다. 이때에는 배향인물의 확대가 있었다. 허일을 배향하던 것에서 아들인 허곤, 그리고 재종제인 허경도 제향하였다. 이들을 제향하게 된 이유는 아마도 공신책봉과 관련이 있는 것으로 보인다. 양천허씨 문중에서는 모두 4명의 공신을 배출하였는데, 충렬사 복원과 함께 배향된 3인은 모두 공신이었다. 그리고 통상 공신은 불천위의 자격을 갖는다. 그래서 이 3인이 충렬사에 배향된 것으로 보인다.

이와 함께 허곤의 후손이 중심이 되어 충렬사와는 별도의 사우를 새롭게 건립하였다. 1915년 허일의 아들 판관 허곤(許坤)의 10대손 허방(許

---

136) 『江南樂府』「魚樵歌」

枋)이 허일 6부자를 배향하려는 움직임을 주도하였다. 다음 자료는 6부
자를 육충각에 배향하는 과정을 보여주고 있다.

> ① 봉산(鳳山) 북쪽에 육충단(六忠壇)과 육충각(六忠閣)과 영사헌(永思軒)
> 이 있다. … 아, 하늘은 바른 기운을 허씨 일문에 편중되게 모아준 것인
> 가? … 이 때문에 녹훈되고 증직되는 은전과 창렬사(彰烈祠)에 배향하자
> 는 공론이 앞다투어 거듭 나오니 구천에 있는 충성스런 혼령을 위로하기
> 에 충분하였다. 다만 당시 복수를 맹세한 사람은 없고 의리(衣履)와 함께
> 오래도록 전해지지 못하였다. 후손들의 백세의 통한이 어떠하겠는가. 판
> 관의 10대손인 방(枋)이 가난하게 살다가 가업이 조금 여유가 생기자 개
> 연히 이것으로 선조의 유업을 계승하는 첫 번째 일로 삼았다. 종족들과 의
> 논하니 당(鐺), 윤(鈗), 영(永)씨가 재물을 직접 내놓았다. 정사년(1917
> 년) 집을 완성한 뒤에 단을 설치하고 비석을 세우니 모두 6위(位)이다. 기
> 미년(1919년)에는 단 아래에 네 개의 기둥으로 된 재사를 짓고 또 별도로
> 제전(祭田)을 만드니 모두 세 마지기의 땅이었다.[137]

위의 자료를 보면 봉산 북쪽, 즉 지금의 황전에 육충단과 육충각, 영사
헌이 만들어졌다. 자료에 따르면 선조대에 허일 등이 공신으로 녹훈되고
증직을 받게 되자, 허곤을 비롯한 서파의 자손들이 충렬사와는 별도로 창
렬사를 만들어 배향하고자하는 논의가 있었다. 그러나 이 논의는 실현되
지 못하였고 1910년대에 이르렀다. 그러다가 판관의 10대손인 허방이
창렬사를 만들어 배향하자는 논의를 주도하였다. 이에 허당, 허윤, 허영
등의 친족이 재물을 내어 본격적으로 일을 추진하게 되었다.

위의 자료에 따라 일의 순서를 보면, 1917년에는 제사지낼 단과
집,[138] 비석을 설치하였고, 1919년에는 재사를 지었다. 그리고 제사 비
용을 위해 3마지기의 제전도 마련하였다. 1919년에 만든 재사의 명칭이

---

137) 『陽川許氏文獻考』 「永思軒事蹟記」
138) 아마 충렬사(육충각)를 말하는 것으로 보인다.

영사헌이었다.

그런데 다음 자료를 보면 제단과 사당 건립 연도는 차이가 있는 것으로
보인다.

② 후일 공의로 충렬사에 배향되었다. 아직 복수를 하지 못하여 공의 옷과
신발도 묻지 못하였으니 10대가 지나도록 한으로 남아 마침내 살던 곳 뒤
편에 단을 쌓아 매년 제사 지낼 장소로 삼았다. 지금 민가에서 오래된 선
조의 무덤을 잃어버리고 단을 쌓아 자손의 분묘에서 제사 지내는 것은 이
미 옛날에도 있었다. 이것으로 관례를 삼는다면 앞에서 말한 의기라는 것
이 이것이다.

부인은 광산김씨 진사 응(應)의 따님으로 공과 함께 제사지내고, 증과 곤
은 차례로 합장하였다. 곤의 형인 원(垣)과 아우인 은(垠)과 탄(坦)은 모
두 나란히 배열하였다. 그 일을 맡은 사람은 후손 석(錫), 방(枋), 책(策),
협(梜), 화(樺)이고, 섭(燮)은 제사를 주관하고, 당(鐺), 윤(鈗), 윤(潤)은
모두 방계 후손이다.[139]

③ (허일) 부자(父子)가 모두 선무훈(宣武勳)에 기록(記錄)되었으며 장사
는 옷가지만이요, 제(祭)는 단(壇)뿐이니 백세(百世)의 아래 지나는 사람
또한 눈물을 흘려 공경하고 조두(俎豆)할 겨를이 없은지 오래다. 근년(近
年)에 송사(松沙) 기우만(奇宇萬)이 그 글을 찬하여 비(碑)를 세우니 이미
아름다움을 다했다. 그러나 단(壇) 아래 또 창렬사(彰烈祠)가 있다.[140]

②번 자료는 허일 6부자를 제향하기 위한 제단을 설치하고 쓴 비문이
다. 1915년에 기우만이 썼다. 이때 이미 허곤의 후손들이 살던 곳 뒤편
에 제단을 만들었다고 서술하고 있다. 다시 말해 1915년에 제단을 만들
고, 1917년 사당과 비석을 만들어 정비한 것으로 보인다. 아울러 이 일
을 주관하거나 제향을 주관하는 이들이 누구인지도 밝혀놓고 있다. ③번

---

139) 『陽川許氏文獻考』「贈通政大夫 刑曹參議 通訓大夫 熊川縣監許公 登壇碑銘 并序」
140) 『陽川許氏文獻考』「六忠閣記」

자료에서는 이미 제사를 지낼 제단을 만들었는데, 다시 또 6부자를 제사 지내는 사당인 창렬사도 있었음을 말하고 있다.

한편 서손들의 육충각 건립 움직임과는 무관하게 순천 양천허씨를 포괄하는 상징, 즉 도문중의 정체성과 구심점을 확보하기 위한 움직임이 뒤이어 나타났다. 그 계기는 양천허씨 대동보와 『양천세고』의 간행이었던 것으로 보인다. 다음 자료를 보자.

④ 병인년(1926년)과 정묘년(1927년)에 하늘은 우리 문중을 도와 서울 낙원동(樂園洞)에서 대동보(大同譜)를 만들 때 이름 있고 덕망 있는 분들이 정성을 다해 일을 주관하였다. … 여러 해가 지나 대동보가 완성되고 또 계속해서 세고(世稿)를 손질해서 대(代)마다 책을 만드니, 전국에 있는 우리 문중의 문헌이 대거 정비되었다. 그러나 권질(卷帙)이 너무 많다 보니 서울과 지방의 종파와 지파가 그 원류(源流)에서 나와 따로 책을 만들었다. 그 때문에 우리 승지공파도 위로 가락(駕洛)으로부터 왕릉(王陵)과 후릉(后陵)의 산도(山圖) 및 문경공(文敬公)의 묘도(墓圖), 신도석표(神道石表)와 시선(詩選), 대제학공(大提學公)의 운집(韻汁), 승지공을 거쳐 아래로 우리 선고(先考)의 사행(事行)에까지, 그리고 방계의 선조와 친척들까지도 두루 다루어 한 권으로 합쳐 만드니 자세함과 간략함이 다 구비되었다.[141]

위의 글에 나타나는 것처럼 1926년과 1927년 『양천허씨 대동보』와 『양천세고』를 간행하였다. 그러나 한정된 지면 때문에 각 지방에 세거하는 종족의 문헌을 포괄할 수 없었다. 이 때문에 각 종파나 지파마다 자기 문중의 문헌만을 따로 편집하는 작업을 진행하였고, 순천의 양천허씨 문중도 예외는 아니었다.

이러한 작업을 진행하는 중에 순천 양천허씨 문중의 구심점을 확립하고 강화할 필요성을 느꼈던 것으로 보인다. 앞에서도 서술했던 것처럼 입향조 허형 이후 허씨 문중은 그 아들대에서 크게 장파(長派)인 승지공파와

---

141) 『陽川許氏文獻考』 「序文」

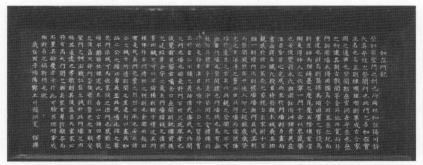

조병관(趙炳寬)이 세수재와 그 정문인 여재문 중건 관련 내용을 기록한 「여재문기」를 새긴 현판.

소종인 무안현감공파로 나뉘었다. 따라서 양 문중을 포괄할 수 있는 것은 입향조였다. 자연스럽게 순천 양천허씨 문중의 구심점은 임진왜란 의병장을 배향한 충렬사가 아니라, 입향조를 제향하는 세수재를 중건하는 쪽으로 일이 진행되었다.

⑤ 세대가 오래되자 재사가 허물어져 비바람도 막을 수가 없을 지경이 되었다. 문중 사람들은 모두 "반드시 우리 재사를 중건해서 선대의 업을 잘 계승한 뒤에야 선조의 영령이 이곳에서 편안하게 계시며 거의 '우리에게도 후손이 있구나.'라고 할 것이다. 어찌 서로 염려하지 않겠는가?" 하면서 **사람들이 은혜롭게 따르고 저마다 많은 비용을 부담하여 힘닿는 대로 마음을 다해 움직였다.** 을해년(1935년) 가을에 일을 시작해서 병자년(1936년) 봄에 끝냈다. 재궁은 몇 개의 마룻대와 행랑, 처마와 기둥을 세워 정문(正門) 3칸에 이르렀다. **족형 철(鐵)씨가 특히 힘을 쏟았다.** … 재사가 오래되어 무너지니 족숙인 **영(永)씨가 오래된 건물이 없어질 것을 염려하여** 을해년(1935년) 가을에 여러 친족들과 힘써 재물을 모았다.[142]

⑥ 지금 재사가 무너짐으로 인해 중건하게 되었는데 재물은 후손들이 창고에 있는 것을 다 덜고 공사는 일꾼들이 승묵(繩墨)의 제도를 다하였다. 기와와 용마루, 돌계단, 따뜻한 방과 시원한 정자는 귀신과 사람이 모두 편안함을 얻었으니, 한 집안의 10대를 내려와 이룬 성대한 일이다. 후각

---

142) 『陽川許氏文獻考』 「世守齋重建記」

옹(後覺翁) 영(永)씨, 활(濶), 계(銈), 순(洵), 주(洲) 등 여러 현자들, 영
재(英齋) 경(涇)군이 모두 고심하여 완성하였다.

문과 담의 경우는 힘을 다 써서 이곳을 어떻게 해야할 지에 대한 생각이
무궁하였는데, 철(鐵)씨가 은(殷)군과 함께 특별히 근본에 보답하는 성의
를 드러내었고, 또 여러 어른들이 선조에게 독실히 하는 고심에 보고 느낀
바가 간절하여 스스로 집안의 재산 천백 금을 내었다.[143]

『양천허씨문헌고』는 그 체재와 편집이 1939년에 완료되었다.[144] 그런
데 세수재는 1935년 공사를 시작해서 이듬해에 완공하였다. 『문헌고』를
주관하던 허영이 발의하였지만, 문중 사람들이 그 일의 필요성에 동감하
고 매우 적극적으로 협력하였음도 알 수 있다. 당시 상황에서 문중의 정
체성, 구심점을 만들 필요성 때문에 세수재를 중건하였음을 보여주는 대
목이다. 세수재 중건에는 허영, 허활, 허계, 허순, 허주, 허경 등의 족인
들이 주관하여 일을 진행하였으며, 허철과 허은은 여재문을 건립하는데
노고를 기울였음도 알 수 있다.

이렇게 세수재를 완공한 이후 세수재의 보수, 입향조 등을 제향하는 데
드는 비용을 마련하기 위해 문중 재산을 마련하고 이를 관리하기 위해 일
종의 문계를 형성해 운영하였다. 다음의 자료는 양천허씨에서 세수재 운
영을 위해 마련한 기금의 출납상황을 정리한 중기이다.

---

143) 『陽川許氏文獻考』「如在門記」
144) 그러나 실제 출간은 1966년에 이루어졌다.

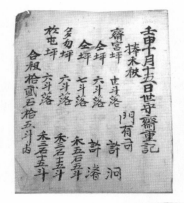

이 문기는 1932년 10월에 작성된 세수재중기이다. 위의 자료를 보면 재궁평, 다물평, 어둔평에 문중 소유의 제전을 마련하였다. 그리고 거기에서 얻어진 소출로 세수재의 제향, 대종파인 문경공 위토 구입 비용, 족친 소와 허찬의 부의금 등 문중과 관련된 비용을 지출하는데 사용하고 있다. 그리고 아주 사소한 비용도 빠짐없이 기록하고 있다. 이 중기는 지금까지도 이어지고 있다.

이와 같은 문중의 결속력 강화는 이후 충렬사 복원으로 이어진다. 1912년에 복설한 충렬사를 1975년에 중건하였다. 그리고 1984년 2월 29일 전라남도문화재자료 제6호로 지정되었다.

제2부
양천허씨와 그들의 자료

〈범 례〉

1. 2부는 양천허씨 문중의 역사를 이해하는 데 필요한 자료를 모아놓았다.

2. 여러 곳의 자료에서 산견되는 자료는 1부 연구논문에서 각주로 원문을
   소개하였기 때문에 2부에는 수록하지 않았다.

3. 2부에는 양천허씨 관련자료가 대량으로 나오는『양천허씨문헌고』,『양
   천세고』,『강남악부』,『승평지』를 대상으로 자료를 발췌하여 편집하였
   다.

4. 『양천허씨문헌고』는 크게 두 가지로 분류하였다. 하나는 양천허씨의
   역사를 알 수 있는 산문류나 시문을 번역하여 수록하였고, 최연숙 박
   사가 번역하였다. 두 번째는 세대별로 승지공파 인물들의 약사를 실어
   놓은「승지공파유사」를 원문 그대로 수록하였다. 현토가 달려있어 쉽
   게 이해할 수 있다.

5. 『양천세고』는 성백효 선생이 번역한 책을 저본으로, 승지공파 인물들
   의 저술을 발췌하여 수록하였다.

6. 『승평지』는 승주문화원에서 번역, 간행한『승주문헌해설집 권3』을 저
   본으로 하였다. 첫 번째는 승지공파 인물들의 저술을 발췌하여 수록하
   였다. 두 번째는『승평지』인물조에서 승지공파 인물들에 대한 설명을
   발췌하여 수록하였다.

7. 2부 마지막 에는 순천향교에 소장되어있는 향안과 집강안에서 양천허
   씨 인물만을 발췌하여, 연도별로 정리하여 수록하였다.

1. 『양천허씨문헌고』 주요 저술 번역문

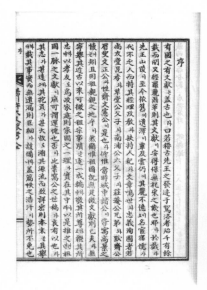

양천허씨문헌고(陽川許氏文獻考) 서문 〈승지공파(承旨公派)〉

문(文)은 서적이고 헌(獻)은 현자(賢者)이니, 옛날부터 지금까지 나라와 집안에 없을 수 없는 것은 증거로 삼을 만한 문헌이다. 우리 13대조이신 증 좌승지의 휘(諱)는 형(亨)이니, 바로 문경공(文敬公)[145]의 다섯째 아들인 대제학공(大提學公) 휘 부(富)[146]의 5세손이다. 조선 중엽에 아우인 비인공(庇仁公) 휘 영(瑛)과 함께 남쪽으로 내려와 이 지역에 피하여 유훈(遺訓) '충효(忠孝)' 두 글자를 대대로 지켜야 할 가법으로 삼았다. 문헌으로 전해지는 것은 참찬공(參贊公)[147]의 지학근행(志學謹行), 무안공(務安公)[148]의 효렴덕정(孝廉德政), 노정공(蘆汀公)[149]의 곤계담흡(昆季湛翕), 강호공(江湖公)[150]의 유문사범(儒門師範), 문천공(文川公)[151]의 재관염청(在官廉清), 웅천공(熊川公)[152]의 부자순국육충(父子殉國六忠), 장연공(長淵公)[153]과 첨추공(僉樞公)[154]의 형제거의호가(兄弟擧義扈駕), 연파공(蓮坡公)[155]의 독학진현(篤學進賢), 참봉공(參奉公)[156]의 은덕불사(隱德不仕)

---

145) 문경공(文敬公) : 고려 후기의 문신인 허공(許珙, 1233~1291)을 말한다. 본관은 공암(孔巖: 지금의 서울시 양천구)이다. 초명은 의(儀), 자는 온독(韞匵)이며, 추밀원부사(樞密院副使)를 지낸 허수(許遂)의 아들이다. 19세인 1251년(고종 38)에 성균시(成均試)에 합격하였고 23세에 문음(門蔭)으로 복두점녹사(幞頭店錄事)에 임명되었다. 1258년(고종 45)에 병과로 급제, 최령(崔寧)·원공식(元公植)과 함께 내시(內侍)에 보임되어 정사점필원(政事點筆員)이 되었다. 당시 사람들은 허공·최령·원공식을 정방 3걸(政房三傑)이라 불렀다. 이후 국학박사(國學博士)에 보임되었고 원종 초에는 합문지후(閤門祗候)에 제수되었다. 1267년(원종 8) 호부시랑(戶部侍郎)으로서 신종·희종·강종의 실록을 편찬하는 데 참여했고, 37세인 1269년(원종 10)에 우부승선 이부시랑 지어사대사(右副承宣吏部侍郎知御史臺事)로 진출하였다. 첨서추밀원사(簽書樞密院事)·추밀원부사(樞密院副使)·지첨의부사(知僉議府事)·밀직사사(密直司使)·참문학세자보(參文學世子保) 등을 역임하였다. 1284년(충렬왕 10) 수국사(修國史)가 되어 《고금록(古今錄)》을 편찬했다. 1310년(충선왕 복위 2) 충렬왕의 묘정에 배향됨으로써 배향공신으로 추증되었다. 문경(文敬)이라는 시호가 내려졌다.

146) 허부(許富, 생몰년 미상) : 문경공(文敬公) 공(珙)의 아들이다. 충렬왕 때 문과에 급제하여 청현직(清顯職)을 두루 지냈으며, 판관(判官)을 지내고 전서(典書)와 대제학에 이르렀다.

147) 참찬공(參贊公) : 허희린(許希麟)을 말한다. 뒤에 묘표(墓表)가 있다.

148) 무안공(務安公) : 허희인(許希仁, 1516~1572)을 말한다. 뒤에 묘표가 있다.

149) 노정공(蘆汀公) : 허잠(許潛, 1532~1598)을 말한다. 뒤에 묘갈명(墓碣銘)이 있다.

150) 강호공(江湖公) : 허엄(許淹, 1538~1610)을 말한다. 뒤에 묘갈명이 있다.

151) 문천공(文川公) : 허택(許澤)을 말한다. 뒤에 묘표가 있다.

152) 웅천공(熊川公) : 허일(許鎰, 1545~?)을 말한다. 뒤에 등단비명(登壇碑銘)이 있다.

153) 장연공(長淵公) : 허경(許鏡, 1564~?)을 말한다. 뒤에 묘갈명이 있다.

154) 첨추공(僉樞公) : 허전(許銓, 1568~1642)을 말한다. 뒤에 묘갈명이 있다.

155) 연파공(蓮坡公) : 허건(許鍵)을 말한다. 뒤에 묘갈음기(墓碣陰記)가 있다.

156) 참봉공(參奉公) : 허함(許鍼)을 말한다. 뒤에 묘표가 있다.

등 약간의 편이 있다. 종족 전체 선대의 덕 가운데 후세에 징험할 만한 것들 까지는 미처 다 구비하지 못하였기 때문에 내가 매우 한스럽게 여겼었다. 삼가 읍승(邑乘)과 가사(家史), 선대의 친척이나 선대와 친분 있는 이들이 남긴 소장품을 살펴보고, 가훈·곤범(閫範)[157]·찬행록(贊行錄)·유사(遺事), 정각(亭閣)과 재사(齋舍)에 걸린 서(序)·기(記)·제영(題詠), 축수시·애도글·행장·묘갈·묘지(墓誌)·묘표(墓表)·산도(山圖) 등 110편을 대략 편집하여 차례를 정하니, 옛일을 살피고 후일의 증거로 삼을만한 자료가 되었다.

병인년(1926년)과 정묘년(1927년)에 하늘은 우리 문중을 도와 서울 낙원동(樂園洞)에서 대동보(大同譜)를 만들 때 이름 있고 덕망 있는 분들이 정성을 다해 일을 주간하니, 소와(素窩) 허찬(許瓚) 씨는 미수(眉叟) 문정공(文正公)[158]의 종후손(從後孫)이고 성재(性齋) 선생[159]께서 의발(衣鉢)을 전해 준 분이다. 그 덕업(德業)과 경학(經學)이 우리 유가의 종장이되기에 교감(校勘)의 중임에 추대되었다. 여러 해가 지나 대동보가 완성

---

157) 곤범(閫範) : 부녀자가 집에서 지켜야 할 범절이다.

158) 미수(眉叟) 문정공(文正公) : 미수는 허목(許穆, 1595~1682)의 호이고, 문정공은 허목의 시호이다. 허목의 본관은 양천(陽川), 자는 문보(文甫)·화보(和甫), 호는 미수(眉叟)이다. 1615년(광해군 7) 정언창(鄭彦窓)에게 글을 배우고, 1617년 거창 현감으로 부임한 아버지를 따라가서 문위(文緯)를 사사하였으며, 정구(鄭逑)를 찾아가 스승으로 섬겼다. 1624년(인조 2) 광주(廣州)의 우천(牛川)에 살면서 자봉산(紫峯山)에 들어가 독서와 글씨에 전념해 그의 독특한 전서(篆書)를 완성하였다. 삼척 부사·이조 참판·비국 당상(備局堂上)·귀후서 제조(歸厚署提調)·의정부 우참찬 겸 성균관 제조·이조 판서·우의정 등을 역임하였다. 1680년(숙종 6) 경신대출척(庚申大黜陟)으로 남인(南人)이 실각하고 서인(西人)이 집권하자 관작을 삭탈당하고 고향에서 저술과 후진양성에 전심하였다. 사후 1688년(숙종 14) 관작이 회복되었다. 그림·글씨·문장에 모두 능했으며, 글씨는 특히 전서에 뛰어나 동방 제1인자라는 찬사를 받았다. 작품으로 삼척의 〈척주동해비(陟州東海碑)〉, 시흥의 〈영상이원익비(領相李元翼碑)〉, 파주의 〈이성중표문(李誠中表文)〉이 있고, 그림으로 〈묵죽도(墨竹圖)〉가 전한다. 저서로는 《동사(東事)》·《방국왕조례(邦國王朝禮)》·《경설(經說)》·《경례유찬(經禮類纂)》·《미수기언(眉叟記言)》 등이 있다.

159) 성재(性齋) 선생 : 성재는 허전(許傳, 1797~1886)의 호이다. 본관은 양천(陽川), 자는 이로(以老), 호는 성재(性齋)이다. 1835년(헌종 1)에 문과에 급제하여 기린도 찰방(麒麟道察訪)·전적(典籍)·지평(持平)·함평 현감(咸平縣監)·교리·경연 시독관(經筵侍讀官)·우부승지·병조 참의 등을 역임하였다. 1864년(고종 1) 김해 부사로 부임해 향음주례를 행하고 향약을 강론하는 한편, 선비들을 모아 학문을 가르쳤다. 가선대부(嘉善大夫)를 거쳐, 1876년 정헌대부(正憲大夫), 1886년 숭록대부(崇祿大夫)에 올랐다. 이익(李瀷)·안정복(安鼎福)·황덕길(黃德吉)을 이은 기호(畿湖)의 남인학자로서 당대 유림의 종장(宗匠)이 되어, 영남 퇴계학파를 계승한 유치명(柳致明)과 쌍벽을 이루었다. 그는 경의(經義)와 관련해 항상 실심(實心)·실정(實政)을 강조했을 뿐만 아니라, 현실에 바탕한 구체적인 개혁안도 제시하였다. 저서로는 《성재집》·《종요록(宗堯錄)》·《철명편(哲命編)》·《사의(士儀)》 등이 있다.

되고 또 계속해서 세고(世稿)를 손질해서 대(代)마다 편을 만드니, 전국에 있는 우리 문중의 문헌이 대거 정비되었다. 그러나 권질(卷帙)이 너무 많다 보니 서울과 지방의 종파와 지파가 각각 그 원류(源流)에서 나와 따로 책을 만들었다. 그 때문에 우리 승지공파도 위로 가락(駕洛) 왕릉(王陵)과 후릉(后陵)의 산도(山圖) 및 문경공(文敬公)의 묘도(墓圖), 신도석표(神道石表)와 시선(詩選), 대제학공(大提學公)의 운집(韻汁), 승지공을 거쳐 아래로 우리 선고(先考)[160]의 사행(事行)에까지, 그리고 방계의 선조와 친척들까지도 두루 다루어 한 권으로 만드니 내용이 다 구비되었다. 마침내 나는 뜻이 있는 자라면 일이 결국 성공한다는 사실을 알게 되었다.

아, 이 문헌편의 종지(宗旨)는 다름 아닌 대대로 지켜온 '충효'라는 변치 않는 교훈을 널리 확장하여 알리는 것이다. 우리 승지공의 후손이 되는 자들은 집집마다 외우고 사람마다 말을 해서 저마다 자신의 선조를 본받고 그 덕을 닦아 집을 벗어나지 않고도 나라에 가르침이 이루어지는 데 이르도록[161]한다면 우리 선조들의 덕행을 다 수록한 이 책은 또한 백세토록 전해져 참고로 하기에 충분할 것이다. 대대로 후손들 중에 어진 자들은 또한 이 점을 잘 계승해야 할 것이다.

기묘년(1939년) 단양절(端陽節)에 승지공 13대손 영(永)은 삼가 서문을 쓴다.

발문

사람과 도(道)는 세상에 없어서는 안 되는 것이니, 사람이 있으면 도가 있고 도가 있으면 사람이 있는 것이다. 문헌이란 사람의 도 가운데 선조

---

160) 우리 선고(先考) : 허용(許鎔)을 말한다. 뒤에 묘갈명이 있다.
161) 집을 …… 이르도록 : 증자(曾子)가 "이른바 나라를 다스림이 반드시 먼저 그 집안을 가지런히 함에 있다는 것은 그 집안을 가르치지 못하고 능히 남을 가르치는 자는 없다. 그러므로 군자는 집을 나가지 않고 나라에 가르침을 이루는 것이다.[所謂治國必先齊其家者 其家不可敎而能敎人者無之 故君子不出家而成敎於國]" 라고 한 데서 온 말이다.《大學章句 傳9章》

의 일을 기술하여 후손에게 이어주는 매개체이다. 그 때문에 나라와 종족이 선대의 행적을 참고하여 자료를 만들어 두는 것이니, 이는 예나 지금이나 공통적으로 행하던 의리이다. 우리 승평의 종족은 대대로 경성 연지동에 살았는데 갑자기 혼조(昏朝)의 어수선한 시대를 만나 승지공 휘 형(亨)이 위험의 기미를 보고 아우인 비인공(庇仁公) 휘 영(瑛)과 함께 호남으로 피신하여 이곳에 우거한 지 이제 14~5대가 되었다.

승지공은 '충효(忠孝)' 두 글자를 대대로 지켜야 할 가업으로 삼아 그 집을 '세수재'라 편액하였다. 세 아들을 두었다. 장자 희린(希麟)은 문학과 덕행으로 당대의 사표(師表)가 되었고, 차자 희수(希壽)는 영(瑛)에게 출계하였으며, 삼자 희인(希仁)은 관직에 있을 때 청렴하고 근실하여 청덕비(淸德碑)가 세워졌다. 손자인 동계공(東溪公) 휘 혼(渾)은 공경스럽고 박문약례(博文約禮)하였으며 명종조(明宗朝)에 소위장군(昭威將軍)이 되고 선조조(宣祖朝)에는 아들 일(鎰)의 공훈으로 호조 참판에 추증되었다. 또 다른 손자인 노정공(蘆汀公) 휘 잠(潛)은 형제간에 우애가 있었으며, 계정공(溪亭公) 휘 택(澤)은 학업이 넓어 세상에 이름을 드러내었다. 강호공(江湖公) 휘 엄(淹)은 모재(慕齋) 김안국(金安國) 선생에게 사사하여 산림(山林)의 덕망 있는 분이라는 명성이 있었다. 증손인 남포공(南浦公) 휘 일(鎰)은 미암(眉巖) 유희춘(柳希春) 선생의 문하에서 수학하였는데 선조조 임진왜란이 일어났을 때 충장공(忠壯公) 김천일(金千鎰), 충의공(忠毅公) 최경회(崔慶會)와 함께 여러 차례 전공을 세우고 계사년(선조 25, 1592년) 6월 16일에 함께 순절하여 선무원종일등공신에 녹훈되었다. 숙종조에는 형조 참의에 추증되었으며 부모, 조부모, 증조부모 삼대까지 관작을 추증 받았다. 충렬사(忠烈祠)에 배향되었다. 실기(實記) 1권이 있다.

남포공은 다섯 아들을 두었다. 장자 경력(經歷) 증(增)과 차자 주부 원(垣), 판관 곤(坤), 교위 은(垠), 통덕랑 탄(坦)이 다시 남은 병사를 거두어 싸우다가 한산의 전투에서 함께 순절하니 모두 선무이등공신에 녹훈되었다. 호남에서 한 집안에 여섯 명의 충신이 나온 경우는 오직 이들 뿐이다. 장암공(莊菴公) 휘 경(鏡)은 아우인 전(銓), 종제인 동(銅)과 함께 창의하여 곡식을 수송하여 선무원종삼등공신에 녹훈되었다. 실기 1권이 있다. 사적은 호남충의록(湖南忠義錄)에 기록되어 있다.

승주(昇州)가 중앙에서 멀리 떨어져 있어 평소 고관이나 두드러진 관작은 없다. 게다가 특이한 행적이 남아 있기는 하나 상자 속에만 저장되어 있을 뿐 세상에 드러나지 않았다. 근래 우리 친족 가운데 후각재공(後覺齋公) 영(永)씨가 각 집안의 흩어진 문적을 수집해서 문헌 1권으로 편집만 하고 간행하지 못한 채 홀연 세상을 떠나니 어찌 개탄스럽지 않겠는가. 작년 봄에 문중에서 일제히 의견을 내어 다시 후각재공이 미처 끝내지 못한 일을 이어 수습해 완수하니 이는 우리 가문의 성대한 일이다. 문중의 허련(許鍊)군이 현재 본도 부지사의 자리에 있으면서 홀로 간행비용을 부담하고 전력으로 정성을 쏟으니 우리 문중의 영광일 뿐만 아니라 숙세(叔世)의 모범이 될 만하다. 문중의 여러분이 나에게 발문을 부탁하기에 나의 부족함을 돌아보지 않고 이렇게 거친 글을 써서 고명한 분의 조언을 기다릴 뿐이다.

병오년 정월 입춘절에 후손 영재(英齋) 경(涇)은 삼가 발문을 쓴다.

서문

나라가 있으면 문헌이 있는 것은 옛날부터 그랬다. 그런데 사람들은 말한다. "만약 가락국 선왕들이 남긴 자취를 되돌아보고자 하면, 거의 천 여 년 전인데다 그 사이에 또 신라와 고려로 나라가 바뀌었다. 그러니 가락의 문헌이 어찌 기송(杞宋)의 한탄[162]이 없다고 보장할 수 있겠는가!

---

162) 기송(杞宋)의 한탄 : 선대(先代)의 일을 상고할 만한 문헌(文獻)이 없어 한탄한다는 뜻이다. 기 나라는 하(夏)나라를 계승했고, 송(宋) 나라는 은(殷) 나라를 계승했다. 그런데 기와 송에는 하와 은의 일을 상고할

아! 가락국 선왕들의 능(陵)은 지금도 옛날 그대로이고, 남겨진 은택은 먼 후손들에게까지 두루 미쳤다. 후손의 수가 매우 많고, 이름난 관료와 학자가 대대로 많이 배출되었다. 특히 정치와 교화를 담당한 이, 인륜 도덕을 유지시킨 이, 문장으로 세상에 이름난 이, 충의를 위해 순국한 이들로 대표적인 인물들을 꼽자면 상우당(尚友堂) 형제,[163] 초당공(草堂公) 부자,[164] 남포공(南浦公) 6부자,[165] 장암공(莊菴公) 형제,[166] 묵재공(黙齋公) 허적(許積), 문정공(文正公) 미수(眉叟) 허목(許穆), 문헌공(文憲公) 성재(性齋) 허전(許傳)이 바로 그들이다. 당시 같은 나라의 여러 어른들이 모두 높이 우러러보며 존경하는 마음을 금치 못하였는데, 게다가 같은 할아버지를 둔 친척의 처지에서는 어떻겠는가?

그렇기 때문에 우리나라에 사적(事蹟)을 증명할 만한 문헌이 없다면 어쩔 수 없지만, 근고 이래 조상들의 사적을 증명할 문헌들을 모두 수집하여 한 권의 책으로 만드는 것이 더 좋을 것이다. 존경할 만한 것은 존경하고 조상들의 깊은 뜻은 이어 받아, 효우(孝友)로 가정을 다스린다면, 가정과 국가를 다스리는 도리가 그 안에 들어있게 된다. 이로 미루어보건대, 우리나라 특정 성씨의 문헌은 우리 문중의 문헌에 비하면 도리어 부끄러워질 것이다. 소와공(素窩公) 허찬(許巑)이 『양천세고』를 간행한 뜻도 바로 여기에 있었다. 그 뜻이 심원하고 그 포부가 매우 컸다. 그래서 원류(源流)를 거슬러 올라가 매우 상세하고 치밀하게 다루어, 본말을 모두 갖추었고, 모든 사실을 빠짐없이 실어 크고 작은 사적이 모두 들어있다. 그러다보니 책이 너무 거질(巨帙)이 되는 것은 부득이한 일이었다. 이 때문

만한 문헌이 전혀 없어, 공자가 하(夏) 나라와 은(殷) 나라의 예제(禮制)를 고증하고자 해도 할 수 없어 한 탄하였다. 『論語 八佾』

163) 상우당(尚友堂) 형제 : 성종대 우의정을 지낸 허종(許琮), 연산군대 좌의정을 지냈던 허침(許琛) 형제를 말한다.

164) 초당공(草堂公) 부자 : 허엽(許曄), 허봉(許篈), 허균(許筠)을 말한다.

165) 남포공 6부자 : 허일(許鎰)과 그의 다섯 아들을 말한다.

166) 장암공(莊菴公) 형제 : 허경(許鏡), 허전(許銓) 형제를 말한다.

에 양천허씨의 모든 문중이 다시 논의하여, 중용한 것을 간추리되 간략하게 하는 데 중점을 두었고, 편질을 나누어 각파마다 한 편씩 싣도록 안배하였다.

우리 순천 문중의 『양천허씨문헌고』는 『양천세고』 간행을 이어 만들었다. 이는 소종(小宗)을 대종(大宗)과 구별하는 법도를 따른 것이다. 『문헌고』의 규모는 위로는 가락국 시조에서 시작해서 대제학공(大提學公)으로 전해지고, 또 다시 승지공(承旨公)을 별도로 분파조(分派祖)로 삼아 근대까지 다루었다. 대강(大綱)과 세목(細目)이 모두 갖추어져 110편이 된다. 후각재(後覺齋) 허영(許永) 공의 노년의 고심(苦心)을 미루어 상상할 수 있다. 『양천세고』는 1927년에 이미 발간하여 배포하였으나, 후각재공은 간행하고자 하는 뜻을 이루지 못하고 돌아가셨으니, 매우 애석하다.

다행이 우리 문중의 의견이 하나로 일치되어, 친족 할아버지이신 영재(英齋) 허경(許涇)씨부터 여러 집사 모모(某某)씨까지, 백방으로 주선하여 재궁동(齋宮洞)에 문헌고 간행소(刊行所)를 만들었다. 이는 하늘이 그 정성에 감동한 것이니, 어찌 다행이 아니겠는가?

아! 지금 세상은 가르침이 분명하지 않고 윤리가 무너져, 이른바 명문가의 후예라도 종종 그 조상을 잊고 있는 자들이 있다. 이러한 시대에 이와 같은 문헌고 출간이 어찌 가능한 일이겠는가? 『문헌고』 출간이 마무리되었으니, 이제부터는 승지공의 후손들은 각각 1질을 받아 늘 눈으로 읽고 마음으로 경계하는 마음을 가져 조상을 욕보이는 일을 하지 말아야 할 것이다. 그렇게 되면 양천허씨의 문헌이 또한 여씨의 팔대(八代)[167]에 부끄럽지 않을 것이다. 살펴서 힘쓸 것이다. 나 또한 외람되게 이 책의 출간에 참여하여, 그 감개무량을 이기지 못해 여기에 그 소감을 쓸 뿐이다.

단기 4299년 병오년(1966) 춘분절에 후손 석정(石汀) 련(鍊)이 삼가 짓다.

---

167) 여씨의 팔대(八代) : 중국에서는 한 가문에서 오래도록 문헌이 이어져 온 대표적인 사례로 동래 여씨(東萊 呂氏) 집안의 문헌이 팔대를 이어져 온 것을 들고 있다. 이를 말한다.

29세 학생 휘 도수(道洙)의 처 밀양박씨(密陽朴氏) 사적

대성문학원(大聖文學院)은 다음과 찬술하였다.

"효(孝)는 모든 행실의 근원이고 열(烈)은 삼종(三從)의 도이다. 한 사람이 둘 중 한 가지를 하는 것도 어려운데, 하물며 한 사람이 두 가지를 다 하는 경우이겠는가? 늠름한 절개이고 열렬한 행실이도다. 삼가 호남(湖南)의 유천(儒薦)을 살펴보니, 고흥군(高興郡) 도화면(道化面) 사덕리(四德里)의 효열부(孝烈婦) 박씨는 밀양 박유성(朴有成)의 딸이고 양천 허도수(許道洙)의 아내이다. 어렸을 때부터 천성이 온화하여 부모 섬기는 방법을 잘 알아 칭찬이 원근에 자자했다. 시집을 가서는 그 효심을 시부모에게 옮겨 행하고 남편을 공경하게 받들었다. 시어머니인 배씨(裵氏)가 우연히 이상한 병에 걸려 앉은뱅이에 눈까지 보이지 않자, 박씨는 성심껏 백방으로 치료하며 세 끼 음식을 직접 장만하여 드리고 대소변을 볼 때에는 업어서 일을 보게 하였다. 아무리 작은 과일이나 채소라도 입에 맞아 하시면 반드시 올렸으며, 간혹 이웃집에 찾는 음식이 있으면 싸가지고 와서 반드시 무슨 음식이라고 아뢰고 바쳤다. 혹 일이 있어 밖에 나갔다가 돌아왔을 때 대소변으로 옷을 더럽혔으면 박씨는 피눈물을 흘리며 그 옷을 받고 몰래 직접 빨아 다른 사람의 눈에 띄지 않게 하였다. 이렇게 한 것이 30여 년이 되었다.

게다가 남편도 알 수 없는 병으로 병상에 누운 지 몇 년 만에 전혀 회생할 가망이 없게 되었으니, 이런 상황은 설상가상(雪上加霜)이라고 할 만하였다. 남녀노소 할 것없이 모두 그 정성에 탄복하였다. 박씨는 편안히 앉아 있지도 못하고 밤에 잠도 제대로 못 자면서 자신으로 대신하게 해달라고 하늘에 빌었다. 점차 위독한 지경에 이르자 자신의 손가락에 피를 내어 남편의 입에 넣어 사흘 동안 목숨을 연장시켰지만 죽음을 피하기는 어려워 갑자기 세상을 떠나니, 땅을 치고 가슴을 두드리며 울부짖어 거의 목숨을 잃을 뻔한 지경에 이르렀다. 그러면서도 한편으로는 시어머니를 위로하고 한편으로는 시신을 어루만지며 뒤따라 죽으리라 맹세했지만 시어머니 때문에 그러지 못하였다. 상례와 장례의 제전(祭奠)은 예에 따라 유감이 없게 하였으며, 삼년상을 마치고 연달아 시어머니상을 당함에 장례절차가 법도에 맞지 않음이 없었다. 효부이고 열녀로다. 박씨여!

외아들 방수(芳秀)를 의방(義方)으로 가르쳐서 집안의 명성을 잇게 하니 아, 이러한 뛰어난 행실은 세상에 버금갈 사람이 드물다. 누군들 흠모하고 감탄하지 않겠는가? 본원은 이미 수선(首善, 서울을 말함)의 지역에 있어 가만히 있을 수가 없기 때문에 먼저 간행하고 널리 전국에 알려 비각(碑閣)을 세우게 하고 역사에 영원토록 그 훌륭함을 전하겠다는 뜻으로 유림의 논의에 따라 먼저 이렇게 드러내는 것이다."

– 사적은 《영주지(瀛州誌)》에 실려 있다.

29세 학생공 휘 관(涫)의 처 합천이씨(陜川李氏) 사적

유천(儒薦)에 실려 있는 대략은 다음과 같다.

"부인의 성은 이씨이고 본적은 합천이니 학생 대순(大順)의 딸이고 양천인 정재(靜齋) 휘 진(鎭)의 둘째 아들 허관(許涫)의 아내입니다. 고종(高宗) 병술년(고종 23, 1886년)에 태어났으며, 성품은 본래 매우 얌전하고 정숙하며 효성으로 칭찬을 받았습니다. 시집가서는 집안이 청빈해서 먹고 살 길이 없었지만 재산의 유무를 개의치 않고 부도(婦道)를 극진히 행해서 시부모 섬기기를 마치 친정에 있을 때처럼 하였습니다. 남편에게 여섯 형제가 있었는데 동서지간에 윗사람에게는 공경하고 아랫사람에게는 자애롭게 하여 집안에서 시끄러운 소리가 나지 않게 하였으며, 분가[析箸]한 뒤로는 아침저녁으로 시부모님 살피는 것을 게을리 하지 않았습니다. 남편이 병에 걸리자 백방으로 보살폈지만 천명을 어찌할 길이 없는 지라 갑자기 남편이 세상을 떠나니 그 때 나이 서른 살이었습니다. 애통해 하는 중에도 도리어 시부모님을 위로하기를, '상심하지 마시고 기체(氣體)를 보중하십시오.' 하였습니다. 외아들 백(栢)을 두니 후사를 잇는데 여한이 없다 하고, 상례와 장례의 제전을 예에 따라 잘 마쳤습니다. 이에 마을 사람들이 자신들이 보고들은 효열을 칭송하고 찬미하였습니다."

29세 학생공 휘 은(澱)의 처 광산김씨(光山金氏) 사적

부인의 성은 김씨이고 본적은 광산이다. 양천인 문경공(文敬公) 허공(許
珙)의 후손 허은(許澱)의 아내이다. 성품이 온후하고 정숙하며, 규방의
예의범절에 대해 일찍부터 익혔다. 18세의 나이로 허씨 문중에 시집와
서, 시부모님과 남편을 모시는데 있어 공경과 정성을 다하였다. 슬하에 2
남을 두어 가정에 화목과 즐거움이 넘쳤다. 그런데 남편의 성품이 호방하
여, 항상 명승지로 유람다니는 것을 좋아하더니, 25세 되던 해에 여장(旅
裝)을 꾸리면서 다음과 같이 말하였다. "내가 출타해 있는 동안 나를 대신
하여 부모 봉양과 자식교육에 힘써 주시오."
이러한 부탁만을 남긴 뒤로 영영 소식이 없었다. 그후에 황해도 봉산군(鳳
山郡) 문정면(文正面) 태봉리(胎封里)에서 별세했다는 급한 소식이 왔다.
애통한 마음을 가눌 수 없는 상황인데도, 아들 온(榲)을 보내 고향으로 운
구해 와서, 3년상을 예절에 맞게 지냈다. 시어머님을 지성으로 봉양하다
가, 상을 당하자 장례의 범절을 극진히 하였다. 일편단심으로 수절하면서
아들 교육에 힘써 집안의 도리를 바로 잡았다. 이에 동면(洞面)의 추천(推
薦)에 따라 이에 표창한다.

30세 실재공(實齋公) 휘 재(材)의 처 상주박씨(尙州朴氏) 사적

향천장(鄕薦狀)에 다음과 같이 되어 있다.

"효열(孝烈)은 삼강(三綱) 중에 으뜸이니, 드러내 알리는 것은 사림의 공
의(公議)이고 포장하여 정려하는 것은 국가의 성대한 은전입니다. 삼가
본군 주암면(住岩面)의 추천장을 살펴보니, '동면 궁각리(弓角里)의 효열
부 상주박씨는 남포(南浦) 선생 휘 대붕(大鵬)[168]의 후손이고 학생 휘 준규

---

168) 대붕(大鵬) : 1525~1592. 호는 남포(南浦), 본관은 상주(尙州)이며, 전라남도 순천(順川) 출신이다. 병절교
위 매(梅)의 아들이다. 1556년(명종 11) 사마시(司馬試)에 합격하여 벼슬이 주부(主簿)에 이르렀으나 1589

(俊圭)의 딸입니다. 친정에 있을 때 이미 부녀자의 도리를 잘 안다는 명성이 있었으며, 15살에 양천 허재(許材) 공에게 시집가서는 시부모님을 봉양하고 남편을 공경함에 있어 부녀자의 도리를 잘 행했습니다. 고작 22살의 나이에 불행하게도 남편을 잃고 곧바로 뒤따라 죽으려고 하였지만 어린 아들은 겨우 포대기를 벗어났고 남편에게는 형제도 없었습니다. 위로는 시부모님을 봉양하고 아래로는 자식을 길러야 하는데 장차 누구를 의지한단 말입니까? 마침내 번뜩 그러한 사실을 깨닫고는 상례와 장례의 제전을 일체 예제에 따르고, 슬퍼 탄식하는 모습을 시부모님의 곁에서는 드러내지 않았으며, 봉양하는 일은 오히려 남편이 살아있을 때보다도 더 독실하게 했습니다. 근검하게 살림을 꾸리고 정숙하게 굳은 절개를 지키니 올해 나이 73세입니다.' 하였다. 아, 효부와 열녀는 세상에 드물어 고을에서 여러 번 포상하였습니다. 저희들이 같은 고을에 살고 있으면서 잠자코 있을 수가 없기에 감히 여러 높으신 분들께 포상해 줄 것을 우러러 고합니다. 부디 한 목소리로 호응하여 특별히 더 찬양함으로써 이러한 뛰어난 행실이 후대에 없어지지 않도록 해 주소서."

- 사적은 《호남지(湖南誌)》에 실려 있다.

32세 학생 휘 숙(塾)의 처 전주이씨(全州李氏) 사적

읍천(邑薦)에 실려 있는 대략은 다음과 같다.

"옛날 사람에게 후세에 전할 만한 행실이 있으면 비록 천 년 뒤라도 반드시 박수를 치며 탄식을 하고, 지금 혹 당대에 본받을 만한 훌륭한 행적이 있으면 아무리 먼 곳에 있는 사람일지라도 반드시 옷깃을 여미고 흠모합니다. 그러한 행동은 시대가 오래되었든 오래되지 않았든, 길이 멀든 가

년(선조 22) 기축옥사(己丑獄事) 때 진사 정암수(丁巖壽)·박천정(朴天挺)·임윤성(任尹聖)·김승서(金承緒)·양산룡(梁山龍)·이경남(李慶男)·김응회(金應會)·유사경(柳思敬)·유영(柳瑛) 등과 연명으로 상소를 하였으나 투옥되어 고초를 겪었다. 풀려난 후 낙향(落鄕)하여 초야에 묻혀 지내다 임진왜란이 발발하자 고경명(高敬命)과 조헌(趙憲) 등과 더불어 의병을 일으켰으며, 금산(錦山) 전투에서 전사하였다. 후에 선무원종공신(宣武原從功臣)으로 녹훈(錄勳)되었다.

깝든 소홀히 여기지 않습니다. 본읍의 옥천동(玉川洞) 허면(許冕)의 첫째 아들 허숙(許塾)의 아내 전주이씨는 중거(仲擧)의 딸입니다. 고종(高宗) 무자년(고종 25, 1888년)에 태어났는데 어릴 때부터 성품과 행실이 단정하고 고결하였으며 얌전하고 정숙하고 효성스러워 시집갔을 때부터 시부모님 섬기기를 마치 자기 부모를 섬기듯이 하였습니다. 남편에게 '부모님은 늘 계시지 않으니 지금 만약 제대로 봉양하지 않으면 끝내 후회할 것입니다.'라고 하니 남편도 독실하게 효성을 다하였습니다. 집안의 운수가 좋지 못해 나이 겨우 서른에 남편이 풍환(風患)에 걸리자 매일 밤 몸을 정결하게 하고 하늘에 기도를 올렸으며, 낮에 약을 구하고 시부모님을 봉양한 뒤에는 남편을 어루만지고 부축하기를 늙을 때까지 게을리 하지 않았습니다. 다행히 하늘의 도움을 받아 남편에게 조금 차도가 있어 집안의 자제들을 가르쳤습니다. 시부모님의 상을 연달아 당하자 고기 없이 밥을 먹으며 제사 지내기를 집안 형편에 맞게 하되 조금이 부족함이 없게 하였습니다. 네 명의 아들을 두니, 장남은 현(鉉), 차남은 용(鏞), 영(鈴), 연(鍊)으로 모두 입신양명하였습니다. 세상 사람들은 '오늘이 있게 된 것은 이씨부인의 음덕임을 알 수 있다.'고 찬미합니다."

세수재기(世守齋記 : 許巑)

무릇 사람은 세상을 살면서 어떤 물건을 소유하게 되면, 그것을 지켜야 하는 것은 안다. 그러나 지키는 것은 물건으로 물건을 지키는 것이 아니라, 물건을 지킬 수 있는 방법을 안 다음에야 대대로 지킬 수 있는 것이다. 만약 그 방법을 알지 못한다면 오래도록 지킬 수 없으니, 신중하지 않을 수 있겠는가?

맹자가 말하였다. "무엇을 지키는 것이 가장 큰 일인가? 자신을 지키는 것이 가장 큰 일이다."[169] 몸이라는 것은 모든 일의 근본이다. 자신을 지

---

169) 맹자가 …… 일이다 : 《맹자》 〈이루상(離婁上)〉에 나오는 말이다.

키는 데 정당한 방법을 얻는다면, 비록 천하와 국가라고 할지라도 대대로 지킬 수 있다. 하물며 몇 칸짜리 재사를 어찌 영원토록 보존하지 못하겠는가?

전라도 순천군 옥계(玉溪)에서 동쪽으로 10리 정도 떨어진 재궁동(齋宮洞)에 세수재가 있는데, 바로 양천허씨의 재실(齋室)이다. 이곳에 사는 허씨들은 바로 나의 선조인 문경공(文敬公) 휘 공(珙)의 다섯째 아들인 대제학공(大提學公) 휘 부(富)의 후예이다. 5대를 지나 정랑공(正郎公) 휘 온(溫)의 아드님이신 교위(校尉) 증 승지공(贈承旨公) 휘 형(亨)이 아우인 비인공(庇仁公) 휘 영(瑛)과 함께 순천으로 은거하시고, 유훈인 '충'과 '효' 두 글자를 대대로 지켜야 할 가법(家法)으로 삼으니, 이후 이 집안은 호남의 명문거족이 되었다.

교위공의 큰아들인 휘 희린(希麟) 또한 교위를 지내고 참찬(參贊)에 증직되었다. 뜻을 세우고 학문에 힘쓰는 것으로 자식과 조카들을 가르쳤고, 공경을 다하고 근실하게 행동하는 것으로 후생들을 권면하시니, 사림들이 사표(師表)로 추앙하였다. 둘째 아들인 무안공(務安公) 휘 희인(希仁)은 관직에 계실 때 청렴하였으며 덕치를 베푸셨다. 구암(龜巖) 이정(李楨)[170] 선생이 지은 행장을 보면, 그러한 청덕(清德)에 대해 백세를 두고 물어봐도 의심할 것이 없다.

장증손인 웅천공(熊川公) 휘 일(鎰)은 임진왜란을 당해 일등공신에 책훈되었으며, 부자지간의 여섯 사람이 모두 순절하였다.

---

170) 구암(龜巖) 이정(李楨, 1512~1571) : 본관은 사천(泗川), 자는 강이(剛而), 호는 구암(龜巖)이다. 1536년(중종 31) 진사로 문과에 장원, 성균관전적에 임명되었다. 다음 해 성절사(聖節使)의 서장관으로 명나라에 다녀왔다. 그 뒤 예조정랑을 거친 뒤 연로한 부모 봉양을 위해 경상도 선산부사로 나갔다가 1552년(명종 7) 사성, 이듬해 청주목사를 지냈다. 1559년 우부승지·형조참의·좌부승지 등을 거쳐 이듬해 병조참의·대사간·호조참의·예조참의를 지내고, 경주 부윤으로 나가 옛 신라의 열왕묘(列王墓)를 보수하고, 서악정사(西嶽精舍)를 세워 후진 교육에 힘썼다. 1563년 순천 부사로 나가 김굉필(金宏弼)을 위해 경현당(景賢堂)을 건립, 그를 제사하게 하였다. 어릴 때 송인수(宋麟壽)로부터 배우고 성장한 뒤에는 이황(李滉)과 교유하였다. 성리학에 밝았다 한다. 저서로는 《구암문집》·《성리유편(性理遺編)》·《경현록(景賢錄)》·《논상례(論喪禮)》·《한훤보록(寒暄譜錄)》·《열성어제(列聖御製)》 등이 있다.

무안공의 아들인 강호공(江湖公) 휘 엄(淹)은 모재(慕齋)[171]선생의 고족(高足)[172]이며, 이 구암과 함께 경현당(景賢堂)을 창건하였다. 세상에서 승평사은(昇平四隱)[173]중 한 분으로 일컫는다. 강호공의 아들인 판관(判官) 휘 경(鏡)과 영장(營將) 휘 전(銓) 두 분은 의병을 일으켜 어가를 호위하였으며 삼등공신에 책훈되었다. 사적은『호남충의록』에 실려 있다.

위대하고 거룩하도다. 어쩌면 한 문중에서 이렇게 많은 현인들을 배출

---

171) 모재(慕齋) : 모재는 김안국(金安國, 1478~1543)의 호이다. 본관은 의성(義城). 자는 국경(國卿), 호는 모재(慕齋)이다. 조광조(趙光祖) · 기준(奇遵) 등과 함께 김굉필(金宏弼)의 문인으로 도학에 통달하여 지치주의(至治主義) 사림파의 선도자가 되었다. 1501년(연산군 7) 생진과에 합격, 1503년에 급제하여 승문원(承文院)에 등용되었으며, 이어 박사 · 부수찬 · 부교리 등을 역임했다. 1507년(중종 2)에는 문과중시에 급제, 지평 · 장령 · 예조참의 · 대사간 · 공조판서 등을 지냈다. 1517년 경상도관찰사로 파견되어 각 향교에 ≪소학≫을 권하고, ≪농서언해(農書諺解)≫ · ≪잠서언해(蠶書諺解)≫ · ≪이륜행실도언해(二倫行實圖諺解)≫ 등을 간행하여 널리 보급하였으며 향약을 시행하도록 하여 교화사업에 힘썼다. 1519년 기묘사화가 일어나자 파직되어 경기도 이천에 내려가서 후진들을 가르치며 한가히 지냈다. 1532년에 다시 등용되어 예조판서 · 대사헌 · 병조판서 · 좌참찬 · 대제학 · 찬성 · 판중추부사 · 세자이사(世子貳師) 등을 역임하였다. 인종의 묘정(廟庭)에 배향되었다. 시호는 문경(文敬)이다. 저서로는 ≪모재집≫ · ≪모재가훈 慕齋家訓≫ · ≪동몽선습 童蒙先習≫ 등이 있다.

172) 고족(高足) : 學識과 품행이 우수한 제자.

173) 승평사은(昇平四隱) : 승평은 순천(順天)의 옛 이름으로, 사은은 청사(青莎) 정소(鄭沼), 강호(江湖) 허엄(許淹), 매곡(梅谷) 배숙(裵璹), 포당(圃堂) 정사익(鄭思翊)을 말한다.
정소(1518~1572)의 본관은 연일, 자는 중함(仲涵), 호는 청사이다. 부원군 유침(惟沈)의 아들로 태어났다. 고조는 병조판서를, 증조는 김제군수를 지냈으며 조부와 부친은 관직에 오르지 못하다가 맏누이가 인종의 귀인이 되면서 조부는 건원릉참봉에, 부친은 돈녕부판관에 음보되었다. 청사의 집은 대대로 청백리의 가풍을 이어왔다. ≪연일정씨청사공세보≫에 따르면 정소는 남문 밖 지막동(止幕洞 : 저전동)에 거주했으며, 집을 청사헌이라 하였고 백성들은 그 주변을 청사평이라 했다. 그런데 집이 시장에 가까운 것이 싫어 율촌 휴암산에 집을 짓고 공부했으며, 그때 저술한 책을≪휴암집≫이라 했다. 일찍이 모재 김안국 문하에서 공부했으며 18세에 사마양시에 합격하였다. 을사사화 이후 벼슬길을 버리고 바닷가에 은거하며 산수를 즐겼다. 1572년(선조 5) 55세로 죽으니 후진들이 그의 학덕을 추모하여 구곡수(九曲水)에 사당을 짓고 곡수서원(청사서원)이라 하였다. 여기에는 정소와 조대성이 함께 배향되어 있어 지방기념물 제11호로 지정되었다.
배숙(1516~1589)의 본관은 성주, 자는 수옥(壽玉), 호는 매곡이다. 대사간 규(規)의 현손으로 15세에 회재 이언적(1491~1553)의 문하에서 수학하였다. 1546년 사마시에 합격, 성균관 진사로 7년간 머물렀으며 그때 승려 보우(普雨)를 상소하여 배척하였다. 그후 이황이 승평교수관으로 천거하므로 학생을 가르쳐 재능에 따라 성취시키고 유풍을 널리 진작시켰다. 이곳 교수로 온 지 3년 만인 1556년에 초당을 짓고 뜰 위에 매화나무를 심었으며, 그 이름을 매곡당이라 하였다. 해룡면 신대리 미강서원(美岡書院)에 배향되어 있다.
정사익(1542~1588)의 본관은 경주, 자가 도보(道輔), 호는 포당이다. 좌승지인 옥계공 승복(承復)의 아들이다. 옥계공은 계림군 지년(知年)의 현손으로 중시량과에 장원급제하여 옥구현감이 되었으며, 그때 도원수 이준경을 보좌하여 왜구 소탕에 큰 공을 세웠다. 을사사화로 관계를 물러나 순천 옥천동에 머물면서 장계거사라 칭하고 이곳 산수를 벗삼으며 학문에 힘썼다. 39세 때 부친을 잃고 3년간 묘막에서 시묘하며 살았다. 사림에서는 이를 가상히 여겨 조정에 건의하여 충무위부사직을 제수케 하였다. 일찍이 난당 김병산 아래에서 성리학에 심취하였고 나이 들어서는 이정의 문하에서 수학하였다. 학문에 조예가 깊고 덕행이 뛰어났다. 김굉필을 추모하여 경현당을 중수하는 데 공로가 많았으며 스승 이정이 세상을 뜨자 망극한 서러움을 달래지 못하여 몸소 글을 지어 제사를 지내고 3년 동안 심상(心喪)하였다고 한다.

순천 양천허씨의 임란기 구국활동과 충렬사

하였단 말인가! 허씨의 세장산(世葬山 : 선산)이 갈치(葛峙)[174]의 재궁동의 기봉(基峯) 아래 지등(池嶝) 가에 있는데, 여기에 재사를 세운 것은 까닭이 있는 것이다. 이곳을 정결하게 하여 서리와 이슬의 감회[175]가 깃들게 하고, 여기에 모여 화수(花樹)[176]의 돈독함을 노래하면서, 구름처럼 많은 종족(宗族)들이 모여 서로 수신(守身)의 도를 권면하게 한 것이다. 집에 들어가서는 부형(父兄)을 섬기고, 밖에 나가서는 웃어른을 섬기면, 재사를 대대로 지키는 것이 어찌 어려움이 있겠는가!

건물의 적당한 기온, 난간에 기대어 보는 바람과 달의 아름다움, 연못에 서서 물고기와 새를 보는 즐거움같은 것은 원기(原記)[177]에 나온다.

교위공의 후손인 영(永), 경(涇), 화(樺) 세 사람은 모두 도를 독실하게 믿고 옛것을 좋아하는 군자들이다. 나에게 세수재(世守齋)라고 편액을 붙인 의미를 써달라고 부탁했다. 나는 글을 잘 쓰는 사람이 아닌데 어찌 감히 이러한 일을 맡을 수 있겠는가? 다만 조상의 업적을 잘 이었음을 가상하게 여긴다는 내용과 지킬 수 있다는 것의 의미를 알았다는 내용으로, 이렇게 써서 돌려주었다.

세수재 중건기(世守齋重建記)

우리 선조께서 '세수재(世守齋)'라고 편액을 한 데에는 두 가지 의미가 있다. 조상들이 오르내렸던 지역에 자손들의 사모하는 정성을 열어 천백

---

174) 갈치(葛峙) :
175) 서리와 이슬의 감회[霜露之感] : 《예기(禮記)》〈제의(祭義)〉편에, "서리와 이슬이 이미 내리면 군자는 이것을 밟고 반드시 슬픈 마음이 있다.[霜露旣降 君子履之 必有悽愴之心]"고 하였다. 이는 봄에 이슬이 내려 초목에 싹이 날 때와 가을에 서리가 내려 초목이 마를 때에 효자가 죽은 부모를 사모하는 마음이 간절하다는 말이다.
176) 화수(花樹) : 원근의 친족들이 자주 한 자리에 모여서 골육의 정을 도탑게 하는 일을 말한다. 위씨(韋氏) 집의 일에서 유래하는데 명자(名字)는 알 수 없으나 옛날 위씨의 종회법(宗會法)이 있었다. 당(唐)나라 잠삼(岑參)의 〈위원외화수가(韋員外花樹歌)〉라는 시에 "그대의 집 형제는 당할 수 없으리니, 여러 경상 어사 상서랑이 즐비하구려. 조회에서 돌아와 꽃 아래 항상 빈객을 모으나니, 꽃이 옥 항아리에 떨어져 봄 술이 향기롭네.[君家兄弟不可當 列卿御使尙書郎 朝回花底恒會客 花撲玉缸春酒香]"라고 한 말에서 유래한다.
177) 원기(原記) :

년 유구한 제사를 받들 계획을 하였으니, 묘소를 지키고자 한 것이 하나의 의미이다. 승지공(承旨公)[178]의 "다만 청백한 가법을 이어받을지니 무엇하러 성명이 청사[179]에 실리기를 구하겠나[但將家法承淸白 何用時名載汗靑]" 시를 받들어 읽으니, 이는 실로 대제학공(大提學公)의 "대대로 충효를 일삼고 여력이 있으면 문장을 한다."는 훈첩(訓帖)과 미수공(眉叟公)의 "대대로 청백을 지킨다."는 경계를 본받아 자손들을 위해 만세의 계책을 세운 것이다. 바로 잘 계승해 지킨다는 것이 또 하나의 의미이다. 승지공의 대에 세수재를 건립하였는데, 승지공이 돌아가시자 재사의 뒤에 무덤을 만들고 이후 그대로 우리 문중 대대로의 묘역으로 만들었으니, 재사가 분암(墳菴: 묘 밑에 있는 재실)이 된 것은 형세가 그렇게 만든 것이다.

세대가 오래되자 재사가 허물어져 비바람도 막을 수가 없을 지경이 되었다. 문중 사람들은 모두 "반드시 우리 재사를 중건해서 선대의 업을 잘 계승한 뒤에야 선조의 영령이 이곳에서 편안하게 계시며 거의 '우리에게도 후손이 있구나.'라고 할 것이다. 어찌 서로 염려하지 않겠는가?" 하면서 사람들이 은혜롭게 따르고 저마나 많은 비용을 부담하여 힘닿는 대로 마음을 다해 움직였다. 을해년(1935년) 가을에 일을 시작해서 병자년(1936년) 봄에 끝냈다. 재궁은 몇 개의 마룻대와 행랑, 처마와 기둥을 세워 정문(正門) 3칸에 이르렀다. 족형 철(鐵)씨가 특히 힘을 쏟았다. 견고한 담장과 웅장하고 화려한 건물은 비록 자손들의 정성으로 이루어진 것이긴 하지만 실로 선조의 영령께서 묵묵히 도와주신 덕이다. 마침내 서로 격려하면서 "우리 묘역을 대대로 지켜온 재사를 이번에 중건하였으니, 선조의 업을 대대로 지킨 것이다. 이로 인해 더욱 그 실제에 힘써야 할 것이다." 하였다.

---

178) 승지공(承旨公) : 허형(許亨, 1489~1564)을 말한다.
179) 청사[汗靑] : 한청이란 옛날 죽간(竹簡)을 사용할 때 푸른 대를 불에 구워서 그 속에 있는 수분이 빠져나오게 하여 쓰기에 편리하고 좀이 슬지 않게 한 것을 말하는데, 보통 사책(史册)을 뜻한다.

참찬공(參贊公)의 경술사표(經術師表), 무안공(務安公)의 염근청덕(廉謹淸德), 노정공(蘆汀公)의 효우(孝友), 강호공(江湖公)의 학행(學行), 문천공(文川公)의 재관염청(在官廉淸), 웅천공의 부자순국(父子殉國), 연파공(蓮坡公)의 독학진현(篤學進賢), 경주공(慶州公)의 곤계호가(昆季扈駕), 참봉공(參奉公)의 은덕불사(隱德不仕)에 대해 이미 다 수행한다면 이는 대대로 지켜야 할 선조의 유훈인 것이다. 우리 종족은 마땅히 이것을 이어 더욱 힘써야 할 것이다. 앞에서 덕을 부지런히 닦았으니, 우리 허씨의 덕업이 창성해지는 것은 또한 세수재를 중건한 뒤에 다시 볼 수 있을 것이다.

병자년(1936년) 늦봄에 12세손 강(鋼)은 삼가 짓는다.

세수재 중수기(世守齋重修記)

세수재에서 지킬 것은 무엇인가? 세수재에 올라 우리 집안의 역사를 읽어 보는 자들이라면 스스로 알게 될 것이다. 허씨의 상세(上世) 문경공(文敬公)의 다섯째 아들 대제학공이 크게 선조의 법을 받들어 아들에게 '대대로 충효를 일삼고 여력이 있으면 문장을 한다.'는 훈첩(訓帖)을 남겼다.

3백년이 지난 뒤에 숙선조(叔先祖)인 미수공(眉叟公)이 선조의 유훈인 '충효(忠孝)' 두 글자를 거듭 밝히자 후손들이 지키며 예의(禮義)와 충효의 유풍을 본받았으니, 이는 비단 기구(箕裘)[180]와 청전(靑氈)[181]때문만은 아니다. 두 현인께서 앞뒤로 내린 유훈은 간결하고 정밀하여 마치 정일(精一)을 전수하는 것처럼 훌륭하였다. 대제학공의 5세손인 정랑공(正郞

---

180) 기구(箕裘) : 키와 가죽옷이라는 뜻으로, 가업을 비유하는 말이다. 《예기》〈학기(學記)〉의 "훌륭한 대장장이의 아들은 아비의 일을 본받아 응용해서 가죽옷 만드는 것을 익히게 마련이고, 활을 잘 만드는 궁장(弓匠)의 아들은 아비의 일을 본받아 응용해서 키 만드는 것을 익히게 마련이다.[良冶之子 必學爲裘 良弓之子 必學爲箕]"라는 말에서 유래한 것이다.

181) 청전(靑氈) : 선대로부터 전해진 귀한 유물을 가리킨다. 진(晉)나라 왕헌지(王獻之)가 누워 있는 방에 도둑이 들어와서 물건을 모조리 훔쳐 가려 할 적에, 그가 "도둑이여, 그 푸른 모포는 우리 집안의 유물이니, 그것만은 두고 가는 것이 좋겠다.[偸兒 靑氈我家舊物 可特置]"라고 하자, 도둑이 질겁하고 도망쳤다는 고사가 있다. 《晉書 卷80 王羲之列傳 王獻之》

公)[182]의 아들이 승평(昇平, 순천(順天)의 옛 이름)으로 자취를 감추고 비로소 재사를 지어 세수재라 이름하였다.

아, 나는 묘를 지키고 재사를 지키는 중에 이미 선조의 업을 잘 잇는다는 뜻이 있음을 알겠다. 훌륭하고 성대하도다. 승지공 형제가 이곳으로 은둔하고[183], 참찬공(參贊公)이 선으로 나아가고 학문을 권면하자 후생들이 사표(師表)로 삼았으며, 관직에 있을 때 사랑으로 다스린 무안공(務安公)은 청렴과 근실함으로 세상에 빛났고, 만년에 동강(桐江)[184]을 사모한 노정공(蘆汀公)은 사퇴한 고풍이 있으며, 모재(慕齋)의 고제이고 구암(龜巖)의 절친인 강호공(江湖公)은 승평사은(昇平四隱)의 한 사람이었으며, 여섯 선비가 국권의 회복을 맹세한 웅천공(熊川公)은 부자가 순국하여 충성을 다했으며, 판관(判官) 백씨와 영장(營將) 숙씨는 조정에서 의(義)를 인정받아 녹훈되었다.[185] 이와 같은 것들은 이미 근원이 깊고 근본이 단단하니 진실로 대대로 지켜온 실제의 기록이다.

재사가 오래되어 무너지니 족숙인 영(永)씨가 오래된 건물이 없어질 것을 염려하여 을해년(1935년) 가을에 여러 친족들과 힘써 재물을 모으니, 빙 두른 누각의 모습과 층계·건물의 아름다움은 옛 건물보다 더 빛나고 새로웠다. 공사는 병자년(1936년) 봄에 끝났다. 여러 친족들의 뜻으로 나에게 기문을 요청하기에 내가 삼가 다음과 같이 아뢰었다. "지금 재실의 옛 모습을 바꾸었다고 계획도 새롭게 해야 합니까? 혹 사람들이 때에 따라 변할까 두렵습니다. 지금이 장차 그 덕을 새롭게 하여 옛 것을 밝

---

182) 정랑공(正郎公) : 허온(許溫)으로, 승지공 허형(許亨)의 부친이다.

183) 승지공 …… 은둔하고 : 승지공 형(亨)이 아우인 비인공(庇仁公) 영(瑛)과 함께 승평으로 내려온 것을 말한다.

184) 동강(桐江) : 후한(後漢)의 은사(隱士)인 엄광(嚴光)이 은둔하여 낚시질한 곳이다. 엄광은 후한(後漢) 광무제(光武帝)의 소싯적 학우로, 높은 벼슬을 주려는 광무제의 호의를 거절하고서 부춘산(富春山)에 들어가 숨어 살며 동강(桐江)에서 낚시로 소일했다는 고사가 전한다. 《後漢書 卷83 嚴光列傳》

185) 판관(判官) …… 녹훈되었다 : 판관은 허경(許鏡)이고 영장(營將)은 허전(許銓)이다. 허경은 선조 때 무과에 급제하여 장연 현감과 경주 판관을 지냈으며 임진년에는 어가를 용만까지 호종했고, 아우 허전과 사촌 동생 허동(許銅)은 함께 의병을 일으켜 공을 세워 3등훈에 녹훈되었다. 현재 조례동 충렬사에는 허일·허곤·허경이 받은 선무원종공신녹권(宣武原從功臣錄卷)과 교지(教旨)가 보관되어 있다.

힐 때입니까? 옛 것을 새롭게 바꾸는 방도는 반드시 선택을 삼가야 할 것이니, 부디 재사를 수리한 여러 종친께서는 재사를 중건한 마음을 덕으로 삼고, 재사를 중건한 정성을 일로 삼는다면 일이 발전하는 것은 재사가 새로워지는 데에서 시작되지 않겠습니까?" 영씨가 말하기를 "그대의 말을 발판으로 삼아 옛 선업을 영원토록 지키고자 하니 그 방도는 무엇입니까?" 하기에, "옛 교훈에도 있으니, 선을 택하여 굳게 지키고 순일한 마음으로 하여 분리되지 않게 해야 합니다. 선조께서 간곡하게 훈계한 것은 다 이 재사에 들어 있습니다. 이곳에서 자주 모이고 이곳에서 일을 주관하며 이곳에서 선업을 닦으면 선조께서 오르내리며 반드시 이곳에서 흠향할 것입니다. 전(傳)에 이르기를 '제수가 향기로운 것이 아니요, 밝은 덕이 오직 향기로운 것이다.'[186]하였습니다." 하였다. 영씨가 말하기를, "우리가 대대로 지킬 것은 이곳에 있다." 하였다.

금관(金官) 1895년[187]병자년(1936년) 단양절(端陽節)에 족후손 성균관 박사 주(柱)는 삼가 기록한다.

세수재 중건상량문(世守齋重建上梁文)

능침(陵寢)의 제도는 옛날부터 있었으니 효사(孝思)의 법칙을 알 수 있고, 묘소와 제각(祭閣)은 구역 내에 서로 가까이 있으니 풍속의 아름다움을 징험할 수 있어 낭관이 봉직(奉直)하고 자손이 유지하는 것이다. 삼가 생각건대, 우리 세수재에는 훌륭한 인물들의 역사가 들어 있다. 참찬공(參贊公)의 학문은 일찍이 사림의 사종(師宗)이 되었고, 무안공(務安公)의 관직생활은 오래도록 구암(龜巖)이 지은 행장에 드러났으며, 노정공(蘆汀公)은 만년에 동강의 풍속을 사모하여 직접 한 줄 낚시줄을 노래하였

---

186) 전(傳)에 …… 것이다 : 《서경(書經)》 군진(君陳)에 "지극한 다스림은 향내가 풍기는 것 같아서 신명을 감동시키나니, 제수가 향기로운 것이 아니요, 밝은 덕이 오직 향기로운 것이다.[至治馨香 感于神明 黍稷非香 明德惟香]" 하였다.
187) 금관(金官) 1895년 : 금관가야(金官伽倻) 건국(42년)으로부터 1895년이 되는 해로 1936년을 이른다. 양천허씨는 금관가야의 시조 김수로왕의 왕후 허황옥(許黃玉)을 시조로 하기 때문에 이렇게 기록한 것이다.

다.[188] 강호공(江湖公)은 일찍 모재(慕齋)의 문하에 들어가니 사람들이 고제라 불렀고, 웅천공(熊川公)의 금장(金章)은 이미 밝으신 성상께서 드러내었으며, 경주공(慶州公)이 어가를 호위한 사적은 충의록(忠義錄)에 실려 있다. 대대로 이곳에 장사지냈으니 누군들 듣지 않았다고 해서 가슴 아프지 않겠으며, 여기에서 선조를 추모하니 모두들 직접 본 듯 놀라지 않은 이가 없다. 손꼽아 세덕(世德)을 헤아리니 한결같이 망족(望族)이라는 혁혁한 명성이 있고, 명당을 물어보니 거듭 청오자(靑鳥子)[189]의 경술에 딱 들어맞았다.

승평의 우리 종족은 비단 사은(四隱)에 들었을 뿐만이 아니다. 재궁이 빙 둘러있는 곳은 모두 누대의 묘소로 변하였고, 명현이 배출되어 대대로 문장과 덕업을 추앙하였으며, 벼슬아치들이 계속 나와 사람들은 명당(明堂)이니 복강(福岡)이니 하며 칭송하였다. 춘추로 제사를 지냄에 정성과 공경이 가득 넘쳐나는 것은 언제나 재소(齋所)를 말미암았고, 서리와 이슬이 향기롭고 의물(儀物)이 정숙한 것은 반드시 신주(神廚)로부터 비롯되었다.

어느새 시간이 흘러 담장과 집은 무너지고 눈과 비를 맞아 동량도 썩어 넘어졌다. 옛 것을 새롭게 고치는 것은 응당 오래갈 수 있는 좋은 계책이고, 선조를 이어 후세에 물려주는 것은 바로 조상의 일을 계승하는 아름다운 계책이다. 이 때문에 노소간에 화합하여 집안일처럼 재물을 각출하였으며 정교하게 일을 하고 목재를 좋은 것으로 써서 부끄러움이 없었다. 붉은 용마루와 푸른 기와는 크고 으리으리하며, 겹겹이 쌓은 지붕과 층

---

188) 노정공 …… 노래하였다 : 예로부터 "동강의 낚싯줄 하나가 한나라의 구정을 붙들어 매었다.[桐江一絲繫 漢九鼎]"라는 말이 전해 온다. 후한 광무제(後漢光武帝)의 절친한 친구인 엄광(嚴光)이 높은 벼슬을 주려는 광무제의 호의를 거절하고 부춘산(富春山)에 들어가 숨어 살며 동강에서 낚시로 소일한 고사가 유명한데, 이것이 결과적으로 선비들의 기개를 높여 주어 후한의 국운을 유지하게 했다는 말이다. 《後漢書 卷83 逸民列傳 嚴光》 구정(九鼎)은 하우씨(夏禹氏)가 구주(九州)의 쇠붙이를 모아 주조했다는 솥을 말하는데, 하(夏)·은(殷)·주(周) 시대를 전해 내려오면서 천하를 차지한 제왕 혹은 왕조의 정통성을 상징하는 보배로 여겨져 왔다. 《史記 卷12 武帝紀》

189) 청오자(靑鳥子) : 청오자는 전설상의 술사(術士)로, 전하여 청오술은 풍수지리(風水地理)를 보는 술법을 가리킨다.

층의 처마는 화려하고 날아가는 듯하였다. 연꽃 핀 못의 경치도 한층 빛을 더하였으며, 갈치(葛峙)의 산천은 옛날에 비해 더욱 새로워졌다. 징와(澄窩)[190]의 원운(原韻)[191]을 다시 읊조리니 음률이 박자에 맞으며, 소와(素窩)의 〈세수재기〉[192]를 되풀이해서 읽으니 입이 벌어져 향기가 난다. 재계하고 깨끗이 하여 복장을 갖춰 입으니 어질고 효성스런 마음이 뭉게뭉게 일어나고, 흠향하는 가운데 서글프니[焄蒿悽愴][193] 감격스런 마음이 송연히 절로 생겨난다. 울창주를 받드는 뜻이 어찌 한갓 지난날보다 새로울 뿐이겠으며, 수리한 재사 또한 영원토록 이어질 것이다. 비록 땔나무를 하거나 짐승을 기르거나 무뢰배들일지라도 경외하는 마음이 일어 감히 기와를 치지 못할 것이며, 비록 어리석은 백성들이나 한량일지라도 이곳에 오르거나 모여 감히 더럽히지는 못할 것이다. 이에 붉은 명협(蓂莢)[194]에 점을 쳐서 상량문[樑頌]을 짓고, 파창(巴唱)[195]을 도와 천지신께 축원한다.

---

190) 징와(澄窩) : 허굉(許硡, 1471~1529)을 말한다. 허굉의 자는 굉지(硡之)이고, 호는 징와(澄窩)이다. 1492년(성종23) 사마시에서 진사가 되었고 1503년(연산군9)에 별시 문과에 급제하였다. 중종 때에 삼사(三司)의 청현직을 두루 거쳐 대사성, 대사간, 대사헌, 평안도 관찰사, 경기 관찰사, 함경도 관찰사, 예조 판서, 이조 판서, 우찬성 등을 역임하였다. 1518년(중종13)에는 진위사(陳慰使)로 북경을 다녀오면서 《역대통감찬요(歷代通鑑纂要)》를 사왔으며, 1528년에는 평안도 순변사(平安道巡邊使)가 되어 야인(野人)을 정벌하였다.
191) 징와(澄窩)의 원운(原韻) : 허굉이 지은 〈세수재의 시운에 삼가 차운하다[謹次世守齋韻]〉 시를 말하는 듯하다. 《양천세고(陽川世稿)》에 실려 있다.
192) 소와(素窩)의 세수재기 : 허찬(許巑, 1850~1932)이 지은 것으로 앞에 보인다. 허찬의 자는 태견(泰見), 호는 소와(素窩), 본관은 양천(陽川)이다. 경상남도 의령군 대의면 중촌(中村)의 모의리(慕義里)에서 살았다. 아버지는 허우(許佑), 성재(性齋) 허전(許傳, 1797~1886)의 문인이다. 만성 박치복·단계 김인섭·후산 허유와 같은 선배를 따라 학문을 연마하였고, 학산 박상태·약천 김진호·회당 장석영·소눌 노상직 등과 교유하였다. 저서로는 《소와집》이 있다.
193) 훈호처창(焄蒿悽愴) : 훈호는 제사(祭祀) 때에 제품(祭品) 등에서 나는 향취(香臭)가 올라가 신령(神靈)과 접하는 기(氣)를 뜻하는 말이고, 처창은 돌아가신 분을 추모하여 마음이 슬퍼지는 것을 말한다. 《禮記 祭義》
194) 명협(蓂莢) : 중국 요(堯) 임금 때 났었다는 전설상의 상서로운 풀이다. 초하루부터 보름까지 하루에 한 잎씩 돋아났다가 열엿새부터 그믐까지 하루에 한 잎씩 떨어지며, 작은달에는 마지막 한 잎이 시들기만 하고 떨어지지 않았다고 한다. 달력풀 또는 책력풀이라고도 한다.
195) 파창(巴唱) : 초(楚)나라의 민간에서 유행하던 파리(巴里)라는 곡명(曲名)을 말하는데, 일반적으로 세속적인 음악을 뜻한다. 《문선(文選)》 〈송옥대초왕문(宋玉對楚王問)〉에 "어떤 사람이 영중(郢中)을 지나다가 하리파인(下里巴人)을 부르니 화답한 자가 수천 명이고, 양아해로(陽阿薤路)를 부르니 화답한 자가 수백 명이고, 양춘백설(陽春白雪)을 부르니 화답한 자가 수십 명을 넘지 못했다."는 내용이 있다.

어영차 들보 들어 동쪽을 바라보니　　　　　　　兒郎偉抛樑東
동쪽 바다의 상서로운 해는 가장 먼저 붉다네　　扶桑瑞日最先紅
금관가야의 일파가 양천으로 흐르니　　　　　　金官一派陽川注
허황후의 인자함은 자손들도 똑같다네　　　　　許后仁慈子姓同

어영차 들보 들어 남쪽을 바라보니　　　　　　　兒郎偉抛樑南
앵무산은 푸르고 붕새의 바다는 쪽빛이네　　　　鸚鵡山靑鵬海藍
제사가 매우 밝으니 추모하는 효성이고　　　　　祀事孔明追孝思
바다와 산을 가리키니 그리움을 머금었네　　　　指言瀛岳遠情含

어영차 들보 들어 서쪽을 바라보니　　　　　　　兒郎偉抛樑西
난봉산[196]빛에 하늘은 반으로 갈라지네　　　　　鸞鳳山光天半齊
한식과 중양의 명절에 제사 지내니　　　　　　　寒食重陽名節祭
의관 입은 선비들 성대하게 모이네　　　　　　　衣冠濟濟鍾乘奎

어영차 들보 들어 북쪽을 바라보니　　　　　　　兒郎偉抛樑北
일찍이 성은 입어 북극을 바라보네　　　　　　　曾被聖恩天北極
크게 송경의 선리[197]터를 드러내니　　　　　　　大著松京仙李墟
천세토록 집안을 보존하고 나라를 걱정하네　　　保家憂國孫千億

어영차 들보 들어 위를 바라보니　　　　　　　　兒郎偉抛樑上
울창한 저 웅봉은 조상의 모습이네　　　　　　　蔚彼鷹峰乃祖像
멀리 정령이 오르내리는 것을 바라보니　　　　　遙望精靈陟降邊
흰구름과 밝은 달은 부질없이 반응 없네　　　　　白雲明月空無響

어영차 들보 들어 아래를 바라보니　　　　　　　兒郎偉抛樑下
뽕과 삼나무에 우로 내려 평야를 덮네　　　　　　桑麻雨露垂平野
쌀과 기장은 매년 풍년이 드니　　　　　　　　　稻粱黍稷每登年
만세토록 후손들은 제사를 지내리라　　　　　　　萬世來孫傾玉牢

---

196) 난봉산(鸞鳳山) : 전라도 순천부 서쪽 4리에 있는 산이다.《新增東國輿地勝覽 卷40 全羅道 順天都護府 山川》
197) 선리(仙李) : 이씨(李氏) 성을 지닌 걸출한 인물을 가리키는 말이다. 노자(老子)가 이수(李樹) 아래에서 태어
　　나서 성을 이(李)로 했다는 전설이 있는데, 당나라 왕실에서 노자의 후손이라고 자처하였으므로 그 종족을
　　선리라고 지칭한 데에서 유래하였다. 참고로 두보의 시에 "선리의 서린 뿌리 크기도 하여, 걸출한 후손들
　　대대로 빛났어라.[仙李蟠根大 猗蘭奕葉光]"라는 구절이 있다.《杜少陵詩集 卷2 冬日洛城北謁玄元皇帝廟》

삼가 바라건대, 상량(上樑)한 뒤에는 대대로 도학(道學)과 문장(文章)이 있고, 집집마다 충효(忠孝)와 의열(義烈)이 있게 하소서. 제사지내는 정성이 기봉(基峰)처럼 쌓이고 친족간의 우의가 연못처럼 깊어지게 하소서. 후손들은 갈수록 창대해지고 제사음식은 더욱 풍성하고 정결하게 하소서.

을해년(1935년) 중추일에 13세손 영(永)은 삼가 짓고, 경(逕)은 손을 씻고 삼가 쓴다.

여재문기(如在門記)

"제사를 지낼 적에는 선조가 계신 듯이 하였다.[祭如在]"[198]는 말은 공자님의 말씀이니, '여재'로 편액 한 것은 바로 양천허씨 승평족의 제각문(祭閣門)이다. 이 문을 '여재'라 한 것은 실로 명칭을 바르게 한 것이다. 명칭이 바르면 이치가 순하고, 이치가 순하면 일이 이루어지는 것은 옛날이나 지금이나 국가에서 통용되는 법이다. 제각은 바로 재궁동(齋宮洞)의 세수재이다. 재사를 처음 창건했을 때에는 그 제도가 오래되어 몇 칸 띠집에 밖은 낮고 안은 널찍하였지만 바깥문과 담장도 다 갖추지 못하였다. 지금 재사가 무너짐으로 인해 중건하게 되었는데 후손들이 창고에 있는 재물을 다 내고 일꾼들이 승묵(繩墨)의 제도를 철저하게 따라 공사를 마쳤다. 기와와 용마루, 돌계단, 따뜻한 방과 시원한 정자는 귀신과 사람이 모두 편안함을 얻었으니, 한 집안이 10대를 내려오며 이룬 성대한 일이다. 후각옹(後覺翁) 영(永)씨, 활(濶), 계(銈), 순(洵), 주(洲) 등 여러 분과 영재(英齋) 경(逕)군이 모두 고심하여 완성하였다.

문과 담의 경우는 힘을 다 써서 이곳을 어떻게 해야할 지에 대한 생각이 무궁하였는데, 철(鐵)씨가 은(殷)군과 함께 특별히 근본에 보답하는 성의를 드러내었고, 또 여러 어른들이 고심하며 선조에게 독실히 하는 것에

---

198) 제사를 …… 하였다 : 《논어(論語)》 팔일(八佾)에 나온다.

보고 느낀 바가 간절하여 자발적으로 집안의 재산 천백 금을 내놓았다. 먼저 문 만드는 비용을 부담하고 다음으로 담장 비용을 부담하여 담장과 문이 완성되니, 제각이 위엄 있게 가운데에 있어 사람들로 하여금 그것을 우러르면 공경심을 일으키게 하였다. 해마다 선조를 제사지내는 날 양양(洋洋)한 정령이 반드시 이 문과 담장을 지나 제물의 오른쪽에 임하실 것이다. 이것으로 본다면 제각에 없을 수 없는 것은 문과 담장이다. 제각이 몸통이라면 문과 담장은 사지이니, 어찌 사지가 없는데 몸통이 완전한 자가 있겠는가? 제각의 전체가 구비되었으니, 처음부터 끝까지 이 일을 주관한 자는 진(津)군이다. 아, 두 사람의 노고는 실로 어진 일에 대해서는 따지지 않는다는 의로움에서 나온 것이니 훌륭하고 훌륭하도다.

이 제각의 문과 담장은 실로 허씨 문중을 영원토록 보호할 것이다. 후각옹과 영재군이 나에게 다음과 같이 부탁하였다. "재각에 대해서는 이미 전후로 충분히 기술하여 세수(世守)의 의미를 분명하게 드러내었습니다. 비용을 부담하여 문과 담장을 짓는 위대한 일이 완성되었으니, 진실로 드러내지 않을 수 없습니다. 부디 그대가 문미(門楣)에 드러내어 우리 문중에서 대대로 전할 본보기로 삼게 해 주십시오." 내가 듣고 일어나 말하였다. "이러한 일이 있다니, 고명한 문중의 선업이 열렬히 크게 이어질 것입니다. 만약 여러분의 정성과 노력이 들어가지 않았더라면 재각의 중건이 어찌 이처럼 완전하게 아름다울 수 있겠으며, 두 사람의 비용 부담이 이렇게까지 온전하게 아름다울 수 있겠습니까? 아, 이 집안에서 선조를 후하게 대하는 법은 진실로 다른 종족에게 모범적인 문중이 될 만합니다. 너무도 감탄스러워 글솜씨가 없다는 이유로 사양하지 않고 삼가 이것을 기술하겠습니다." 또 옛말을 가지고 고하기를, "효도하고 공경하는 후손은 창대하게 마련입니다. 허씨문중 전체는 매번 선조를 제사하는 날 삼가 함께 공자님의 가르침을 받아 반드시 선조가 그곳에 계신 듯이 공경을 다해 제사를 지내 이 문과 담장 안에서 선조를 추모하는 효성과 공경을 지극히 한다면 그 후손은 더욱 창대해 질 것이고, 집집마다 반드시 높고 큰 문중이 될 것입니다. 어찌 근본에 충분히 보답하는데 후손들이 풍족하지 않을 수 있겠습니까? 이치가 순하면 일이 완성되리니, 이 이름이 이 문에 걸맞다는 것을 징험할 수 있을 것입니다."

병자년(1936년) 단양절(端陽節)에 옥천(玉川) 조병관(趙炳寬)은 삼가 짓는다.

반구정기 (伴鷗亭記)

나는 갈매기가 아니다. 갈매기도 내가 아니다. 갈매기가 어찌 나를 따르고 내가 어찌 갈매기를 따르겠는가?

옛날 내가 관직 생활을 하던 날에 백마(白馬)에 푸르게 덮어씌우고 꾀꼬리와 꽃 봄과 함께 했었다. 다만 원반(鵷斑)에서 높은 자리를 차지할 것만 생각하고 연파(烟波)의 맑은 강에 배 띄우고 놀며 스스로 즐기는 자가 누가 있었는지 몰랐다.

갈매기 또한 망기(忘機)하고 강호(江湖)에서 여뀌풀에 뜬 달(蓼月), 물풀에 부는 바람, 오리, 해오라기와 동맹(同盟)하고 서로 바라며 어주자(漁舟子)가 취하면 적응하고 나 같은 낙교(洛橋)의 청운객(靑雲客)을 비웃었다. 마치 문득 명예가 손상되는 것 같아 발걸음 또한 이처럼 가까이 할 줄 몰랐다. 그 물 억새에 어찌 서로 찾는 정과 인연이 있었겠는가? 그런 까닭에 갈매기가 나를 모르고 나도 갈매기를 몰랐다.

아, 흐르는 광음(光陰)은 머물지 않아 흰머리가 점차 자라고 닭을 잡는데도 재주는 부족했고 순풍에 나는 기러기를 쳐다보기가 어려웠다.

그런데 이제 심양(潯陽)의 권조(倦鳥)와 동강(東江)의 원안(遠雁)과 같이 날아 해양(海鄕)으로 돌아왔다. 곧 호남의 승평주(昇平州) 옥계리(玉溪

里)다. 그래서 계곡의 동쪽 옥천가에 작은 정자를 짓고 쉬는 장소로 삼았다. 공사(匠師)의 일은 체제를 완비하지 못했을지라도 조망하는 승경(勝景)은 남당(楠堂)의 악루(岳樓)에 올라 보는 것과 비슷함이 있을 것같다. 소객(騷客), 낚시하는 늙은이, 바둑 벗들이 청치(淸致)를 부러워한다. 그러나 다만 맑은 아침과 달뜨는 저녁에 뜻밖에 노래하고 청탁(淸濁)을 절로 취하며 한 굽이에서 푸른 물결을 어루만지고 스스로 즐거워하노라면 쌍쌍이 백로(白鳥)가 중류(中流)에 떠서 스쳐지나간다.

나는 노를 젓는다. 그런데 날아 모였다. 처음에 나를 비웃고 나를 놀리는 모양같았으나 도리어 나에게 친근하고 나에게 가까이 하는 정의(情意)가 있었다. 나는 이에 갈대 속으로 가서 옆에 있는 바위를 잡고 일어나 머물며 어옹(漁翁)에게 손들어 가리키고 물었다.

"저것이 무슨 새요?"

라고, 어옹은 곧 빙그레 웃으면서

"그대는 본래 홍진(紅塵)의 나그네인데 어찌 이 강호에 맑음을 벗하고 달을 벗하며 청한(淸閒)을 관령(管領)하는 백구(白鷗)를 알겠는가!"

라고 했다.

나 또한 와서 청한(淸閒)한 정취(情趣)를 차지한 것에 겨워 작약(雀躍)하며 맹서할 결심했다. 갈매기 또한 나를 멀리 버리지 않고 아침저녁에 여기서 살며 더욱 도탑게 서로 친하고 서로 가까이 사귀었다. 이 청한(淸閒)을 이 강호에서 한 평생같이 하리라 약속하고 맹세하였다. 또 두가지를 취할 것이 있다. 그 흰 것으로 하얗게 내 마음을 씻고자함이며 가슴에 얽히고 막힌 속루(俗累)를 그들과 더불어 같이 깨끗이 함이다. 이어 그들이 날아갔다가 날아오고 절로 잠기고 절로 뜬것처럼. 내 세로(世路)에 얽힌 것에서 벗어나고자 한 것이다. 여기서 임의로 그들과 더불면 갈매기는 곧 나를 가까이하고 나는 곧 갈매기를 가까이하며 어기지 않고 서로 따랐다. 반구(伴鷗)라고 내 정자를 이름하였다. 그리고 스스로 그 이름과 정자의 뜻을 기록한다.

　주옹(主翁) 허희인(許希仁) 기록하다.

반구정중건기(伴鷗亭重建記)

　승평의 산수(山水)는 옥계(玉溪)가 가장 뛰어나다. 옥계의 동쪽 10리쯤 해촌방(海村坊)에 큰 못이 있고 못 가에 반구정(伴鷗亭)이 있다. 정자는 곧 고(故) 무안현감(務安縣監) 허공(許公)이 장수(藏修)하던 곳이다. 그리고 이어 자호(自號) 호로 삼았다.

　공은 무예로 발신(發身)하였으나 선비의 기상(氣象)이 잇어서 문아(文雅)와 염근(廉謹)을 좋아하고 스스로 지켰다. 일찍이 명예를 자랑하고 벼슬살이를 잘했다고 자랑한 적이 없었다. 그래서 옛날 순리(循吏)의 풍모가 있었다. 임기가 차지 않았는데 문득 병을 핑계로 물러나 귀거래사를 읊고 갈매기, 해오라기와 서로 잊고 강호에서 노년을 즐겼다. 성도(性度)가 관한(寬閒)하고 흉차(胸次)가 뇌락(磊落)해 백세지하(百世之下)의 맑은 바람처럼 시원했다.

　구암(龜巖) 선생 정(楨)이 행장(行狀)을 지었는데 그 효염(孝廉)을 매우 칭찬했다. 또 시를 화답함이 아름다웠다. 이것은 천고(千古)에 아름다운 일이라고 탄복했다.

　공의 후손 영(永)이 여러 종친의 명령을 받고 몇 백리를 걸어와서 정자 중건기문(重建記文)을 내게 부탁하며 아뢰었다.

　"저 임진병선(壬辰兵燹) 뒤로 자손이 흩어져서 옛 정자가 마침내 무너지고 밭갈이하는 땅으로 버려 둔지가 몇 백년입니다. 또 못둑이 큰물에 무너져서 모래가 메우고 돌이 쌓인 지가 이제 60여년이나 됩니다. 그런데 더구나 자손의 마음은 대대로 없어질까 우울해하였으니 돌이켜보면 어떠하겠습니까? 비로소 지난해 봄에 둑을 개축(改築)하고 저수지를 복구하고 그 가에 재실을 세웠습니다. 그것이 사치스럽지 않고 겨울에 따뜻하고 여름에 서늘합니다. 마루에 기대고 사방을 바라보면 기이한 모습이 모두 나타납니다. 봄마다 온화하고 길이 평화스럽습니다. 백구(白鷗)가 날아 모이므로 우리 조상의 초연함을 상상할 수 있습니다. 유물(遺物)이 포개져서 즐겁습니다. 여기서 만족스럽게 수명을 양생하고 궁년(窮年)할 수 있을 것입니다."

라고 했다. 나는 일어나며

"훌륭하구나! 자네가 계술(繼述)함이……. 이것은 여러 대에도 자네의 몸에 이르지 못할 것이며 훌륭한 일을 했으니 우리 종친이 아직도 창백하지 않음을 알아낼 수 있다.

아, 그대가 돌아가거든 모름지기 내 말을 여러 종친에게 권하게나."

하고 말했다. 고금이 다르더라도 갈매기를 벗하는 것은 한결같다. 이 정자에 오른 사람은 각기 선조가 효렴(孝廉)한 것을 마음 삼아야 한다. 그런 뒤에 갈매기와 못을 벗할 수 있다. 만약 안개 낀 아침이나 달 뜬 저녁 단지 일섭(日涉)하는 정취만 이루고 광음을 가지고 논다면 갈매기는 반드시 어울려 벗하지 않을 것이다. 어찌 더불어 경계하지 아니하랴? 이것으로 기문을 삼는다.

소와(素窩) 허찬(許纘) 기록하다.

육충각기(六忠閣記)

오호라, 임진년의 난리에 대해 어찌 차마 말을 할 수 있겠는가? 충신(忠臣)과 열사(烈士)가 끊임없이 나왔으니, 당시 통훈대부(通訓大夫) 웅천현감(熊川縣監) 증 형조참의 허공(許公) 일(鎰)과 같은 분도 그 중의 한 분이시다. 공은 젊어서부터 큰 뜻과 뚝심도 있고 남들보다도 매우 뛰어났다.

이 충무공(李忠武公)을 따라 진영(陣營)을 나누어 싸워 연승하였고, 또 김건재(金健齋)의 막하(幕下)에 달려가 진양성(晉陽城)을 지키며 굴복하지 않다가 전사하였다. 그 아들 증(增)과 원(垣), 곤(坤), 은(垠), 탄(坦)이 남은 병사를 수습하여 한산(閑山)에 이르러 여러 번 공을 세우고는 힘이 다해 전사하였다. 부자가 모두 선무훈(宣武勳)에 녹훈되었는데 옷만 가지고 장례를 치루고 단(壇)에서만 제사를 지낼 뿐이다. 백세가 지난 뒤에 그 곳을 지나면서 공경을 표하지 않는 사람이 없지만 겨를이 없어 제사를 지내지 못한 지도 오래되었다.

근년(近年)에 송사(松沙) 기우만(奇宇萬) 공이 제단의 비명(碑銘)을 지었는데 그 글이 너무도 훌륭하였다. 단 아래에 여섯 충신을 제사지내는 제각이 있는데 제각의 기문을 아직까지 쓰지 못하여 못난 나에게 기문을 청하니 내 어찌 감히 쓰겠는가. 더구나 공과 같은 분이야 말할 것이 있겠는가. 역사에서 마땅히 전해야 할 분이신데 또 어찌 군더더기 말을 덧붙이겠는가. 근래 승평 자은리(自隱里)에 제각을 지었는데 제각에 어찌 기문이 없을 수 있겠는가. 그 일을 주간한 자는 공의 후손인 방(枋), 책(策), 엽(燁)이고, 섭(燮)이 주창하였다. 일을 감독한 자는 당(鐺), 윤(鈗), 윤(潤), 석(錫), 경(鏡)이니 방계 후손이다.

기미년 5월 하지에 해평(海平) 윤영구(尹寧求)는 삼가 기록한다

영사헌사적기(永思軒事蹟記)

봉산(鳳山) 북쪽에 육충단(六忠壇)과 육충각(六忠閣)과 영사헌(永思軒)이 있는데 어째서인가? 양천허씨가 그 조상인 고 절사(節士) 웅천공(熊川公) 부자를 제사지내기 위해 이것을 만든 것이지만 예에는 없는 것이다. 비록 의(義)로 봉기했다고는 하나 지역 내 사대부 집에 왕왕 그것을 행한 자가 있었던 것으로 볼 때 지금 근거가 없다고 말할 수도 없다. 그러나 후손들이 적고 가난하여 근세에 이르러서야 이것을 지었으니 또한 늦었다

고 하겠다. 아, 우리 왕조가 겪은 임진왜란은 진실로 충신과 의사들이 몸을 돌아보지 않고 나라에 보답한 때이다. 그러나 진양(晉陽)이 화를 입은 것은 어찌 그리도 참혹하단 말인가? 지금까지도 촉석루(矗石樓)를 지나는 자라면 누군들 흐르는 눈물을 닦지 않겠는가?

우리 허공은 바로 동시대에 절개를 위해 죽은 이들 중 한 사람으로 휘는 일(鎰)이다. 말타기와 활쏘기를 잘했으며, 이 충무공(李忠武公)이 깊이 신임하던 사람이다. 이때에 공은 웅천 현감(熊川縣監)을 맡았고, 충무공은 호남 좌수사(湖南左水使)로 바다 위에서 기미를 살펴 적진을 뚫고 성원하며 서로 밀접하게 연결되었다. 아들 주부(主簿) 탄(坦)과 판관(判官) 곤(坤)을 보내 충무공의 막하에서 부리게 하면서 무슨 일이든 몸 사리지 말라고 이르니, 그들이 계획을 도운 바가 많았다. 그 때문에 《충무공전서》에는 종종 웅천 현감 허 아무개가 적의 실정을 탐지하고 왔다는 내용이 실려 있다. 이때부터 계사년(1593년)에 이르는 동안 여러 의장들이 진양을 지켰다. 공은 웅천 현감으로 왜적의 대거 공격을 받아 외로운 성을 지키지 못하고 약간의 군졸들을 끌고 경력(經歷)인 증(增)과 탄(坦), 은(垠) 세 아들을 데리고 곧장 진양으로 달려가니, 김 창의(金倡義) 이하 의지 하지 않은 이가 없었다. 이에 날마다 성을 순찰하였는데 적이 개미처럼 성에 붙어 있는 것을 보고는 매번 화살을 쏘아 번번이 적을 명중시켜 조금 저지시켰다. 성이 함락되자 부자는 함께 목숨을 바쳤다. 이로부터 주부와 판관 형제는 더욱 더 애통해하며 국가의 원수를 갚기로 맹세를 하였다. 이 충무공을 따라 견내양(見乃洋)과 한산양(閑山洋) 사이에서 여러 차례 전투를 하여 죽이거나 포획한 자가 비록 많았지만 결국에는 목숨을 잃었으니 이 충무공이 슬퍼하기를 그만두지 않았다.

아, 하늘은 바른 기운을 허씨 일문에 편중되게 모아준 것인가? 한(漢)나라 제갈(諸葛)이나 진(晉) 나라 변량(卞兩)에 비교해도 굳이 많이 양보

하지는 않을 것이다. 이 때문에 녹훈되고 증직되는 은전과 창렬사(彰烈祠)에 배향하자는 공론이 앞다투어 거듭 나오니 구천에 있는 충성스런 혼령을 위로하기에 충분하였다. 다만 당시 복수를 맹세한 사람은 없고 의리(衣履)와 함께 오래도록 전해지지 못하니, 후손들의 백세의 통한이 어떠하겠는가. 판관의 10대손인 방(枋)이 가난하게 살다가 살림이 조금 여유가 생기자 개연히 이것으로 선조의 유업을 계승하는 첫 번째 일로 삼았다. 종족들과 의논하니 당(鐺), 윤(鈗), 영(永)씨가 재물을 직접 내놓았다. 정사년(1917년) 집을 완성한 뒤에 단을 설치하고 비석을 세우니 모두 6위(位)이다. 기미년(1919년)에 단 아래에 네 개의 기둥으로 된 재사를 짓고 또 별도로 제전(祭田)을 만드니 모두 세 마지기의 땅이었다. 모두 오래도록 이어지기를 바라는 염려에서 만든 것이다. 그 동안 재물을 쓴 내역을 따진다면 거의 수만 냥이었을 것이다. 평소 조상을 추모하는 마음이 독실한 자가 아니라면 어찌 이렇게 할 수 있었겠는가. 나는 허씨의 선조 영령이 반드시 "나에게 훌륭한 후손이 있으니 바로 여기에 있다네"라고 할 것임을 알겠다.

내가 일찍이 그 단에 공경을 표하고 그 집에 묵으며 주인과 많은 이야기를 나누었던 적이 있다. 저승과 이승이 홀연 갈리고 묘소의 풀은 이미 오래되었으니, 바람 앞의 등불처럼 인사는 이와 같은 것이다. 그의 묘군(卯君)[199] 책(策)이 눈물을 흘리며 그 일을 말하고, "망형이 여기에 마음과 힘을 다 기울였으니, 부디 기록하여 주십시오."라고 하기에, 내가 전말을 기술하니 또한 산 자와 죽은 자에 대한 슬픔이 없을 수 없다.

저옹(著雍) 집서(執徐)[200] 곡우절(穀雨節)에 옥천 조인석(趙寅錫)은 삼가 쓴다.

---

199) 묘군(卯君) : 훌륭한 아우를 뜻하는 말이다. 송나라 소식(蘇軾)이 그의 아우인 소철(蘇轍)이 묘년(卯年)에 출생했다 하여 소철을 묘군이라고 불렀는데, 소철 역시 문장으로 이름이 났다.
200) 저옹(著雍) 집서(執徐) : 저옹은 천간(天干) 무(戊)의 고갑자(古甲子)이고, 집서는 지지(地支) 진(辰)의 고갑자이다. 즉, 무진년을 말한다.

운암서실기(雲巖書室記)

욕천(浴川)의 남쪽에 교사산(校師山)이 있는데 땅은 비옥하고 샘은 달아서 밭갈 만하고 책을 읽을 만하였다. 내가 승평에서 이곳으로 와서 띠집을 지은 뒤로 비로소 마을이 생겼다. 마을 이름을 여운(如雲)이라고 한 것은 나의 표류하는 인생이 구름처럼 정처 없기 때문이고 집을 운암(雲巖)이라고 한 것은 그 지명을 따라 편액했기 때문이다. 아, 선비가 벼슬을 얻지 못하면 산림이나 교외로 나갈 뿐이니 즐거운 마음으로 자리를 잡은 것이 아니기 때문에 때로 은거할 수 있으며 의(義)에 따라 처신할 수 있고 몸을 보존할 수 있는 것이다. 적막하고 넓고 그윽한 물가가 거기에 해당할 만하다. 그러나 다만 나무해서 밥짓고 시냇물을 마시며 그 안에서 일삼는 바가 없이 깨끗하게 품성을 유지하는 자는 있지만 도를 행하고 시대를 구제할 만한 이는 없다. 만약 그 사람으로 하여금 다행히 뜻을 얻게 할 수 있다면 또만 무엇을 하겠는가? 내가 그 사람이 아니니 어찌 감당하겠는가. 다만 구름이라는 것이 생겨날 때에는 매우 은미하고 모여지면 패연히 비를 내려 만물을 윤택하게 이루어준다. 바위는 서 있으면 높고 커서 땅에 솟아 있는 모습이 웅장하다. 추위와 더위에도 줄지 않고 바람과 비조차도 닳게 하지 않아 수백 년이 지나도 그 곧음을 바꾸지 않으니 이것이 그 이름을 취한 이유이다. 이에 기문을 쓴다.

병자년(1936년) 3월 상순에 운암옹(雲巖翁) 식(植)은 기록한다.

만각재기(晚覺齋記)

적선(謫仙)의 시에 "지인(至人)은 빛을 숨기는 것을 귀히 여긴다."[201]고

---

201) 지인(至人)은 …… 여긴다 : 《이태백집(李太白集)》 권5, 〈목욕자(沐浴子)〉에 "향초 물에 머리감고 모자 털지 말고 난초 물에 목욕하고 옷 털지 말라. 세상살이는 지나치게 결벽함을 싫어하고 지인은 빛을 숨김을 귀하게 여기네. 창랑에는 고기 잡는 늙은이가 있으니 나는 그와 함께 돌아가리.[沐芳莫彈冠 浴蘭莫振衣 處世忌太潔 至人貴藏暉 滄浪有釣叟 吾與爾同歸]"라 하였다. 지인(至人)은 궁극적 초탈의 경지에 도달하여 나 아닌 일체의 외부세계와 조화를 이루며 살 수 있는 사람을 말한다. 이러한 사람은 자아의 집착이 없기 때문에 명예가 필요하지 않다. 《장자(莊子)》 〈소요유(逍遙遊)〉에 "지인은 자기가 없고, 신인은 공이 없고, 성인은

말하지 않았던가? 이른바 지인이란 진실로 나 같은 사람이 법으로 삼을 수 있는 바가 아닌데도 오히려 이것으로 인해 깨달음이 있게 된 것은 어째서인가? 나의 병통은 여러 가지인데 고집스러운 것이 그 하나이고 강강(剛强)한 것이 다른 하나이다. 자신의 의견을 지키되 하나를 고집하고 바꾸지 않는다. 나라에 이미 쓰일 만한 재주가 없고 세상에 또 부합될 만한 성품이 없으니, 과거급제자의 명성을 무릅쓰고 출세하고자 하는 것이 어찌 초년의 망령된 계획이 아니겠는가. 이에 궁호(弓湖) 가 대숲 아래에 작은 집을 짓고 조그만 연못을 파서 붉고 흰 연꽃을 심고 낮게 둑을 쌓아 다양한 꽃들을 심었다. 두 아우와 우애 있게 지내며 두세 아들 손자와 그 속에서 독서를 권면하기도 하고 산보하기도 하며 낚싯대를 지고 고기 잡는 것은 봄과 여름의 흥취이다. 어깨에 매를 달고 사냥을 하는 것은 가을과 겨울의 즐거움이다. 어느덧 세월이 흘러 장차 세상을 하직할 때가 되었으니 이 사람의 즐거움이 이보다 더한 것이 없다. 이에 '만각(晩覺)' 두 글자를 편액으로 걸어 기문을 쓰고 이어 시를 쓴다.

재주도 덕도 없어 세상이 버리니	才德俱無世所棄
이곳에 먼저 자리 잡아 별장 만들었네	續來先卜自成庄
그윽한 대나무 둑에 맑은 바람 불고	幽情竹塢淸風到
한가한 연당에는 예쁜 달이 비치네	閒趣蓮塘好月揚
시렁 위 푸른 매 위태롭게 쳐다보니	架上蒼鷹睍崒崒
백척간두에 백발이 양양하게 비치네	竿頭白髮映洋洋
평생의 분수와 소원 이만하면 충분하니	平生分願於斯足
쇠약하고 게으른 몸 버려진들 어떠하리	何恨衰慵捨以藏

만각옹(晩覺翁) 엽(僕)은 기록한다.

명예가 없다.[至人無己, 神人無功, 聖人無名.]"라고 하였다.

만각재기(晩覺齋記)

호남(湖南)에 승평부(昇平府)가 있고 승평부 북쪽에 궁호장(弓湖庄)이 있고 궁호장 남쪽에 만각재(晩覺齋)가 있다. 만각재는 바로 고(故) 부호군(副護軍) 허공(許公) 엽(僕)이 지은 것이다. 공은 양천세가(陽川世家)로 자는 사혁(士奕)이다. 영종(英宗) 을묘년(영조 11, 1735년)에 무과에 급제하여 선전관에 제수되고 주부(主簿)에 서용되었다. 공의 넓은 기량과 강직한 기개는 이러한 밝은 시대에 장차 크게 쓰여질 듯하여 사람들의 기대가 날로 무거워졌다. 그러나 성품이 고집스러운 점이 많고 기개가 지나치게 강하여 도리어 사람들을 포용하지 못하고 한갓 당시 사람들에게 외면당할 수 있을 것이라 스스로 염려하여 출세하는 것에 마음을 두지 않고 오직 옛 사람이 읊던 "지인은 빛을 숨기는 것을 귀히 여긴다.[至人貴藏輝]"의 시를 평생 지켜야 할 것으로 삼았다. 영화로운 벼슬에 나아가는 데에서 몸을 움츠리고 산림으로 자취를 감추니 이 재사에 '만각'이란 편액을 한 이유이다.

두 아우와 함께 거처하며 우애 있게 지내고 자식 손자들과 열심히 글을 읽으며 여유로운 생활을 하였다. 동쪽 물가에 부는 바람이나 서쪽 봉우리에 뜬 달은 아침저녁으로 보는 아름다운 풍경이며, 연못에 핀 연꽃과 문 앞의 버들은 봄가을로 바뀌며, 탁자 위의 술과 시렁안의 매는 뜻과 기개의 호방함을 드러내었다. 수직(壽職)으로 천작(天爵: 통정대부 부호군)에 오르니 하늘의 보답이 어긋나지 않았음을 증험할 수 있다.

내가 승평부에 부임하니 공의 증손 섬(暹)이 나를 매우 가까이에서 따랐는데 그의 군자다운 풍류 또한 사람들의 흠모를 받았다. 그의 증조부가 재사를 짓게 된 전말을 자세하게 말하고 나에게 기문을 써서 증조부의 감추어진 훌륭한 면모를 드러내 줄 것을 청하였다. 내가 그만두고자 하였으나 그러지 못하였기에 감탄을 이기지 못하고 다음과 같이 두어줄 글을 쓴다.

50세에 49세의 잘못을 안 것은	五十知四十九年非者
거공이 허물을 적게 할 수 있었던 이유이고	籧公之能寡過也
지금이 옳고 어제가 잘못된 것을 깨달은 것은	覺今是而昨非者
도연명(陶淵明)이 어긋남이 없기를 바란 결과이네	陶令之願無違也
공의 만각과 같은 것은	若公之晚覺
장차 천백년 뒤에 누구와 견주겠는가?	抑將與儔於千百載之下歟
아, 그 고풍을 볼 수 없음이 슬플 뿐이라네	於悒其高風也已

을사년 3월 상순에 순천부사 내정(萊亭) 이종병(李宗秉)은 삼가 기록한다.

농은기(農隱記)

"옥천부원군(玉川府院君) 농은(農隱) 조 선생(趙先生)은 고려조의 명신으로 나의 외가쪽 선조이다. 작위(爵位)와 덕망(德望)이 삼달(三達) 가운데 높아 봄가을로 지내는 제사가 백세토록 이어졌으니 그대가 농은이라는 호를 쓰는 것이 외람되지 않겠는가?" "옛 일을 끌어다가 오늘날에 쓴 경우는 방씨(房氏)와 김씨(金氏)의 두 사계(沙溪),[202] 네 명의 이씨(李氏) 석탄(石灘)[203]이 있으니, 어찌 외람된 점이 있겠습니까?" "그렇다면 맞는 말이네."

군의 품성은 지극히 효성스럽고 몸가짐이 검소하며 공경으로 자신을 행하고 분수에 편안하고 지조를 지켜 재물과 이익으로 마음을 얽매인 적이 없다. 언제나 "제대로 된 사람이 되기 위해서는 학문만한 것이 없고 집안을 보존하는 방도로는 농사에 힘쓰는 것 만한 것이 없다."고 하면서 아들들에게도 재주와 자질에 따라 배울만한 자에게는 글을 읽게 하고 농사를 지을만한 자에게는 농사를 짓게 하였다. 한편으로는 부모를 사랑하고 어

---

202) 방씨(房氏)와 …… 사계(沙溪) : 사계(沙溪)라는 호를 쓰는 방응현(房應賢, 1524~1589)과 김장생(金長生, 1548~1631)을 말한다.

203) 네 명의 이씨(李氏) 석탄(石灘) : 석탄(石灘)이라는 호를 쓰는 이존오(李存吾, 1341~1371), 이양중(李養中, 고려말의 문신), 이신의(李愼儀, 1551~1627) 등을 말한다. 한 명은 분명치 않다.

른을 공경하는 도리를 알게 하였으며, 한편으로는 위로 부모를 섬기고 아래로 자식을 기르는 즐거움을 이루게 하였다. 자신은 농사에 몸을 숨겨 그 뜻을 즐겁게 하였으니, 동안풍(董安豊)처럼 주경야독(晝耕夜讀)하며[204] 은거하여 의를 행한 자가 어찌 유독 옛날에만 아름다운 명성을 독차지하겠는가? 군의 이름은 용(鎔)이고, 자는 내신(乃信)으로 나에게는 사촌 아우가 된다.

병오년(1906년) 중춘일에 담락옹(澹樂翁) 당(鐺)은 기록한다.

평사재기(平沙齋記)

이 재사는 옛날에 죽헌공(竹軒公)[205]이 처음 살곳으로 정하고 만재공(晩齋公)이 창건한 것이다. 처음 건축한 시기는 허씨 집안의 문집에 들어있으니 지금은 굳이 자세하게 쓰지 않겠다. 지명을 궁호(弓湖)라고 하는데 광천강(廣川江)의 동남쪽에 있다. 강의 형세가 활을 잡아당긴 것과 같기 때문에 그대로 지명으로 쓴 것이다.

대개 만재공은 이 지역의 유일(遺逸)로 덕행과 문장이 한 고을에 모범이 되었고 선조의 뜻을 이어 이 집을 잘 지었다. 이곳에서 후손에게 금슬과 시서를 가르쳤으니 그 뜻이 어찌 구차한 것이겠는가? 선비가 조정에 뜻을 얻지 못하면 산림과 강호에 있는 것은 선비들에게는 일상적인 것이다. 공은 이미 조정에 뜻을 얻지 못하여 이 궁호에서 소요하고 이 집에서 한가하게 지내며 즐겁게 인생을 마쳤다. 그 자손도 또 대대로 지키며 실추시키지 않았으니 과연 제대로 된 자손이라고 할 만하였다.

공의 6세 지손인 순여(舜汝)가 청렴하고 근실하며 학문을 좋아하는 것으로 고을에 명성이 있었다. 초가을에 마침 나를 지나다가 찾아와 재사의

---

204) 동안풍(董安豊)처럼 주경야독(晝耕夜讀)하며 : 동안풍은 당나라 때 안풍(安豊)에 은거하였던 동소남(董邵南)인데, 부모에게 효성을 다하면서 주경야독한 것으로 유명한 인물이다.《韓昌黎文集 卷2 古詩 嗟哉董生行》농은공이 동소남처럼 은거하며 주경야독하고 있음을 말한 것이다.

205) 죽헌공(竹軒公) : 허수(許綬, 1673~1726)를 말한다. 뒤에 묘갈명이 있다.

기문을 써달라고 하였다. 또 말하기를, "재사는 옛날에 명칭이 있었습니다. 꿈에 한 노인이 강 동쪽에서 건너와 부르고는 재사의 편액을 '평사(平沙)' 두 글자로 하라고 간곡하게 지시하고 다른 말도 없이 마침내 떠났습니다. 깨어나 생각하니 재사의 앞쪽에 실로 넓은 모래사장이 있기 때문에 그대로 이 명칭을 쓴 것이지 제가 괴이한 것을 좋아해서가 아닙니다." 하였다. 내가 말하였다. "아, 어느 노인이 혹 여장을 짚고 갓옷을 입었단 말입니까? 그 또한 이상합니다." 하였다. 내가 그 적임자가 아니라고 해서 현자의 요청을 감히 누차 사양하지 못하였기에 대략 선열의 아름다움과 보존하고 지키는 어려움을 기술하였다. 강산의 아름다움이나 자연의 좋은 경치와 같은 것은 그곳에 올라가 구경하는 자들이 저절로 얻어야 하는 것이니 지금 굳이 하나하나 기술할 필요는 없을 것이다.

유조(柔兆) 집서(執徐)[206] 11월 하순에 문화(文化) 유동수(柳東琇)는 삼가 기록한다.

후각재기(後覺齋記)

처사 허영(許永)은 재사의 이름을 후각이라고 하였으니, 이는 그 선조인 만각재의 호를 사모하여 그렇게 한 것이다. 나에게 기문을 청하기에 다음과 같이 말하였다. "아, 처사는 군자다운 사람입니다. 이윤(伊尹)이 '나는 하늘이 낸 백성 가운데 먼저 깨달은 사람이다.'라고 말하지 않았습니까? 또 '먼저 안 사람이 늦게 아는 사람을 깨우치게 한다.'고 하였으니,[207] 뒤에 아는 자가 또 어찌 후일의 선각자가 아니겠습니까? 전수하는

---

206) 유조(柔兆) 집서(執徐) : 유조는 천간(天干) 병(丙)의 고갑자(古甲子)이고, 집서는 지지(地支) 진(辰)의 고갑자이다. 즉, 병진년을 말한다.

207) 이윤(伊尹)이 …… 하였으니 : 이윤(伊尹)이 은(殷)나라 탕왕(湯王)의 부름을 받고 나아갈 적에 자신의 포부를 토로하면서 "하늘이 사람을 이 세상에 낼 적에 먼저 안 사람이 늦게 아는 사람을 깨우치게 하고, 먼저 깨달은 자가 늦게 깨닫는 자를 깨우치게끔 하였다. 나는 하늘이 낸 사람들 가운데 먼저 깨달은 사람이다. 따라서 내가 이 도를 가지고 이 사람들을 깨우쳐야 할 것이니, 내가 깨우치지 않는다면 그 누가 하겠는가.[天之生此民也 使先知覺後知 使先覺覺後覺也 子天民之先覺者也 子將以斯道覺斯民也 非子覺之而誰也]"라고 말한 대목이《맹자》〈만장 상(萬章上)〉에 나온다.

방법이 남에 대해서도 오히려 그러한데 하물며 선조에 대해서이겠습니까. 내가 들으니, 만각재는 당시의 선각자로 스스로 '만'이라고 한 것은 감히 자신을 옛사람과 비교하지 않는 뜻입니다. 아, 늦으면서도 깨닫지 못하는 자가 열에 여덟아홉이거늘 하물며 뒤에 깨닫는 자이겠습니까. 그러나 꿈 속에서 근본을 깨달았으니 꿈으로 말씀드리겠습니다.

일반 사람들의 꿈에는 흉몽과 길몽이 있습니다. 길몽이면 웃고 흉몽이면 웁니다. 꿈에서 깨어나는 것으로 말하면 일찍 깨나 늦게 깨나 먼저 깨나 나중에 깨나 똑같습니다. 병이 들까 놀라지도 말 것이며, 압력에 거짓되지도 말아서 한조각 마음을 청명하고 높은 곳에 우뚝이 세운다면 홰나무의 개미[208]나 파초의 사슴,[209] 훨훨 나는 동산의 나비[210]가 감히 침상에서 어지럽히지 않을 것이니 누군들 깨닫지 못하였다고 하겠습니까. 나는 반드시 그를 깨달았다고 할 것입니다. 더구나 처사의 깨달음이 지금인 데이겠습니까? 지금 옛날을 보는 것이나 옛날에 지금을 보는 것이나 똑같은데 누가 빠르고 누가 늦겠으며 누가 앞서고 누가 뒤서겠습니까. 그만둘지니, 세상에는 술에 취한 듯 살다고 꿈을 꾸듯이 죽기도 하고, 꿈속에서 꿈을 이야기하는 사람도 있습니다. 우습습니다."

---

208) 홰나무의 개미 : 당(唐) 나라의 순우분(淳于棼)이 어느 날 남쪽으로 뻗은 홰나무 가지 아래서 잠이 들었는데, 꿈에 괴안국(槐安國)에 가서 왕의 딸을 아내로 맞고 남가군 태수(南柯郡太守)까지 되는 등 부귀를 누리다가 꿈을 깨고 보니 그 홰나무 아래에 큰 개미구멍만이 있더라는 고사에서 나온 말이다.《異聞集》인간 일생이 속절없음을 말한다.

209) 파초의 사슴 : 옛날에 정(鄭)나라 사람이 땔나무를 하러 갔다가 사슴을 잡아 가지고 남이 볼까 봐 깊은 구덩이에 감춰 두고 파초(芭蕉) 잎으로 덮어 놓고는 좋아서 어쩔 줄을 모르다가, 이윽고 그 사슴 감춰 둔 곳을 잊어버리고는 마침내 꿈이라 여기고 길을 가면서 계속 그 사실을 혼자 중얼거리고 있으므로, 곁에서 그 말을 들은 자가 마침내 그의 말대로 그곳을 찾아가 사슴을 취하고, 그가 집에 돌아가서는 아내에게 말하기를 "아까 땔나무하던 사람은 꿈에 사슴을 얻고도 그곳을 알지 못했고, 내가 지금 그 사슴을 얻었으니, 저 사람은 참으로 꿈을 꾼 사람일 뿐인 것이다.[向薪者夢得鹿而不知其處 吾今得之 彼直眞夢者矣]"라고 했다는 데서 온 말이다.《列子 周穆王》전하여 인간의 흐리멍덩한 삶 또는 득실(得失)의 무상(無常)함을 비유한다.

210) 훨훨 …… 나비 :《장자》〈제물론(齊物論)〉 마지막에 "언젠가 장주가 꿈속에서 나비가 되었다. 나풀나풀 잘 날아다니는 나비의 입장에서 스스로 유쾌하고 만족스럽기만 하였을 뿐 자기가 장주인 것은 알지도 못하였는데, 조금 뒤에 잠을 깨고 보니 엄연히 장주라는 인간이었다. 모를 일이다. 장주의 꿈속에 나비가 된 것인가, 나비의 꿈속에 장주가 된 것인가. 하지만 장주와 나비 사이에는 분명히 구분이 있을 것이니, 이것을 일러 물의 변화라고 한다.[昔者莊周夢爲胡蝶 栩栩然胡蝶也 自喻適志與 不知周也 俄然覺則蘧蘧然周也 不知周之夢爲胡蝶與 胡蝶之夢爲周與 周與胡蝶則必有分矣 此之謂物化]"라는 유명한 '호접몽(胡蝶夢)'의 이야기가 나온다.

갑자년(1924년) 단양절에 가선대부(嘉善大夫) 전 향산수(香山守) 파징(波澄)[211] 윤영구(尹甯求)는 삼가 쓴다.

충순위 교위(忠順衛校尉) 증 통정대부(贈通政大夫) 승정원 좌부승지(承政院左副承旨) 경연참찬관(經筵參贊官) 겸 춘추관수찬관(兼春秋館修撰官) 부군 묘표(墓表)

부군의 휘는 형(亨)이고 자는 통지(通之)이며 호는 세수재(世守齋)이고 성은 양천허씨이다. 시조 공암촌주(孔巖村主)의 휘는 선문(宣文)이다. 10세를 전해 내려와 첨의중찬(僉議中贊)에 이르니 시호는 문경(文敬)이고 휘는 공(珙)이다. 휘 부(富)를 낳으니 대제학이다. 이분들이 공에게는 5세 이상이 된다. 고조의 휘는 완(完)이니 정당문학(政堂文學), 예문관 제학이다. 증조의 휘는 질(晊)이니 문관 현감으로 수찬(修撰), 영부사(領府事)에 이르렀다. 조부의 휘는 예(禮)이니 사헌부 감찰이다. 선친의 휘는 온(溫)이니 문관 이조 정랑이다. 선비는 정부인 한양조씨(漢陽趙氏)로 전(琠)의 따님이다.

홍치(弘治) 기유년(성종 20, 1489년)에 부군이 태어나셨다. 천품이 맑고 엄숙하였으며 도(道)를 강론하고 뜻을 즐겼으며 고금의 역사에 두루 통달하였다. 사도(師道)가 엄정하여 유풍(儒風)이 크게 일어났다. 대대로 연지동(蓮池洞) 교외에 살았는데 연산정란(燕山政亂)에 문정공(文貞公) 침(琛)이 정국을 제대로 바로잡지 못하여 걱정과 울분으로 병을 얻어 돌아가시니, 위험의 기미를 보고 부군이 순천부 옥계촌으로 자취를 숨겨 유훈(遺訓) '충효(忠孝)' 두 글자를 대대로 지켜야 할 가법으로 삼고 집의 편액을 '세수재'라 하였다. 충순위 교위는 선조조에 증손 일(鎰)의 공훈으로 승정원 좌부승지에 추증되었다. 가정(嘉靖) 갑자년(명종 19, 1564년) 11

---

211) 파징(波澄) : 해평(海平)의 옛 이름이다. 본래 신라의 병병현(竝幷縣)이었는데, 고려 초에 해평군으로 고치어 복주(福州)에 소속되고, 현종 때에는 상주(尙州)에 소속되었으며 인종 21년에 선산도호부(善山都護府)에 소속되었다. 고려 중기까지 파징현(波澄縣)으로 불렸으며 고려 성종 때 해평현(海平縣)으로 개칭되었다.

월 8일에 세상을 떠나시니 향년 76세였다. 순천부 해룡면(海龍面) 갈치(葛峙) 재궁동(齋宮洞) 간좌(艮坐)의 언덕에 장사 지냈다.

부인은 상주박씨(尙州朴氏)로 진사 휘 증손(曾孫)의 따님이고, 이조 판서 하(遐)의 후손이다. 무신년(성종 19, 1488년)에 태어나 임술년(명종 17, 1562년) 7월 17일에 세상을 떠나시니 향년 75세였다. 묘소는 공의 묘소에서 좌측으로 조금 떨어진 고총(古冢) 아래 계좌(癸坐)의 언덕에 있다. 3남1녀를 두었다. 장남은 희린(希麟)이니 돈용교위(敦勇校尉)로 손자의 공훈 덕분에 승지, 경연 참찬관에 추증되었다. 차남은 희수(希壽)이니 통덕랑으로 영(瑛)에게 출계하였다. 3남은 희인(希仁)이니 현감이다. 딸은 참봉 삭녕(朔寧) 최강제(崔康濟)에게 시집갔다.

장남 희린(希麟)의 소생은 5남2녀이다. 장남은 혼(渾)이니 아들의 관직으로 인해 호조 참판에 추증되었다. 차남은 잠(潛)이니 처음 벼슬로 행 내금위 어모장군에 제수되었다. 3남은 제(濟)이니 후사가 없고, 4남은 담(湛)이니 교위이고, 5남은 택(澤)이니 현감이다. 딸은 유흡(柳洽)과 조담(趙憺)에게 시집갔다. 차남 희인(希仁)의 소생은 1남1녀이다. 장남은 엄(淹)이니 성균 생원이고, 딸은 최완(崔浣)에게 시집 갔다. 증손과 현손 이하는 다 기록하지 않는다.

세대가 오래되어 행적을 기록한 사적이 없어지게 될까 두려워 대략 이렇게 삼가 기술하고 네 자의 봉분[212]을 세웠다. 6대손 협(綊)과 회(繪)도 또한 그 일을 담당하였다.

숭정(崇禎) 기원후 두 번째 경자년(숙종 46, 1720년) 4월 일에 5대손 계(棨)는 삼가 기록한다.

---

212) 네 자의 봉분 : 어버이의 산소를 말한다. 공자(孔子)가 방(防)에다 부모를 합장하고는 "내가 들은 바에 의하면, 옛날에는 그냥 묻기만 했을 뿐 봉분은 만들지 않았다고 한다. 그러나 나는 동서남북으로 돌아다니는 사람이니, 표지를 해 두지 않을 수 없다."고 하고 봉분을 만드니 그 높이가 네 자였다는 기록이 있다.《禮記 檀弓上》

부인 박씨(朴氏) 묘표

부인은 바로 나의 13대 조고 증 승지 부군의 배위이다. 성계(姓系)는 상주이고 선친은 진사이니 휘는 증손(曾孫)이다. 홍치 무신년(성종 19, 1488년)에 태어나셨다. 부인은 천품이 정숙하며 덕성이 너그럽고 온순하였다. 열다섯 살에 우리 부군에게 시집와서 효도와 공경으로 시부모님을 섬기고 온화하고 순종하는 마음으로 부군을 받들었으며 가족들과 화목하게 지내고 종족에게는 후하게 대하여 넉넉하게 선조를 받들고 후손에게 덕을 남겨주는 아름다운 법으로 우리 집안을 계도하였다. 남쪽으로 내려온 지 10여세 만에 집안의 도가 바르게 되어 비로소 훌륭한 덕과 아름다운 의식이 이루어지니 열전에 실린 옛날 여사(女士)와도 명성을 함께 하셨다. 75세인 임술년(명종 17, 1562년) 7월 17일에 세상을 떠나시니, 묘소는 부군의 무덤 아래 왼쪽 계좌(癸坐)의 언덕에 있다. 3남1녀를 두었다. 장남 희린(希麟)은 교위이니 경연 참찬관에 추증되었고, 희수(希壽)는 통덕랑이고, 희인(希仁)은 무안 현감이다. 딸은 참봉 삭녕(朔寧) 최강제(崔康濟)의 처이다.

숭정 기원후 두 번째 경자년(숙종 46, 1720년) 4월 일에 5대손 계(棨), 6대손 협(綊)과 회(繪)가 대략 부군 무덤에 석물(石物)을 갖추어 묘표를 만들었다. 지금 문중이 협동하여 부인 묘소에도 석물을 갖추고자 12대손 석(錫)을 천거하여 이 일의 일체를 맡기고 불초인 나에게 음기(陰記)를 부탁하였다. 지금 3백여 년이 지나 모범이 될 만한 것은 대부분 없어지고 전해지는 것은 적으니 어찌 감히 자세하지 않은 것을 억지로 써서 선조를 속인다는 경계를 범하겠는가. 이에 집안에 전해오는 것을 전하여 삼가 기록하고 이것이 우리 선대 정부인의 무덤임을 드러낸다.

무오년 10월 일 13대손 윤(潤)은 삼가 기록한다.

돈용교위(敦勇校尉) 증 통정대부 승정원 좌부승지 경연참찬관 부군의 묘표

순천부 해룡면 갈치(葛峙) 재궁동은 바로 우리 양천허씨 세장산(世葬山) 인데 계좌(癸坐)에 모신 분은 나의 5대 조고인 돈용교위 증 통정대부 승정원 좌부승지 경연참찬관은 지낸 휘 희린(希麟)이시다. 지금 백수십년이 지나도록 묘표가 없어서 후손들이 송구스럽게 생각하여 석물을 세우기로 의논하고 나에게 묘표를 새기게 하였다. 내가 가첩(家牒)에 전해지는 것을 상고하여 선대의 훌륭한 점을 후세가 이어갈 수 있도록 하고자 사람들이 옳고 전하는 훌륭한 행실과 덕을 모아 비석에 새길 자료로 삼았다.

부군의 자는 언서(彦瑞)이고 호는 묵헌(默軒)이니 공암촌주 휘 선문(宣文)의 후손이다. 문경공 공(珙)과 대제학공 휘 부(富), 정당문학공 휘 완(完)은 5대 이상 선조이다. 고조의 휘는 질(晊)이니 문관 현감이고, 증조의 휘는 예(禮)이니 감찰이며, 조부의 휘는 온(溫)이니 문관 정랑이다. 선고의 휘는 형(亨)이니 충순위 교위로 승지에 증직되었다. 연산조(燕山朝)에 조정이 시끄럽자 순천부 옥계촌으로 내려오시니 후손이 이로부터 그곳에 거주하게 되었다. 선비는 정부인(貞夫人) 상주박씨(尙州朴氏)로 생원 증손(曾孫)의 따님이다. 정덕(正德) 임신년(중종 7, 1512년)에 공을 낳았다.

공은 뛰어난 자질이 있고 재주와 덕을 겸비하였으며 과묵하고 지극히 효성스러워 부드러운 태도로 부모의 뜻을 따랐다. 부모가 병이 들면 반드시 하늘에 기도하고 상을 당하자 거의 목숨을 잃을 정도로 정성을 다하였다. 두 아우인 희수(希壽), 희인(希仁)과 우애가 더욱 돈독하여 늙어서도 우애 있게 잘 지냈다. 집에 있을 때에는 수신제가의 도에 힘썼고 마을에 있을 때에는 헐뜯거나 칭찬하는 말을 조심하였다. 학문을 힘쓰는데 뜻을 두어 자식과 조카를 가르쳤고 공경을 극진히 하고 행실을 삼가는 것으로 후생들을 권면하였다. 인종조(仁宗朝)에 음직으로 돈용교위에 제수되었다. 기일은 7월 1일이다. 손자 일(鎰)의 충훈(忠勳)으로 통정대부 승정원 좌승지 경연참찬관에 증직되었다.

배위는 정부인(貞夫人) 김제김씨(金堤金氏)로 참봉 은락(殷輅)의 따님이시. 기일은 11월 20일이다. 공과 쌍분으로 모셨다. 5남2녀를 두었다. 장남은 혼(渾)으로 소위장군(昭威將軍)이며 호조 참판에 증직되었다. 2남 잠(潛)으로 통정대부 내금위 어모장군이고, 3남은 제(濟)이고 4남은 담(湛)이고 5남은 택(澤)으로 현감이다. 두 딸은 유흡(柳洽)과 조담(趙憺)에게 시집갔다. 장남 혼(渾)은 아들 둘을 두었다. 큰 아들 일(鎰)은 웅천현감으로 임진왜란 때 순절하여 일등공신에 책훈되었으며 자신은 충렬사(忠烈祠)에 배향되고 3대까지 추증되는 영화를 입었다. 작은 아들은 흠(欽)인데 후사가 없다. 공의 2남 잠(潛)은 3남1녀를 두었다. 장남 건(鍵)은 사옹원 주부이고, 2남 약(鑰)은 훈련원 주부이며, 3남 동(銅)은 가선대부로 임진왜란 때 창의하여 양곡을 수송한 공훈이 있다. 딸은 동지(同知)인 광산(光山) 이사홍(李思弘)에게 시집갔다. 공의 3남 제(濟)는 후사가 없고 공의 4남 담(湛)은 1남을 두니 령(鈴)으로 봉사(奉事)이다. 공의 5남 택(澤)은 1남을 두니 함(錏)으로 참봉이며 학행(學行)으로 천거되었다. 아, 부군에게 실제로 훌륭한 덕이 있어 이처럼 많은 음덕이 있었음을 또한 상상할 수 있다. 하물며 이분의 산소를 어느 누가 공경하지 않을 것인가.

숭정 기원 후 두 번째 경자년(숙종 46, 1720년) 4월 일에 5대손 협(綊)은 삼가 짓는다

봉정대부(奉正大夫) 행 무안 현감(務安縣監) 부군 묘표(墓表)

부군의 휘(諱)는 희인(希仁)이고 자는 인백(仁伯)이며 호는 반구정(伴鷗亭)이다. 성은 허씨이고 본관은 양천(陽川)이다. 공암촌주(孔巖村主)의 휘는 선문(宣文)이다. 10세를 전해 내려와 문경공(文敬公) 휘 공(珙)의 7

세손이다. 고조의 휘는 질(晊)이니 문관 현감이고, 증조의 휘는 예(禮)이니 만호(萬戶)와 사헌부 감찰이다. 조부의 휘는 온(溫)이니 문관 이조 정랑이다. 대대로 광주(廣州)에 살았다. 선친의 휘는 형(亨)이니 충순위 교위(忠順衛校尉)로 처음으로 순천부에 살았다. 선비(先妣)는 상주박씨(尙州朴氏)로 진사 휘 증손(曾孫)의 따님이다.

중종 정덕(正德) 병자년(중종 11, 1516년) 1월 기유일(己酉日)에 부군을 낳았다. 성품이 너그럽고 후하였으며 효도와 우애를 모두 지극하게 하였다. 장성해서는 무예를 업으로 삼아 명종 가정(嘉靖) 기유년(명종 4, 1549년)에 을과(乙科) 제3방에 급제하여 훈련원 주부(訓鍊院主簿)에 배속되었다. 기미년(명종 14, 1559년) 여름에 서부 주부(西部主簿)로 옮겼다가 이내 사헌부 감찰로 승진하였다. 다음해 일 때문에 파직되어 고향으로 돌아왔다. 임신년(선조 5, 1572년) 2월 4일 신묘일에 세상을 마치니 향년 57세였다. 순천부 동쪽 기봉(基峰) 아래 지등(池嶝) 위 건좌(乾坐)의 언덕에 장례지냈다. 배위(配位)는 영인(令人)[213] 합천이씨(陜川李氏)로 선친은 수신(守愼)이고, 집의(執義) 유희(裕禧)의 현손이다. 정덕 무인년(중종 13, 1518년)에 태어났다. 20세에 선친께 시집 와서는 명을 잘 따르고 어김이 없었으며 규문(閨門) 안에서 하루를 마쳤다. 가정(嘉靖) 계축년(명종 8, 1553) 6월 4일에 돌아가시니 향년 36세였다. 갈치(葛峙) 간좌(艮坐)에 장례를 지냈는데 뒤에 선친과 같은 묘역으로 이장하였다. 1남1녀를 두었다. 아들인 불초생 엄(淹)은 생원으로 옥천조씨(玉川趙氏) 감찰 개신(介臣)의 딸을 부인으로 맞아 2남1녀를 두었는데 모두 어리다. 딸은 전주 최완(崔浣)에게 시집 가서 아들 경복(慶復)을 두었다.

아, 구암(龜巖) 이정(李楨) 선생이 지은 행장에는 "집에 있을 때에는 효도와 자애의 도리를 극진하게 하였고, 관직에 있을 때에는 청렴과 근실의 직

---

213) 영인(令人) : 조선 시대 정·종4품(正從四品)의 문무관(文武官)의 아내에게 내리는 봉작(封爵)이다. 고종(高宗) 2년부터는 종친(宗親) 아내의 봉작으로도 함께 사용하였다.

임에 힘썼으니 세상 사람들의 모범으로 삼아 인도할 만하다."라고 하였다. 삼가 광중(壙中)에서 만에 하나를 삼가 취하여 백세토록 전해질 증거로 삼았다.

만력(萬曆) 7년(선조 12, 1579년) 1월 일 불초고(不肖孤) 생원 엄은 피눈물을 흘리며 삼가 기록한다.

반구정(伴鷗亭) 허공(許公)의 묘갈명(墓碣銘) 병서(幷序)

공의 휘는 희인(希仁)이고 자는 인백(仁伯)이며 성은 허씨이니 양천인(陽川人)이다. 호는 반구정(伴鷗亭)이다. 상조(上祖)의 휘는 선문(宣文)이다. 고려 태조 때 궤향(饋饗)의 공으로 공암촌주(孔巖村主)에 봉해지니,[214] 자손들이 그대로 공암을 관향으로 삼았다. 10세를 전해 내려와 휘 공(珙)에 이르니, 첨의중찬(僉議中贊)이고 시호는 문경(文敬)이다. 부(富)를 낳으니 대제학이고, 휘 완(完)을 낳으니 정당문학(政堂文學)이다. 휘 질(晊)을 낳으니 □□ 첨감이고 수찬(修撰)에 이르렀다. 휘 예(禮)는 감찰이고, □온(溫)은 문관 □랑이다. 휘 형(亨)은 충순위 교위(忠順衛校尉)로 □지(承旨)에 증직되었다. 이분들이 공에게는 고조부, 증조부, 조부, 부친이 된다.

승지공이 처음□□ 순천에 살게 되었는데 공은 바로 승지공의 셋째 아들이다. 모친은 상주박씨(尙州朴氏)로 생원 휘 증손(曾孫)의 따님이다. 정덕(正德) 병자년(중종 11, 1516년) 1월 기유일(己酉日)에 경성 연지동(蓮池洞) 집에서 공을 낳았다. 어려서는 남다른 자질이 있어 효도와 우애를 모두 지극하게 하였다. 명종 기유년(명종 4, 1549년)에 무과(武科)에 급제하여 훈련원 주부(訓鍊院主簿)에 배속되었다가 이내 사헌부 감찰로 승진하고 가을에 무안 현감(務安縣監)을 제수받았다. 공은 평소 병을 많

---

214) 고려 …… 봉해지니 : 《기언》 권67 〈자명비 음기(自銘碑陰記)〉에 의하면, 고려 태조가 견훤(甄萱)을 토벌할 때 허선문(許宣文)이 군량을 조달한 공로가 많았다고 하였는데, 이것을 말한 것이다.

이 앓아 몇 년 동안 누워 지내다가 곧바로 귀거래사를 읊으며 돌아와 반구정을 짓고 돌아가실 때까지 다시 벼슬에 나아가지 않으셨다. 임신년(선조 5, 1572년) 2월 4일에 세상을 떠나셨다.

구옹(龜翁)이 행장을 다음과 같이 지었다. "집에 있을 때에는 효도하고 공경하였으며, 관직에 있을 때에는 청렴하고 근실하였다." 그 뒤에 옥천 조현범(趙顯範)이 공의 효성스럽고 청렴한 행실을 다음과 같이 읊었다. "집에 있을 때에는 효도를 우선으로 하고, 관직에 있을 때에는 청렴을 우선으로 하니, 효도가 아니면 가르침을 어찌 이루며 청렴이 아니면 교화를 어찌 베풀겠는가. 탐욕함은 순리가 아니며, 백성을 해치는 것은 또한 하늘을 어기는 것이다. 포정(蒲亭)이 효도로 다스린 것[215]과 진평(晉平)이 청렴하다는 명성을 오랜 시간이 흐른 뒤에 무안현에 남아 옛 현인을 추모하네." 이것은 공에 대한 실제 기록이다.

묘소는 순천부 해룡면(海龍面) 기봉(基峰) 아래 지등(池嶝) 위 건좌(乾坐)의 언덕에 있다. 아래에 큰 못이 있기 때문에 지등이라고 한 것이다. 반구정은 못가에 있다. 영인(令人) 합천이씨(陜川李氏)는 수신(守愼)의 따님으로 정덕 무인년(중종 13, 1518년) 11월 일에 태어나 명종 계축년(명종 8, 1553년) 6월 4일에 돌아가시니 묘소는 같은 묘역에 있다. 1남 1녀를 두었다. 아들은 생원 엄(淹)으로, 세상에서는 승평사은(昇平四隱)의 한 사람으로 부른다. 딸은 전주 최완(崔浣)의 처이다.

공의 12대손 영(永)이 북쪽으로 수백 리를 달려와 나에게 묘갈문을 청하였다. 돈독히 지내는 우의에 있어 어찌 문장이 좋지 못하다고 사양할 수 있

---

215) 포정(蒲亭)이…… 것 : 후한(後漢) 때에 구람(仇覽)이 포정(蒲亭)의 장(長)으로 부임한 초기에 진원(陳元)의 모친이 불효의 죄를 범했다고 진원을 고발했다. 이에 구람이 놀라면서 말하기를 "내가 최근에 집을 방문해 보니, 거처가 정돈되어 있고 때에 맞춰서 농사일을 잘하고 있었다. 그리고 보면 그는 악인이 아니라 교화가 충분하지 못해서 그런 것일 뿐이다.…… 그런데 모친은 어찌하여 하루아침에 화풀이를 하려고 자식을 불의의 죄에 빠뜨리려고 하는가."라고 하자, 모친이 감복하여 후회의 눈물을 흘리며 갔다. 이에 구향이 다시 그 집에 가서 모자와 함께 술을 마시며 인륜과 효행에 대해 설명하고 화복(禍福)의 도리로 깨우친 결과, 진원이 마침내 지극한 효자가 되었으므로 그 마을에 속담으로 전해지기까지 했다고 한다. 《後漢書 卷76 循吏列傳 仇覽》

겠는가? 행장을 살펴 위와 같이 차례로 서술하고 다음과 같이 명(銘)한다.

오직 효성스럽고 청렴하니　　　　惟孝惟廉
선한 행실은 본성에서 나온 것이고　善行出於性
간성(干城)[216]의 자질로　　　　　以干城之姿
물새와의 맹세[217]를 찾으니　　　　尋沙鳥之盟
운명이로다　　　　　　　　　　　命耶

강어(疆圉) 대황락(大荒落)[218] 10월 하순에 족후손 찬(巑)은 삼가 짓는다.

증(贈) 가선대부(嘉善大夫) 호조 참판 겸 동지의금부사 오위도총부 부총관 행 소위장군(戶曹參判兼同知義禁府事五衛都摠府副摠管行昭威將軍) 허공(許公)의 천표(阡表)

승평부 동쪽 해룡면 갈치 재궁동(齋宮洞) 임계(壬癸)의 무덤은 증 가선대부 호조 참판 양천 허공 휘 혼(渾)과 그 배위 정부인(貞夫人) 조씨(趙氏)의 무덤이라고 전해진다. 신중하게 쌓고 보호하여 3백여 년이라는 오랜 세월이 지났지만 임진왜란으로 인해 집안의 보첩(譜牒)이 다 없어져 구전에만 의지하여 기록에 증거가 없다. 10세를 내려오도록 한으로 남았는데 지금 후손이 돌을 채취하여 표시를 하였지만 감히 묘도 앞에 곧바로 세우지 않는 것은 의심나는 것은 의심나는 대로 전하는 뜻이니,[219] 기록을 신중히 하는 의가 아니겠는가.

허씨의 선조 가운데 대제학 부(富)와 정당문학(政堂文學) 완(完)이 있고, 몇 대를 내려오면 정랑 온(溫)과 교위(校尉)를 지내고 승지에 증직된

---

216) 간성(干城) : 방패[干]나 성(城)과 같은 사람으로 나라를 지키는 믿음직한 이를 말한다.
217) 물새와의 맹세 : 속세를 떠나 강호에 돌아가서 물새와 벗 삼아 은거하려는 맹세를 말한다.
218) 강어(疆圉) 대황락(大荒落) : 강어는 천간(天干) 정(丁)의 고갑자(古甲子)이고, 대황락은 지지(地支) 사(巳)의 고갑자이다. 즉, 정사년을 말한다.
219) 의심나는 …… 뜻이니 : 역사를 기록하면서 임의대로 취사하지 않고 분명한 사실은 분명한 대로 전하고 의심스러운 일은 의심스러운 대로 전하는 것을 말한다. 《춘추곡량전(春秋穀梁傳)》환공(桓公) 5년 조에 "춘추의 의리는 미더운 것은 미더운 대로 전하고 의심스러운 것은 의심스러운 대로 전하는 것이다.[春秋之義 信以傳信 疑以傳疑]" 하였다.

형(亨), 교위를 지내고 경연 참찬관에 증직된 희린(希麟)이 있는데, 이분들이 공에게는 고조부, 증조부, 조부, 부친이 된다. 김제김씨(金堤金氏) 참봉 은로(殷輅)는 외조부이다. 태어난 시기도 오히려 자세하지 않은데 하물며 언행의 순서와 증직의 선후에 대해서이겠는가. 아, 문헌이 부족한 것은 또한 이처럼 국가와 다르지 않다.

부인 옥천조씨는 계공랑(啓功郞) 부사용(副司勇) 중형(重珩)의 따님이고 절민공(節愍公) 숭문(崇文)[220]의 증손이다. 2남을 두었다. 장남은 일(鎰)이고 차남은 흠(欽)인데 후사가 없다. 일은 웅천 현감(熊川縣監)으로 진양(晉陽)에서 순절하니, 형조 참의에 증직되고 선무일등공신(宣武一等功臣)에 녹훈되었으며 충렬사(忠烈祠)에 배향되었다. 아들 경력(經歷) 증(增)과 주부 원(垣), 판관 곤(坤), 통덕랑(通德郞) 은(垠)과 탄(坦)이 잇따라 죽었다. 아버지는 나라를 위해 싸우다 죽고 자식은 부모를 지키다 죽으니 한집안의 의로운 기운은 충효로 이미 빛나지만 당시의 화는 참혹하도다. 그렇다면 후손들이 지금까지 다행히 살아남은 것이 어쩌면 은혜를 베풀어 준 하늘의 뜻인가. 일을 주관하는 자는 바로 판관 곤인데, 남은 후손 방(枋)과 책(策)이 일을 감독하였다. 당(鐺), 윤(鈗), 윤(潤), 석(錫)은 방계 후손이다.

정사년 늦봄 하순에 옥천 조인석(趙寅錫)은 삼가 기록한다.

노정공(蘆汀公) 묘갈명(墓碣銘) 병서(幷序)

공의 휘는 잠(潛)이고 자는 명숙(明淑)이며 호는 노정(蘆汀)이고 성은 허씨이니 양천인(陽川人)이다. 상조(上祖)의 휘는 선문(宣文)이니 고려 태조 때 공암촌주(孔巖村主)에 봉해졌다. 누대를 전해 내려와 휘 공(珙)에

---

220) 숭문(崇文) : 조숭문(趙崇文, ?~1456)을 말한다. 본관은 옥천(玉川), 자는 무백(武伯), 호는 죽촌(竹村)이다. 세종 대에 무과에 급제하고, 1456년(세조 2) 병마절도사 재직 중에 성삼문(成三問) 등의 단종복위사건에 연루되어 아들 철산(哲山)과 함께 죽임을 당하였다. 1779년(정조 3) 경연관(經筵官) 송덕상(宋德相)의 상계에 의하여 구기(舊基)인 전라남도 순천시 주암면 죽림리에 정려가 건립되고, 1791년에 단종묘정에 배향되었다. 또, 구기에 건립된 겸천서원(謙川書院)과 동학사(東鶴寺)내에 건립된 숙모전(肅慕殿)에도 제향되었으며, 뒤에 병조판서에 추증되었다. 시호는 절민(節愍)이다.

이르니, 첨의중찬(僉議中贊)이고 시호는 문경(文敬)이다. 다섯째 아들 휘 부(富)는 보문각 대제학(寶文閣大提學)이고, 휘 완(完)을 낳으니 정당문학 (政堂文學)이다. 고조 휘 예(禮)는 사헌부 감찰이고, 증조 휘 온(溫)은 문 관 정랑이다. 조부 휘 형(亨)은 충순위 교위(忠順衛校尉)로 선조조에 승정 원 좌부승지에 추증되었다. 선친의 휘는 희린(希麟)이니 돈용교위로 참찬 에 추증되었다. 선비는 정부인 김제김씨(金堤金氏)로 참봉 은로(殷輅)의 따님이다. 가정 계사년(중종 28, 1533년) 6월 20일에 순천부 옥계리 집 에서 공을 낳았다.

공은 어려서부터 효성과 우애를 타고났으며 학교에 들어가서는 이미 하 늘과 사람의 성명(性命)의 심오한 뜻을 깊이 연구하니 고을에서는 호남군 자(湖南君子)라 칭찬하였다. 형제 다섯 명이 한 집에서 살며 집을 '무유 (無猶)'[221]라 편액하고, 기문에 대략 "형이 도모하지 않고 아우가 도모하지 않으니 누가 도모하겠는가?"라고 하였다. 선조 갑오년(선조 27, 1594년) 에 처음 벼슬로 행 내금위 어모장군에 제수되었는데 다음해에 사직하고 돌 아와 향원가(鄕園歌)를 다음과 같이 지었다. "외람되게 큰 은혜를 입었으 나 나라를 호위하는 정성을 다하지 못하였고 만년에 동강(桐江)을 사모하 여 또 일사(一絲)의 바람이 있다."[222] 종제인 강호공(江湖公) 엄(淹)과 함께 선현들의 언행을 듣기 좋아하여 종신토록 세상에 나가지 않으니, 선조께서 그 행실을 가상하게 여겨 특별히 통정대부 부호군으로 올리셨다.

공은 사람을 보는 안목이 있어 일찍이 장조카인 일(鎰)을 칭찬하며 "우 리 집안을 일으켜 세울 자는 틀림없이 이 아이일 것이다." 하였는데 임진 왜란에 의병을 창의하여 순절하니 일등공신에 녹훈되고 충렬사(忠烈祠)에

---

221) 무유(無猶) : 형제간에 화목하여 서로 도모하지 않는 것을 이른다. 《시경(詩經)》〈사간(斯干)〉의 "형과 아우 들이여, 서로 화목하게 지낼 것이요, 서로 도모하려 하지 말지어다.[兄及弟矣 式相好矣 無相猶矣]"라는 말 에서 나온 것이다.

222) 만년에 …… 있다 : 동강(桐江)은 후한(後漢)의 은사(隱士)인 엄광(嚴光)이 은둔하여 낚시질한 곳이다. 일사 (一絲)의 바람은 작은 바람으로 조병문(趙秉文)의 시에 "유월에도 푸른 부들 밑에는 시원한 기운 생기니 낚 싯배 위에 일사의 바람이 인다." 하였다. 곧 만년에 한가로이 낚시질하며 여생을 보냈음을 말한다.

배향되었다. 선조 무술년[223](선조 31, 1598년) 2월 23일에 세상을 떠나시니 향년 66세였다. 묘소는 본부 해룡면 갈치 재궁동 조비의 묘 좌측 계좌(癸坐)의 언덕에 있다. 배위는 숙부인 광산김씨(光山金氏)로 충순위 순우(舜佑)의 따님이다. 묘소는 쌍분으로 같은 언덕에 있다. 3남1녀를 낳았다. 장남은 건(鍵)이니 지봉(芝峯) 이수광(李睟光)[224] 선생과 도의(道義)의 교유가 있어 매번 현장(賢長)이라 칭하였다. 임진왜란에 종백형 웅천공(熊川公) 일(鎰)과 함께 재산을 다 털어 곡식을 운반하여 특별히 사용원 주부에 제수되었다. 차남 약(鑰)은 훈련원 주부이고, 동(銅)은 수직(壽職)으로 가선대부에 제수되었다. 딸은 광산 동지(同知) 이사홍(李思弘)에게 시집갔다.

공의 묘소에 아직까지 묘갈이 없어 후손 강(鋼), 경(涇), 준(濬)이 북쪽으로 수백 리를 와서 나에게 묘갈명을 청하기에 사양하지 못하고 삼가 행장을 참고하여 위와 같이 차례로 서술하고 다음과 같이 명(銘)한다.

벼슬에 나아간 것은	其進也
높은 곳을 사양하고 낮은데 있기 위함이 아니고	非辭尊而居卑
벼슬에서 물러남은	其退也
세상을 얕보고 사람을 끊기 위함이 아니네	非傲世而絕物
형제간에 도모하지 않아	友無猶
이미 화락하고 즐거우며	旣翕且湛
학문에 연원이 있으니	學有自
잘 계승하여 굳건하게 하네	是承是筋

저옹(著雍) 돈장(敦牂)[225] 10월 하순에 족후손 찬(巑)은 삼가 짓는다.

---

223) 선조 무술년 : 원문에는 '宣廟戊辰'으로 되어 있는데 무진년은 1568년으로 향년과 맞지 않는다. 노정공의 향년을 고려하여 선조 무술년으로 수정 번역하였다.
224) 지봉(芝峯) 이수광(李睟光) : 1563~1628. 본관은 전주(全州), 자는 윤경(潤卿), 호는 지봉(芝峯)이다. 조선 사회가 전기에서 후기로 변화하는 사회적 변동기에 새로운 사상적 전개 방향을 탐색하고 개척한 학자이자, 사회변화와 더불어 발생하게 된 실학파의 선구적 인물로, 사상사·철학사에서 중요한 위치를 가진다. 저서로는 『지봉집』이 있다. 사후 영의정으로 추증되었으며, 시호는 문간(文簡)이다.
225) 저옹(著雍) 돈장(敦牂) : 저옹은 천간(天干) 무(戊)의 고갑자(古甲子)이고, 돈장은 지지(地支) 오(午)의 고갑

성균생원(成均生員) 강호부군(江湖府君) 묘갈명(墓碣銘) 병서(并序)

공의 휘는 엄(淹)이고 자는 구숙(久淑)이며 호는 강호(江湖)이고 성은 허씨이니 공암현인(孔巖縣人)이다. 고려 중찬(中贊)이고 문경공(文敬公) 휘 공(珙)의 다섯째 아들인 대제학 휘 부(富)의 7세손이다. 고조 휘 예(禮)는 감찰이고, 증조 휘 온(溫)은 문관 정랑이고, 조부 휘 형(亨)은 충순위 교위(忠順衛校尉)를 지냈고 좌부승지에 증직되었다. 선친 휘 희인(希仁)은 봉정대부(奉正大夫) 행 무안 현감(務安縣監)이고, 선비는 영인(令人) 합천이씨(陜川李氏)로 수신(守愼)의 따님이다.

가정 무술년(중종 33, 1538년) 3월 13일에 순천부 옥계리(玉溪里)의 집에서 공을 낳았다. 자품(姿禀)이 맑고 수려하였으며 효도와 우애는 천성으로 타고 났고, 재능과 기예는 매우 뛰어났다. 15세부터 모재(慕齋) 김 선생에게 수업을 받았는데 같은 문하의 여러 사람들이 모두 그에게 미치지 못한다고 하였다. 거처를 반드시 공경하게 하고 행동거지를 반드시 예로서 하여 울연히 산림(山林)의 숙덕(宿德)이라는 명망이 있었다. 선조 무진년(선조 1, 1568년)에 성균관 생원에 합격하였다. 순천부 서쪽에 옥천 임청대(臨淸臺)가 있는데 한훤당(寒暄堂) 김굉필(金宏弼)[226]과 매계(梅溪)[227] 조위(曹偉)[228] 두 선생이 유배되었을 때 쉬던 곳이다. 그 뒤에

자이다. 즉, 무오년을 말한다.

226) 한훤당(寒暄堂) 김굉필(金宏弼) : 1454~1504. 본관은 서흥(瑞興), 자는 대유(大猷), 호는 사옹(簑翁)·한훤당(寒暄堂)이다. 김종직(金宗直)의 문인으로, 《소학》에 심취해 '소학동자(小學童子)'로 불리었다. 1480년(성종 11) 생원시에 합격해 성균관에 입학하였다. 1494년 경상도관찰사 이극균(李克均)이 이학(理學)에 밝고 지조가 굳다는 명목의 유일지사(遺逸之士)로 천거해 남부 참봉에 제수되면서 관직생활을 시작하였다. 1498년 무오사화가 일어나자, 김종직의 문도로서 붕당을 만들었다는 죄목으로 평안도 희천에 유배되었다가 2년 뒤 순천에 이배되었다. 1504년 갑자사화가 일어나자 무오 당인이라는 죄목으로 극형에 처해졌다. 중종반정 뒤 신원되었으며, 1575년 영의정에 추증되었다. 정여창(鄭汝昌)·조광조·이언적(李彦迪)·이황(李滉) 등과 함께 오현(五賢)으로 문묘에 종사되었다. 저서로 《경현록》·《한훤당집》·《가범 家範》 등이 있다. 시호는 문경(文敬)이다.

227) 매계(梅溪) : 원문에는 '梅谷'으로 되어 있는데 정황으로 보아 '梅溪'로 보는 것이 타당할 듯하다.

228) 매계(梅溪) 조위(曹偉) : 1454~1503. 본관은 창녕(昌寧), 자는 태허(太虛), 호는 매계(梅溪)이다. 7세에 이미 시를 지을 정도로 재주가 뛰어나 족숙 조석문(曹錫文)이 불러 가숙에 머물러 독서하도록 하였다. 1472년(성종 3) 생원·진사시에 합격하고, 1474년 식년문과에 병과로 급제, 승문원 정자·예문관 검열·사헌부 지평 등을 거친 뒤 어머니 봉양을 위해 외직을 청하여 함양군수가 되었다. 1498년(연산군 4)에 성절사(聖節使)로 명나라에 다녀오던 중, 무오사화가 일어나 김종직(金宗直)의 시고(詩稿)를 수찬한 장본인이라

구암(龜巖) 이 선생이 순천 부사로 부임하였을 때 공과 매곡(梅谷) 배숙(裵璹), 청사(靑莎) 정소(鄭沼), 포당(圃堂) 정사익(鄭思翊)[229]과 함께 임청대를 수축하고 경현정사(景賢精舍)를 처음으로 세웠다. 임청대 편액에 새긴 '경현당(景賢堂)' 세 글자는 바로 퇴도(退陶) 이 부자(李夫子)의 친필이다. 만력(萬曆) 경술년(광해 2, 1610년) 9월 14일에 돌아가셨다. 현풍(玄風) 곽진(郭趁)이 행장을 지었다.

묘소는 순천부 해룡면 기봉 아래 지등 위 선고의 무덤 아래 건좌(乾坐)의 언덕에 있다. 배위는 옥천조씨(玉川趙氏)로 감찰 개신(介臣)의 따님이다. 2남을 두었다. 경(鏡)은 장연 현감(長淵縣監)이고 전(銓)은 생원 진사로 벼슬은 별제(別提), 청주 영장(淸州營將)에서 첨중추부사(僉中樞府事)에 올랐다. 둘 다 창의(倡義)로 삼등훈(三等勳)에 녹훈되었다. 부인은 6월 27일에 세상을 떠나니 묘소는 같은 묘역에 있다.

공은 고가(故家)의 후손으로 대현의 문하에서 가르침을 받아 군자다운 선비가 되니, 사적이 《경현록(景賢錄)》에 실려 있다. 승평사현은 비단 당대에 빛날 뿐만이 아니다. 구옹(龜翁)이 벗으로 취한 단서와 곽공(郭公)의 지은 글이 백세가 지나도 의심이 없다. 공의 11대손 영(永)이 묘갈명을 가지고 나에게 부탁하니, 종족의 후생 반열에 있으면서 고집스레 사양할 수가 없어 삼가 행장을 살펴 차례로 서술하고 다음과 같이 명(銘)한다.

이호 가에서 학문을 시작하고	發軔乎梨湖之上
현인을 높이는 집에 의지하였네	依歸乎景賢之堂
세상에 공의 풍모를 흠모하는 자들은	世之欽公之風者
옥천의 물이 영원토록 흐르는 것을 보리라	觀於玉川之水萬古彌長

강어(疆圉) 대황락(大荒落)[230] 10월 하순에 족후손 찬(巑)은 삼가 짓는다.

하여 오랫동안 의주에 유배되었다. 이후 순천으로 옮겨진 뒤, 우리나라 유배가사의 효시라고 일컬어지는 만분가(萬憤歌)를 지었으며, 그곳에서 죽었다. 저서로 《매계집》이 있다. 시호는 문장(文莊)이다.
229) 매곡(梅谷) …… 정사익(鄭思翊) : 주22 참조.
230) 강어(疆圉) 대황락(大荒落) : 정사년(丁巳年)을 말한다. 주52 참조.

통훈대부(通訓大夫) 사옹원 봉사(司饔院奉事) 문천 현감(文川縣監) 부군 묘표

우리 허씨는 공암촌주(孔巖村主) 휘 선문(宣文)이 봉작을 받은 뒤로부터 우리나라의 저명한 성씨가 되었다. 문경공(文敬公) 휘 공(珙), 대제학 휘 부(富), 예문관 제학(藝文館提學) 휘 완(完), 문관 현감 휘 질(晊), 사헌부 감찰 휘 예(禮), 문관 정랑 휘 온(溫)을 거쳐 충순위 교위(忠順衛校尉)로 좌부승지에 증직된 휘 형(亨)에 이르러 비로소 순천부 옥계촌(玉溪村)에 살기 시작하여 충효와 청백을 대대로 지키는 가법으로 삼았다. 장자는 돈용교위(敦勇校尉)로 경연 참찬관에 증직된 휘 희린(希麟)이고, 차자 통덕랑 휘 희수(希壽)는 영(瑛)에게 출계하였다. 차자는 무안 현감 휘 희인(希仁)이다.

부군의 휘는 택(澤)이고 자는 혜숙(惠淑)이며 호는 계정(溪亭)이니 바로 참찬 휘 희린의 다섯째 아들이다. 선비는 정부인 김제김씨(金堤金氏)로 참봉 은로(殷輅)의 따님이다. 명종 병오년(명종 1, 1546년)에 부군을 낳았다. 시례(詩禮)의 가르침을 받고 장중하게 몸가짐을 하였으며 마음가짐이 공평하고 곧아서 일을 처리함에 정밀하고 자세하니 식자들이 세상에 쓰일 만한 재목이라고 칭찬하였다. 명종 을축년[231](명종 20, 1565년)에 처음 벼슬을 하여 통훈대부에 오르고 사옹원 봉사로 문천 현감에 제수되었다. 관직에 있을 때에는 청렴하여 칭송하는 소리가 길에 가득하였다. 임기를 다 채우지 않고 곧바로 귀거래사를 읊으며 돌아와 효도로 부모를 봉양하는데 지체(志體)의 봉양[232]이 둘 다 지극하였다. 공경히 형님을 섬김에 모략이 없고 우애 있게 지냈으며 또 남은 시간에 집안 형인 강호(江湖) 선생에게 학문을 배워 덕업과 행의는 세상에 칭찬을 받았다.

돌아가신 연도는 전해지는 바가 없지만 10월 27일에 세상을 떠났다.

---

231) 명종 을축년 : 원문에는 '宣朝乙丑'으로 되어 있는데 선조조에는 을축년이 없고 허택의 생년으로 보아 명종 을축년으로 보는 것이 타당할 듯하여 수정 번역하였다.

232) 지체(志體)의 봉양 : 부모의 뜻을 잘 받드는 것[養志]과 좋은 음식으로 봉양하는 것[養體]을 말한다.《孟子 離婁上》

묘소는 순천부 황전면(黃田面) 외구리(外龜里) 뒷산 기슭 해좌(亥坐)의 언덕에 있다. 배위(配位)는 숙인(淑人) 광산이씨(光山李氏)이니 가선대부 사관(思寬)의 따님이다. 2월 27일에 세상을 하직하니 묘소는 같은 묘역에 있다. 아들 함(金+函)을 두었는데 경학(經學)으로 천거되어 군자감 참봉(軍資監參奉)에 제수되었다. 손자는 다섯이니, 훈련원 봉사 평(坪)과 주부 연(堜),〈-연은 약(鑰)에게 출계하였다.-〉규(圭),〈-후사가 없다.-〉병절교위(秉節校尉)인 후(垕)와 훈련원 봉사인 돈(墩)이다. 돈은 삼문이필(三文二筆)로 명성이 자자하니 당시 사람들이 영화롭게 여겼다. 이순필(李純苾)과 이현승(李玄昇)은 손자사위이다. 불초인 정(棖)은 교위 부군 휘 후(垕)의 장남으로 강호 선생의 손자인 귀천(歸川) 부군 휘 양(壤)의 아들로 출계하니 삼종(三從) 증조손간이다. 그러나 은덕이 두터운 것에 어찌 차이가 있겠는가. 아, 어리석은 불초손이 삼가 집안의 보첩에 전해지는 것과 고을과 나라에서 들은 것을 기술하여 이 무덤 앞에 묘표를 세우는 날 비석에 새기게 하여 영원토록 전하게 한다.

갑자년 맹월(孟月) 상순에 출계 증손 정(棖)은 삼가 짓는다.

증 통정대부 형조 참의 통훈대부 웅천 현감 허공의 등단비명(登壇碑銘) 병서(并序)

옛날에 예는 없지만 진실로 의에 부합되면 일어나는 것을 의기(義起)라고 하였다. 허씨가 단을 쌓아 공을 제사 지내니, 이른바 의기한 자가 아니겠는가. 공의 휘는 일(鎰)이고 자는 여중(汝重)이며 호는 일심재(一心齋)이다. 성은 허씨이고 관향은 양천(陽川)이다. 문경공(文敬公) 공(珙), 대제학 부(富), 정당문학(政堂文學) 완(完)은 실로 7대 이상의 선조이다. 6세 질(晊)은 현감이고, 5세 예(禮)는 감찰이며, 고조 온(溫)은 문관 정랑이고, 증조 형(亨)은 교위로 승지에 증직되었으며, 조부 희린(希麟)도 교위로 경연 참찬관에 증직되었고, 선친 혼(渾)은 소위장군(昭威將軍)으로 호조 참판에 증직되었다. 선비는 정부인 옥천조씨(玉川趙氏)로 중형(重珩)의 따님이다.

공은 어려서부터 강개하고 큰 뜻을 가지고 있으며 포부가 의롭고 용감하였는데 임진왜란 때 웅천 현감으로 이 충무공의 진영에 따라가 계속 승전하고 또 김건재(金健齋)[233]의 막하에 달려가 함께 진양을 지키다가 여러 사람들과 함께 순절하였다. 아들 경력 증(增)과 판관 곤(坤)이 다시 남은 군사를 거두어 적을 추격하여 한산(閑山)에 이르러 누차 뛰어난 공을 세우고 의롭게 죽으니, 부자가 모두 선무공신(宣武功臣)에 녹훈되고 공은 형조 참의에 증직되었다.

일찍이 들으니 공이 웅천에 있을 때 용장 김공이 군대를 일으켰다는 소리를 듣고 타고 있던 준마를 맡기니 여기에서도 공이 나라를 위해 사양하고 소유물을 사적으로 여기지 않는 한 단면을 볼 수 있다. 후일 공의로 충렬사에 배향되었다. 아직 복수를 하지 못하여 공의 옷과 신발도 묻지 못하였으니 10대가 지나도록 한으로 남아 마침내 살던 곳 뒤편에 단을 쌓아 매년 제사 지낼 장소로 삼았다. 지금 민가에서 오래된 선조의 무덤을 잃어버리고 자손의 분묘 위에 단을 쌓아 제사 지내는 것은 이미 옛날에도 있었다. 이것으로 관례를 삼는다면 앞에서 말한 의기라는 것이 이것이다.

부인은 광산김씨로 진사 응(應)의 따님이다. 공과 함께 제사지내고, 증과 곤은 차례로 합장하였다. 곤의 형인 원(垣)과 아우인 은(垠)과 탄(坦)은 모두 나란히 배열하였다. 그 일을 맡은 사람은 후손 석(錫), 방(枋), 책(策), 협(梜), 화(樺)이고, 섭(燮)은 제사를 주관하고, 당(鐺), 윤(鈗), 윤(潤)은 모두 방계 후손이다. 윤(潤)과 책(策)이 함께 나를 지나다가 단비

---

233) 김건재(金健齋) : 김천일(金千鎰, 1537~1593)을 말한다. 본관은 언양(彦陽), 자는 사중(士重), 호는 건재(健齋)이다. 1573년(선조 6) 학행(學行)으로 발탁되어 군기시 주부·용안 현감(龍安縣監)·경상도 도사·담양부사·한성부서윤·수원부사 등을 역임하였다. 1592년 임진왜란이 일어나자 의병을 일으켜 왜군을 패주시켰다. 1593년 10만에 가까운 적군의 대공세로 진주성이 끝내 함락되자 아들 상건(象乾)과 함께 촉석루에서 남강(南江)에 몸을 던져 순사하였다. 1603년(선조 36) 좌찬성에, 1618년(광해군 10) 영의정에 추증되었다. 저서로는 ≪건재집≫이 있다. 시호는 문열(文烈)이다.

(壇碑)의 명을 요구하기에 다음과 같이 명(銘)한다.

촉석루에서 의롭게 순절하니 　 **矗石殉義**
세 명이 똑같은 장사로다 　 　 **同三壯士**
충렬의 사당에서 　 　 　 　 　 **彰烈有祠**
모두 백세토록 제사 지내리라 　 **並享百禩**
단을 쌓아 해마다 한 번 지내니 **築壇歲一**
의로움으로 의병을 일으켰네 　 **特其義起**
공에게 무엇을 더할까 　 　 　 **於公何加**
후손이 성대하리라 　 　 　 　 **雲仍私耳**

을묘년(1915년) 봄 3월 임진일에 행주(幸州) 기우만(奇宇萬)[234]은 삼가
짓는다.

장암(莊菴) 허공(許公) 묘갈명 병서(并序)

공의 휘는 경(鏡)이고 자는 여명(汝明)이며 호는 장암(莊菴)이다. 성은
허씨이고 양천인(陽川人)이다. 고려 중찬(中贊) 문경공(文敬公)의 휘 공
(珙)의 9세손이고, 대제학(大提學) 휘 부(富)의 8세손이다. 조선조에 들
어와 대대로 유명한 사람이 나왔다. 증조 휘 형(亨)은 충순위 교위로 좌부
승지에 증직되었고, 조부 희인(希仁)은 무안 현감이고, 선친 엄(淹)은 성
균 생원이니 호는 강호(江湖)이다. 선비는 옥천조씨(玉川趙氏)로 감찰 개
신(介臣)의 따님이다. 명종 갑자년[235](명종 19, 1564년)에 태어났다. 공

---

234) 기우만(奇宇萬) : 1846~1916. 본관은 행주(幸州), 자는 회일(會一), 호는 송사(松沙)이다. 참판 정진(正鎭)
　　의 손자로서 학업을 이어받아 일찍이 문유(文儒)로 추앙받았다. 1895년 명성황후가 시해되고 단발령이 내
　　려지자 1896년 3월 광주향교(光州鄕校)에서 뜻을 같이하는 사람들을 모아 의병을 일으켰지만 고종으로부
　　터 의병을 해산시키라는 명으로 파견된 선유사 신기선(申箕善)의 설득으로 해산하고 말았다. 5월에 장성에
　　서 다시 의병을 일으켰으나 10월 16일 왜군에게 붙잡혀 옥고를 치르고 1897년 4월에 석방되었다. 1908년
　　2월 순천 조계산의 암자에서 동지·문인들과 재거사를 꾀하던 중에 고종이 강제 퇴위당하였다는 소식을
　　듣고 북쪽을 향하여 통곡한 후 해산하고 은둔하였다. 유저로는 《송사집》이 있다. 1980년 건국훈장 독립장
　　이 추서되었다.
235) 명종 갑자년 : 원문에는 '中廟甲子'로 되어 있는데 중종조(1506~1544)에는 갑자년이 없고 선친 허엄의 생
　　년이 1538년인 것으로 보아 중종조는 맞지 않는다. 이에 허엄과의 나이차를 고려하여 명종 갑자년으로 추
　　정 번역하였다.

은 어려서부터 이미 큰 뜻을 가지고 있었다. 강호공이 일찍이 사랑하여 두 아들에게 이름을 지어주기를 경(鏡)과 전(銓)이라고 하고는 글을 지어 경계하기를, "거울로 물건을 비추면 곱고 추한 것이 저절로 나타나고 저울로 물건을 달면 가볍고 무거운 것이 함께 얻어진다." 하였다. 공이 엄격한 훈계를 명심하고 효도와 우애, 충성 세 가지를 평생의 신표로 삼았다.

선조조에 무과에 급제하여 특별히 선전관에 뽑히고 내금위(內禁衛), 훈련원 어모장군(禦侮將軍), 전라수군우후(全羅水軍虞侯), 장연 현감(長淵縣監), 경주 판관(慶州判官)을 역임하니, 재임하는 동안 청렴과 근실함으로 칭찬을 받았다. 임진왜란이 일어나자 아우인 찰방공(察訪公) 전(銓), 종제인 가선공(嘉善公) 동(銅)과 함께 의병을 일으켜 전투할 때마다 공을 세웠다. 임금께서 의주에 행차했을 때 특별히 익사원종공신(翼社原從功臣)의 녹훈을 하사하고 아우 전에게는 특별히 청주 영장을 제수하셨다. 대개 그 충심과 적개심은 난형난제라 할 만하니 그 사적은 호남 충의록(湖南忠義錄)에 기록되어 있다. 오천(鰲川) 한백유(韓伯愈)[236]가 행장을 지었다.

배위는 숙부인 옥천조씨로 판관 준(俊)의 따님이다. 재종제 영(鈴)의 아들 감(堪)을 후사로 삼으니 통덕랑이다. 손자 장(樟)은 찰방이다. 묘소는 지등 위 기봉 아래 서쪽 기슭 간좌(艮坐)의 언덕에 있으며 합장하였다. 공의 종10대손 영(永)이 나에게 비문을 부탁하는데 누차 사양해도 안 되기에 삼가 차례로 서술하고 다음과 같이 명(銘)한다.

당당한 형제는	桓桓伯仲
의병이 되어 씩씩하니	義旅克壯
만인의 희망이라네	萬夫之望也
빛나는 녹권은	煌煌錄券
간성으로 권면하니	獎以干城

236) 오천(鰲川) 한백유(韓伯愈) : 1675~1742. 본관은 청주(淸州), 자는 퇴여(退汝), 호는 오천(鰲川)으로, 최서림(崔瑞琳)의 문인이다. 학문에 전심하여 순천부 훈도(順天府訓導)로 흥학비(興學碑)가 있다. 천도인통(天道人通)을 펴냈으며 하도낙서(河圖洛書) 3백수(數)를 풀었으니 많은 선비들이 문하에 있었다.

영원토록 이름이 남으리라　　百代之名也

강어(疆圉) 대황락(大荒落)[237] 10월 하순에 족후손 찬(巑)은 삼가 짓는다.

송암(松菴) 허공 묘갈명 병서(并序)

공의 휘는 전(銓)이고 자는 여평(汝平)이며 호는 송암(松菴)이다. 성은 허씨이고 공암인(孔巖人)이다. 시조의 휘는 선문(宣文)으로 공암촌주(孔巖村主)이다. 대대로 대신과 학자, 고관이 계속 나와 우리나라의 대표적인 명문가가 되었다. 9세조는 고려 첨의중찬(僉議中贊) 문경공(文敬公) 휘 공(珙)이고, 8세조는 대제학 휘 부(富)이다. 정당문학(政堂文學) 휘 완(完)으로부터 누대를 내려와 문관 정랑 휘 온(溫)에 이르러 휘 형(亨)을 낳으니 충순위 교위이다. 연산정란(燕山政亂)에 문정공(文貞公) 침(琛)[238]이 정국을 제대로 바로잡지 못하여 걱정과 울분으로 병이 생겨 돌아가시니, 교위공이 위험의 기미를 보고 순천부 옥계리로 자취를 숨겨 유훈(遺訓) '충효(忠孝)' 두 글자를 대대로 지켜야 할 가법으로 삼았다. 선조조에 승정원 좌부승지에 증직되었다. 휘 희인(希仁)을 낳으니 무안 현감이다. 관직에 있을 때에는 청렴하고 덕망이 있었다. 구암 이정 선생이 그의 행장을 지었다. 휘 엄(淹)을 낳으니 성균 생원이다. 모재 김 선생의 고제이고 구암 이정과 함께 경현당을 창건하여 승평사은의 한 사람이 되었다. 이분들이 공에게 고조부, 증조부, 조부, 선친이 된다. 선비는 옥천조씨로 감찰 개신(介臣)의 따님이고, 현감 지곤(智崐)의 증손녀이다. 숙덕(淑德)을 겸비하였다.

---

237) 강어(疆圉) 대황락(大荒落) : 정사년(丁巳年)을 말한다. 주52) 참조.

238) 문정공(文貞公) 침(琛) : 허침(許琛, 1444~1505)을 말한다. 본관은 양천(陽川), 자는 헌지(獻之), 호는 이헌(頤軒)이다. 기(愭)의 증손으로, 할아버지는 양양도호부사 비(扉)이고, 아버지는 군수 손(蓀)이며, 어머니는 부녹사 최안선(崔安善)의 딸이다. 우의정 종(琮)의 동생이다. 1462년(세조 8) 진사시에 합격하고, 1475년(성종 6) 참봉으로 문과에 급제하였다. 병조 정랑·동부승지·우승지·대사헌·병조 참판·경상도 관찰사·이조 판서 등을 역임하였다. 1504년 우의정 재직 당시 연산군의 생모 윤비(尹妃) 폐출(廢黜)에 참여한 많은 사람들이 처벌되는 가운데, 당시 할머니상으로 불참했던 덕에 화를 면하였다. 그 해 좌의정에 올랐다. 조위(曹偉)·유호인(俞好仁) 등과 교우하면서 성종의 총애를 받았고, 연산군의 폭정을 바로잡지는 못했지만 많은 조신들을 구명하였다. 성종조의 청백리(淸白吏)에 녹선되었다. 시호는 문정(文貞)이다.

선조 무진년(선조 1, 1568년) 3월 25일에 공을 낳았다. 타고난 자질이 뛰어나고 커서 나라를 근심하고 공무에 힘쓰는 것을 자신의 임무로 삼았다. 선조 때 생원 진사에 급제하여 별제(別提)에 올랐고, 성현 찰방(省峴察訪)에 제수되었다. 임진왜란 때 형인 장연공 경(鏡), 종형 웅천공 일(鎰)과 함께 의병을 일으켜 어가를 호위하여 삼등공신에 녹훈되었다. 특별히 청주 영장에 제수되고 첨중추부사(僉中樞府事)에 올랐다. 인조 임오년(인조 20, 1642) 7월 20일에 세상을 떠났다. 묘소는 곡성군(谷城郡) 석곡면(石谷面) 연반리(蓮盤里) 적백동(赤伯洞) 유좌(酉坐)의 언덕에 있다.

아, 공이 어진 부형의 가르침을 받아 효도와 우애를 독실하게 행하고 거처할 때에는 반드시 엄하게 해서 아무리 집안 식구나 부자간일지라도 게으른 모습을 보인 적이 없었으며 검소하고 예법을 갖추는 것을 가법으로 삼았다. 오천 한백유가 행장을 지었다.

배위는 숙부인 경주김씨(慶州金氏)로 주부 정(定)의 따님이고, 의정부 좌찬성 종직(從直)의 5세손이다. 아들 양(壤)을 두니 통덕랑이다. 후배는 옥천조씨로 아들 둘을 두었다. 호(壕)와 유(壝)로 모두 통덕랑이다. 김씨의 기일은 1월 18일이고, 묘소는 순천부 주암면(住巖面) 비룡리(飛龍里) 뒷산 기슭 계좌(癸坐)에 있고, 조씨의 묘소는 주암면 화평리(花坪里) 백호 등(白虎嶝) 임좌(壬坐)의 언덕에 있다. 양의 아들 정(根)이 관곡(寬谷) 최서림(崔瑞琳)[239]의 문하에 들어 학문이 크고 넓었지만 덕을 숨기고 벼슬하지 않았다. 손자와 증손 이하는 다 기록하지 않는다. 공의 10대손 영(永)이 나에게 묘갈명을 부탁하기에 삼가 행장을 살펴 차례로 서술하고 다음과 같이 명(銘)한다.

---

239) 관곡(寬谷) 최서림(崔瑞琳) : 1632~1698. 본관은 진주(晉州), 자는 여발(汝發), 호는 관곡(寬谷)이다. 서울에서 출생하였으나, 병자호란(丙子胡亂) 때 호남으로 내려가 태인 고현내(古縣內)에 살았다. 1662년(현종 3)에 진사시(進士試)에 합격하였으나 더 이상 과거(科擧)에 뜻을 두지 않고 김신독재(金愼獨齋)에게 수업하고 학문의 궁리에 전념하였으며, 시문(詩文)에 능하였다. 1694년(숙종 20)에 유일(遺逸)로 천거되어 장사랑(將仕郎) 태릉 참봉(泰陵參奉)에 제수되었으나 나아가지 않았다. 만년에는 관곡(寬谷) 아래에 서당을 짓고 후진을 양성하였다. 이후 1701년(숙종 27)에 유림들의 발의로 용계서원(龍溪書院)에 향사되었다.

호방하고 뛰어남은	豪邁絶倫
지사의 지조이고	志士之秉
죽음을 맹세하고 순국함은	誓死殉國
지사의 바름이로다	志士之正
밝고 밝은 어른의 법도는	熙熙耆秩
권면할 만하고 공경할 만하네	可以勸可以敬

강어(疆圉) 대황락(大荒落) 10월 하순에 족후손 찬(巑)은 삼가 짓는다.

참봉(參奉) 허공 묘표

공의 성은 허씨이고 휘는 함(金+函)이며 자는 자정(子精)이고 호는 성재(惺齋)이니 양천인이다. 시조 공암촌주(孔巖村主)의 휘는 선문(宣文)이다. 10세를 전해 내려와 문경공(文敬公) 휘 공(珙)의 9세손이고, 대제학 부(富), 정당문학(政堂文學) 휘 완(完), 문관 현감 질(晊), 감찰 예(禮)는 바로 공의 5세 이상 선조이다. 고조 휘 온(溫)은 문관 정랑이고, 증조 휘 형(亨)은 충순위 교위로 승정원 좌부승지에 증직되었다. 조부 휘 희린(希麟)은 돈용교위(敦勇校尉)로 경연 참찬관에 증직되었다. 음관(蔭官) 현감 휘 택(澤)과 가선대부에 증직된 사관(思寬)의 따님이며 군수 도(燾)의 증손인 광산이씨(光山李氏)는 바로 선고와 선비이다.

선조 무자년(선조 21, 1588년) 2월 23일에 공을 낳았다. 공은 성품이 온순하고 효도와 우애에 독실하였으며 자신을 수양하고 집안을 다스려 출입을 한결같이 하되 조금도 게으름이 없었다. 또 다른 사람의 장단점에 대해 말하기를 좋아하지 않았으며 학문이 크고 넓어 진실된 숙덕(宿德)과 장자(長者)의 풍모가 있었다. 사적이 승평지(昇平誌)에 실려 있다.

선조조에 처음 벼슬로 군자감 참봉에 제수되었다. 학행으로 천거되어 크게 쓰일 예정이었는데 그렇게 되지 못하고 임진년(인조 26, 1648년) 12월 24일에 세상을 떠났다. 배위는 선산유씨(善山柳氏)로 통정대부 결

(潔)의 따님이다. 갑신년(선조 17년, 1584년) 2월 14일에 태어났다. 여사(女士)의 기풍이 있었다. 5남2녀를 낳으니 장남 평(坪)은 훈련원 봉사이고, 차남 연(堜)은 주부인데 약(鑰)에게 출계하였다. 3남 규(圭)는 후사가 없고, 4남 후(垕)는 병절교위(秉節校尉)이고, 5남 돈(墩)은 훈련원 봉사이다. 사인(士人) 이순필(李純苾)과 이현승(李玄昇)은 손자사위이다. 항(杭), 즙(楫)은 장남 평의 아들이고, 정(根)과 해(楷), 제(梯)는 4남 후의 아들이며, 계(墍)는 5남 돈의 아들이다. 정은 양(壤)에게 출계하였고, 해는 후사가 없어 종형 항의 아들 현(絢)으로 후사를 삼았으며, 제는 후사가 없다. 신묘년(효종 2, 1651년) 2월 13일에 돌아가시니, 묘소는 순천부(順天府)[240] 황전면(黃田面) 외구촌(外龜村) 뒷산 기슭 무덤 아래 해좌(亥坐)의 언덕에 있으며 합장하였다. 증손과 현손 이하는 다 기록하지 않는다. 아, 공의 덕행은 이 정도로 그치지 않는다. 고을 사람들이 다 아는 것은 효행이니, 효행은 모든 행실의 근원이다. 또 어찌 굳이 억지로 길에서 떠드는 말들을 수집해서 공의 묘에 아첨할 필요가 있겠는가?

무오년 봄 3월 상순에 가선대부 전 영변 군수(寧邊郡守) 해평(海平) 윤영구(尹甯求)가 삼가 짓고, 숭록대부(崇祿大夫) 전 판돈녕원사(判敦寧院事) 해평 윤용구(尹用求)[241]가 쓴다.

통덕랑(通德郎) 부군 묘표

부군의 휘는 양(壤)이고 자는 자관(子寬)이며 호는 귀천(歸川)이고 성은

---

240) 순천부(順天府) : 원문에는 '順天郡'으로 되어 있는데 오류로 보아 수정 번역하였다.
241) 윤용구(尹用求) : 1853~1939. 본관은 해평(海平), 자는 주빈(周賓), 호는 석촌(石村)·해관(海觀)·수간(睡幹)·장위산인(獐位山人)이다. 1871년(고종 8) 직장(直長)으로서 문과에 급제하였으며 예조·이조 판서를 지냈다. 1895년 을미사변 이후로 법부·탁지부·내무부 등 대신에 제수되었지만 나아가지 않고 서울 근교의 장위산에 은거하면서 '장위산인'이라 자호하였다. 한일합방 후 일본 정부에서 남작을 수여하였으나 거절하고 서화와 거문고, 바둑으로 자오(自娛)하며 두문불출, 세사를 멀리하였다. 글씨는 해서·행서를 많이 썼으며 그림은 난과 대를 잘 그렸다. 금석문으로 과천의 〈문간공한장석신도비(文簡公韓章錫神道碑)〉와 광주(廣州)의 〈선성군무생이공신도비(宣城君茂生李公神道碑)〉가 있으며, 전라남도 순천 선암사 입구의 강선루(降仙樓) 현판 등을 남겼다. 한편, 그림으로는 〈죽도(竹圖)〉(개인소장)와 〈묵죽(墨竹)〉(간송미술관 소장) 등이 있다.

허씨이다. 시조 공암촌주(孔巖村主)의 휘는 선문(宣文)이다. 10세를 전하여 문경공(文敬公) 휘 공(珙), 대제학 휘 부(富), 예문관 제학 휘 완(完), 문관 현감 휘 질(晊), 감찰 휘 예(禮), 문관 정랑 휘 온(溫)은 5세 이상 선조이다. 충순위 교위로 좌부승지에 증직된 휘 형(亨), 무안 현감 휘 희인(希仁), 호가 강호(江湖)이고 승평사은의 한 사람인 성균 생원 휘 엄(淹)이 바로 고조부, 증조부, 조부 3대이다. 선고 휘 전(銓)은 생원 진사 별제(別提)로 성현 찰방(省峴察訪)에 제수되었으며, 임진왜란 때 가형인 장연공(長淵公) 경(鏡), 재종형인 웅천공(熊川公) 일(鎰)과 함께 의병을 일으켜 곡식을 운반한 공으로 특별히 청주 영장에 제수되고 첨중추부사에 올랐으며 3등공신에 녹훈되었다.

선비는 숙부인 경주김씨(慶州金氏)로 주부 정(定)의 따님이고, 의정부 좌찬성 종직(從直)의 5대손이다. 선묘 경자년(선조 33, 1600년) 6월 4일에 부군이 태어났다. 성품이 본래 온후하여 일을 함에 매우 근실하고 공경히 하였으며 안으로는 집안에서나 밖으로는 고을에서 각각 성품대로 하니 기뻐 심복하지 않은 이가 없었다. 일을 만나면 시원스레 사물을 포용하는 도량이 있었으며 신중하고 과묵하니 진실로 어질고 효성스럽고 돈후한 군자라고 하겠다.

아, 부군의 아름다운 말과 선한 행실이 혹 없어질까 두려워 삼가 가첩에 전하는 것을 추려 각각 그 개요를 기술하였다. 벼슬은 통덕랑이다. 경자년(현종 1, 1660년) 2월 4일에 돌아가시니 향년 61세였다. 배위는 공인(恭人) 옥천조씨로 장사랑(將仕郎) 참봉 위(暐)의 따님이다. 기일은 3월 1일이다. 후배는 공인 옥천조씨로 사인 원량(元亮)의 따님이다. 병인년(인조 4, 1626년) 2월 4일에 태어나고 계축년(현종 14, 1673년) 7월 27일에 돌아가시니 수는 48세였다. 묘소는 세 개이다. 전배는 오른쪽에 합장하고 후배는 왼쪽에 합장하였다. 순천부 주암면 비룡리 뒤쪽 기슭의 선비 묘소에서 조금 위 계좌(癸坐)의 언덕에 함께 위치시켰다. 전배와 후배에게 모두 후사가 없어 3종제 후(垕)의 장남 정(棖)을 후사로 삼았다. 손자는 바로 불초 수(綬)이고, 증손은 엽(僕), 원(偵), 필(佖)이다.

아, 묘소의 법이 빠진 게 많아 지금 마침내 묘역에 표시를 하였으니, 슬프게도 우리 후손들은 대대로 삼가 지키고 봉분을 견고하게 해서 초동과 목동을 경계할 것이다.

병오년 3월 하순에 불초손 수는 삼가 기록한다.

우재(愚齋) 허공 묘표

보잘것없는 내가 외람되게 훈도(訓導)의 직책으로 승평의 양사재(養士齋)를 맡은 지도 몇 년이 지났다. 고을의 풍속과 유학의 교화를 살펴 보니, 일찍이 한훤당과 매곡 두 선생께서 독실하게 교화하고 인도하는 데에서 배운 바가 있어 경영하고 일을 다스림에 울연히 소호(蘇湖)의 유풍이 있었다. 향사 허수는 일찍이 위양옹(渭陽翁) 관곡(寬谷) 최 선생의 문하에서 입설(立雪)[242]의 교의를 정하여 정이 더욱 돈독하고 강마를 더욱 가깝게 하였다. 하루는 나에게 읍하고 말하기를, "우리 본생 선조고는 자품이 순수하고 따뜻하며 재주와 기예가 뛰어납니다. 가정교육을 받아 문장이 넉넉하고 수려하며 부모를 섬기는데 지극히 효성스럽고 형제 자매간에 아끼고 공경함이 지극하였습니다. 친척과 화합하고 가난한 자들을 구제하며 자손을 가르침에 반드시 의로운 방법으로 하니, 고을 사람들이 모두 그 덕업과 풍의를 칭찬하였습니다. 지금 부군이 살던 시대에서 거의 100년이 흘렀는데도 아직까지 묘소를 꾸미지 못해 후손들의 한이 되었으니, 부

---

242) 입설(立雪) : 스승을 찾아가 가르침을 받으려는 정성을 뜻한다. 송(宋)나라 유조(游酢)와 양시(楊時)가 처음 정이(程頤)를 뵈었는데, 정이가 눈을 감고 오랫동안 명상에 잠겨 있었다. 두 사람은 스승을 공경한 나머지 물러간다고 말씀드릴 수가 없어 그대로 모시고 있었다. 얼마 후 정이가 눈을 떠 두 사람을 보고는 "자네들 아직도 여기에 있었는가. 이제 나가게." 하였다. 두 사람이 그제야 나오니, 문밖에 눈이 한 자나 쌓여 있었다 한다. 이후 '정문입설(程門立雪)'이라 하였는바, 이것을 인용한 것이다. 《朱子語類》

디 그대는 불쌍하게 여기고 살펴 주어 특별히 실력을 발휘해 묘비의 글을 써 주십시오." 하였다. 내가 마침내 옷깃을 여미고 "이 일을 하는 데에 부끄럽게도 적임자는 아닙니다."라고 하였지만 끝내 감히 사양하지 못하고 삼가 행장을 살펴 공경하게 서술하였다.

공의 휘는 후(垕)이고 자는 대재(大載)이며 호는 우재(愚齋)이다. 공암 촌주(孔巖村主) 휘 선문(宣文)이 시조가 된다. 문경공(文敬公) 휘 공(珙), 대제학 부(富), 정당문학 완(完), 문관 현감 질(晊), 감찰 예(禮), 문관 정랑 온(溫)은 봉작을 받은 후손이다. 충순위 교위로 좌부승지에 증직된 휘 형(亨), 교위로 경연[243] 참찬관에 증직된 휘 희린(希麟), 음관(蔭官) 현감 휘 택(澤)이 고조부, 증조부, 조부 3대이다. 선고 휘는 함(金+函)이다. 경학(經學)으로 참봉에 천거되었다. 선비는 서산유씨(瑞山柳氏)로 통정대부 결(潔)의 따님이다. 선조 임신년[244](선조 5, 1572년) 5월 23일에 공을 낳았다. 공은 덕성이 관후하고 지조가 견고하였으며 몸을 단속하고 집안을 다스리며 일을 처리하고 사물을 접할 때에는 모두 그 도에 맞았다. 이미 행장에 다 실려 있으니 애초에 더 말할 필요가 없다.

선조조에 병절교위(秉節校尉)가 되었으며, 효종 병신년(효종 7, 1656년) 11월 18일에 돌아가시니 향년 83세였다. 묘소는 여수군(麗水郡) 소라면(召羅面) 현천촌(玄川村) 동쪽 간좌(艮坐)의 언덕에 있다. 배위는 의인(宜人) 옥천조씨로 사인 원량(元亮)의 따님이다. 계해생(인조 1, 1623년)이고 기묘년(숙종 25, 1699년) 10월 23일에 돌아가시니 향년 77세였다. 묘소는 같은 묘역에 있다. 3남을 두었는데 장남 정(棖)은 양(壤)에게 출계하였고, 차남 해(楷)는 후사가 없어 종형 항(杭)의 아들 현(絢)으로 후사를 삼았으며, 3남 제는 전하는 바가 없다. 손자 탁(倬)은 청렴과 바

---

243) 경연 : 본문에는 "經"이 빠져 있지만 문맥을 살펴 보완 번역하였다.
244) 선조 임신년 : 원문에는 "宣祖壬戌"로 되어 있는데 선조조에는 임술년이 없고 1656년이 향년 83세라고 한 것으로 보아 임신년으로 보는 것이 타당할 듯하여 수정 번역하였다.

름으로 세상에 칭송을 받았다. 여산(礪山) 송주(宋柱), 풍산(豊山) 홍재오(洪在澳), 함풍(咸豊) 이진철(李震哲)은 손자사위이다.

아, 공은 덕을 숭상하고 학문에 힘쓰는 군자다운 학자라고 할 만하다. 사우들의 사모하는 마음이 크게 남아 있는데, 후손들이 추모하고 상상하는 것이 어찌 그러하지 않겠는가. 부디 비와 이슬로 적셔주고 서리와 눈이 내릴 때 더욱 사모하는 정성을 다하기를 바라니, 무덤가의 푸른 나무가 묘소를 덮을 것이다.

갑진년 3월 하순에 청주 한백유(韓伯愈)는 삼가 짓는다.

정간재(靜簡齋) 허공 묘갈명 병서(幷序)

공의 성은 허씨이고 휘는 정(根)이며 자는 여강(汝剛)이다. 정간재(靜簡齋)는 그 호이며 양천인이다. 시조 공암촌주(孔巖村主)의 휘는 선문(宣文)이다. 10세를 전해 내려와 첨의중찬(僉議中贊) 문경공(文敬公) 휘 공(珙), 대제학 휘 부(富), 정당문학(政堂文學) 휘 완(完), 문관 현감 휘 질(晊), 감찰 휘 예(禮), 문관 정랑 휘 온(溫), 충순위 교위로 승정원 좌부승지에 증직된 휘 형(亨)은 공의 5세 이상 선조이다. 고조 휘 희인(希仁)은 현감이고, 증조부 휘 엄(淹)은 생원이며 조부 휘 전(銓)은 생원 진사로 별제(別提)에 올랐고, 뒤에 성현 찰방(省峴察訪)으로 임진왜란 때 가형인 장연공(長淵公) 경(鏡), 재종형인 웅천공(熊川公) 일(鎰)과 함께 의병을 일으키고 재산을 다 털어 곡식을 운반하여 여러 번 큰 공을 세우니 특별히 청주 영장에 제수되고 첨중추부사에 올랐으며 3등공신에 녹훈되었다. 선고 휘 양(壤)은 통덕랑이고 선비는 옥천조씨로 참봉 위(暐)의 따님이다. 계비는 옥천조씨로 원량(元亮)의 따님이다. 모두 후사가 없어 3종제 후(垕)의 장남 정(根)을 후사로 삼으니 공이 이 분이다.

공은 인조 병술년(인조 24, 1646년) 10월 19일에 태어났다. 타고난 자질이 순수하고 온화하였으며 성장한 뒤에는 부모를 지극한 효성으로 섬기고 사랑과 공경을 모두 극진하게 하였다 거상중에는 예보다 지나치게 하였으며 친척의 자제를 자신의 자식과 다를 바 없이 대했으며 혹 가난하여 먹을 것이 떨어진 자가 있으면 말을 풀어 주니 고을 사람들도 보고 감동하였다. 관곡(寬谷) 최서림(崔瑞琳)의 문하에 들었으며 학문이 크고 넓었다. 시집(詩集)이 있다. 덕을 숨기고 벼슬하지 않았다. 숙종 무술년(숙종 44, 1718년) 11월 24일에 세상을 떠나시니 향년 73세였다. 순천부 주암면 월채동(月彩洞) 갑좌(甲坐)의 언덕에 장례지냈다.

배위는 흥덕장씨(興德張氏)로 복준(復俊)의 따님이다. 무자년(인조 26, 1648년) 11월 11일에 태어나 공보다 10년 앞선 기축년(숙종 35, 1709년) 9월 15일에 세상을 떠나시니 향년 62세였다. 묘소는 같은 묘역이다. 아들 수(綬)와 세 손자를 두었다. 장손 엽(僷)은 통정대부 부호군이고, 둘째 손자는 원(偱)이고, 셋째 손자는 필(佖)이다. 서원(瑞原) 박내석(朴乃錫), 도강(道康) 김민(金珉), 전주 이수준(李洙俊), 여산 송정묵(宋廷默)은 손자사위이다. 장증손 순(珣)은 첨중추부사이다.

공이 돌아가시니 오천 한백유가 행장을 쓰고, 옥천 조현범(趙顯範)이 지조와 행실을 읊고 시를 지어 찬미하여 인구에 회자되었다. 그러나 공의 덕행이 세월이 오래될수록 잊혀지니 다 없어져 전해지지 못할까 두렵다. 승선공(承宣公) 집(集)이 묘표를 차례로 지었으니 내가 문장을 잘하는 사람도 아닌데 어찌 감히 군더더기를 붙이겠는가? 그의 8대손 영(永)이 다시 묘갈명을 청하니, 그의 정성을 차마 저버리지 못하여 병든 몸을 무릅쓰고 다음과 같이 명(銘)한다.

오천의 글은	鰲川之文
잊을 수 없고	足以不忘
옥천의 시는	玉川之詩

드러낼 만하도다	足以闡揚
두 분이 너무도 선하고 아름다우니	嗟二公之盡善又盡美兮
굳이 군더더기 말을 장황하게 할까보냐	何必贅余毫而張皇

정묘년 중추 상순에 가선대부 규장각 부제학 팔계(八溪) 정봉시(鄭鳳時)[245]는 삼가 짓는다.

죽헌(竹軒) 허공 묘갈명 병서(幷序)

양천세가에 첨의중찬 문경공(文敬公) 휘 공(珙)의 다섯째 아들인 대제학(大提學) 휘 부(富)로부터 여러 대를 전해 내려와 봉정대부 행 무안 현감 휘 희인(希仁)의 아들 강호(江湖) 선생 허공 휘 엄(淹)은 선조조의 성균 생원으로 문경공(文敬公) 모재 김 선생의 고제이다. 문학과 행의가 세상에 중히 여겨져 세상에서는 승평사은의 한 사람이라고 칭송하였다. 현손인 휘 수(綏)의 자는 이중(履仲)이고 호는 죽헌(竹軒)으로, 타고난 자질이 고매하고 바르며 성품이 자상하고 남들을 아껴 기쁘게 베풀었으며 가난한 사람들을 도와주었다. 굶주린 자는 배부르고 추운 자는 따뜻하고 병든 자는 회복하고 근심스런 자는 즐거워하여 덕과 은혜가 두루 미치니 사람들로 하여금 춥고 고달픈 끝에 봄을 보는 것처럼 느끼게 하였다. 이른바 정백자(程伯子)가 앉은 곳의 화기(和氣)[246]를 거의 다시 볼 수 있을 것이다.

아, 훌륭하도다. 젊은 시절에 최 관곡의 문하에 나아가 배워 학문에 진

---

245) 팔계(八溪) 정봉시(鄭鳳時) : 팔계(八溪)는 초계(草溪)의 옛 이름이다. 정봉시(1855~1937)의 호는 송리(松里), 본관은 초계(草溪)이다. 1891년(고종 28) 식년시 생원 3등 43위로 합격하였다. 1896년(건양 1) 춘천부(春川府) 참서관(參書官)으로 근무한 뒤, 1905년(광무 9) 내부(內部) 회계국장(會計局長)과 1906년(광무 10) 내부 지방국장·내부 치도국장 등을 역임하였다. 이후 1906년(광무 10) 함경남도관찰사로 승진한 뒤, 1907년(융희 1) 중추원찬의로 재직하였다. 1908년(융희 2) 국조보감(國朝寶鑑) 편집위원으로 활동하였으며, 1909년(융희 3)에는 경성일보사(京城日報社)가 주최하는 일본관광단에 참가하였다. 이후 1909년 규장각부제학(奎章閣副提學)에 올랐으며, 1912년부터 1929년까지 17년간 경학원(經學院) 강원도 강사(講士)로 활동하였다. 1929년 경학원부제학(經學院副提學)에 올랐으며, 1936년 경학원대제학(經學院大提學) 겸 명륜학원(明倫學院) 총재로 재직하였다.

246) 정백자(程伯子) …… 화기(和氣) : 정백자(程伯子)는 송나라 학자 명도(明道) 정호(程顥)를 말한다. 명도 선생이 홀로 앉아 있을 적에는 석고상(石膏像)처럼 보이다가도, 일단 사람을 접하면 한 덩어리의 화기[一團和氣]가 뭉쳐 있는 것처럼 보였다는 유명한 고사가 있다. 《二程全書 卷12》

보가 있으니 한백유가 그의 바른 지조를 가상하게 여겨 죽헌의 시에 화답하고 조현범도 또 찬미하는 글을 지었다. 두 사람은 우리 당의 스승이시니, 그 추중하는 바가 백세토록 징험이 되어 의심이 없다. 증조 휘 전(銓)은 생원 진사 별제(別提)로 성현 찰방(省峴察訪)에 제수되었으며, 정유재란(丁酉再亂)에 가형인 장연공(長淵公) 경(鏡)을 따라 의병을 일으켜 곡식을 운반한 공으로 특별히 청주 영장에 제수되고 첨중추부사에 올랐으며 3등공신에 녹훈되었다. 조부 휘 양(壤)은 통덕랑이다. 선고 휘 정(根)의 호는 정간재(靜簡齋)이다. 평생의 지조가 충성스럽고 미더우며 효성스럽고 독실하였으며 자상하고 의리가 높아 모두 그 방도에 맞게 하니 원근의 사우들이 호남의 군자라고 칭송하였다. 선비 흥덕장씨(興德張氏)는 사인 복준(復俊)의 따님이다.

공은 현묘(顯廟) 계축년(현종 14, 1673년) 8월 9일에 태어나 영묘(英廟) 병오년(영조 2, 1726년) 11월 29일에 세상을 떠나시니 향년 54세였다. 묘소는 주암면 궁각촌(弓角村) 뒤쪽 기슭 해좌(亥坐)의 언덕에 있다. 배위는 의령남씨(宜寧南氏)로 처녕(處寧)의 따님이고, 진사 선(愃)의 손녀이다. 경술년(현종 11, 1670년) 11월 15일에 태어나 임신년(영조 28, 1752년) 2월 2일에 돌아가시니 향년 83세였다. 묘소는 공의 묘소 우측 임좌(壬坐)의 쌍분이다. 3남4녀를 두었다. 장남 엽(僷)은 무과에 급제하였고 선전관과 주부를 거쳤으며 수직(壽職)으로 통정대부 부호군에 올랐다. 차남은 원(傎)이고, 3남은 필(佖)이다. 서원(瑞原) 박내석(朴乃錫), 도강(道康) 김민(金珉), 전주 이수준(李洙俊), 여산 송정묵(宋廷黙)은 사위이다.

보잘것없는 내가 외람되게 순천 부사로 오니 공의 장손 순(珣)이 행장을 가지고 와서 묘갈명을 청하니, 내가 그의 덕업과 풍의에 흠복하고 선대가 모옹(慕翁)과 굳게 맺어진 것에 감동하여 끝내 사양하기가 어려웠다. 그 때문에 행장을 살펴 삼가 기술하여 경앙하는 마음을 담고 다음과 같이 명

(銘)한다.

문경공의 옛 집에	文敬古家
훌륭한 죽헌이 나오고	篤生竹軒
시례의 가정교육은	詩禮庭訓
관곡으로 깊어졌네	寬谷淵深
시로서 덕을 드날린 것은	詩以揄揚
한백유와 조현범 두 분이고	韓趙兩翁
덕행을 그려 쓴 것은	狀德信筆
또 정봉시 선생이 계시네	又有鄭公
푸른 잣나무 언덕은	蒼栢弓岡
공의 무덤이네	悶安眞宅
천백 년이 흘러	來千百載
지나는 자 반드시 공경하리라	過者必式

갑인년 9월 상순에 통정대부 승정원 좌부승지 경연 참찬관 겸 춘추관 수찬관 문소(聞詔) 김한동(金翰東)[247]은 삼가 짓는다.

만각재(晩覺齋) 허공 묘갈명 병서(并序)

벼슬 보기를 다 떨어진 신발처럼 여기고 하늘이 준 벼슬을 평소의 지위로 여긴 것은 다만 덕이 견고하여 따른 것일 뿐만이 아니라, 편안함을 만나도 주지 못하니 이는 만각재 허공이 바로 그 사람이다. 공의 휘는 엽(僕)이고 자는 사혁(士奕)으로 양천인이다. 허씨의 시조는 공암촌주 휘 선문(宣文)이다. 10대를 전해 내려와 휘 공(珙)은 첨의중찬(僉議中贊)

---

247) 김한동(金翰東) : 1740~1811. 본관은 의성(義城), 자는 한지(翰之), 호는 와은(臥隱)이다. 성구(聲久)의 증손이다. 1763년(영조 39) 진사가 되고, 1781년(정조 5) 경릉참봉이 되었다. 1789년 문과에 급제하여 전적이 되었다. 이듬해 부교리·지평·정언을 거쳐, 1791년 헌납이 되어 수해를 당한 영남지방 재해민의 굶주림에 지치고 피곤함을 들어 환곡(還穀)의 환수를 연기하여줄 것을 진언하였다. 이어서 수찬을 거쳐 이듬해 동부승지, 1794년에는 순천부사를 지냈다. 1796년 대사간이 되었으나 파직되었다가 1799년에 다시 대사간에 기용되었으며, 이어서 승지를 지냈다. 1802년(순조 2) 천주교를 신봉, 각종 제례에 참석하지 않아 지평 정언인(鄭彦仁)의 탄핵을 받고 명천(明川)에 유배되었다. 그 뒤 흡곡(歙谷)으로 이배되었다가 1805년에 풀려났다.

이고 시호는 문경(文敬)이다. 공훈과 덕행이 이어져 대대로 유명한 사람이 나왔다. 대제학 휘 부(富), 정당문학(政堂文學) 휘 완(完), 현감 휘 질(晊), 감찰 휘 예(禮), 문관 정랑 휘 온(溫), 승지에 증직된 휘 형(亨)이 있다. 형은 처음으로 순천에 살았으며 '충효(忠孝)' 두 글자를 대대로 지켜야 할 가법으로 삼았다. 휘 희인(希仁)은 현감이고, 호는 반구정(伴鷗亭)이다. 구암 이정 선생이 그의 행장을 지었다. 휘 엄(淹)은 성균 생원이고 호는 강호(江湖)이다. 모재 김 선생의 문하에 종유하여 심오한 영역까지 배우니 매곡(梅谷) 배숙(裵璹), 청사(靑莎) 정소(鄭沼), 포당(圃堂) 정사익(鄭思翊)과 함께 경현당(景賢堂)을 창건하였다. 세상에서는 승평사은이라고 칭송하는데 곽진(郭趂)이 행장을 지었다. 이분들이 공의 5세 이상 선조이다. 고조부 휘 전(銓)은 생원 진사로 별제(別提)에 올랐고, 정유년(丁酉年)에 종백형 장연공(長淵公) 경(鏡)을 따라 의진에 나아가 곡식을 운반하니 특별히 청주 영장에 제수되고 첨중추부사에 올랐으며 3등 공신에 녹훈되었다. 증조부 휘 양(壤)은 통덕랑이고 조부 휘 정(根)은 관곡(寬谷) 최서림(崔瑞琳)의 문하에서 수업하여 유림의 중망을 얻게 되었다. 오천(鰲川) 한백유(韓伯愈)가 행장을 지었다. 선고의 휘는 수(綬)이고 호는 죽헌(竹軒)으로 덕을 숨기고 벼슬하지 않았다. 선비는 의령남씨(宜寧南氏)로 처녕(處寧)의 따님이고, 진사 선(愃)의 손녀이다. 유순하며 여사(女士)의 태도가 있었다. 숙묘(肅廟) 계미년(숙종 29, 1703년) 1월 4일에 공을 낳았다. 공은 어려서부터 뜻이 크고 성품이 훌륭하여 부모에게 효도하고 형제간에 우애하였다. 가법이 엄하고 자식을 가르침에 법도가 있었으며 친족에게 돈독하고 향리에 모범이 되었다. 영조 을묘년(영조 11, 1735년)에 무과에 급제하여 선전관에 제수되고 주부에 서용되었다. 굳세고 강직한 것 때문에 당시 무리들에게 미움을 받으니 마침내 출세의 뜻을 접고 고향으로 물러나 궁호(弓湖) 가에 작은 집을 짓고 편액을 '만각

(晩覺)'이라 하였다. 그곳에서 여유롭게 노년을 보내니 참판 이종병(李宗秉)[248]이 거백옥(蘧伯玉)이 잘못을 아는 것[249]과 도원량(陶元亮)이 옳음을 깨달은 것[250]을 가지고 화답시를 지어 찬미하고 문헌공(文憲公) 허전(許傳)이 또 차운시를 지어 찬미하였다. 수직(壽職)으로 통정대부에 오르니, 임금이 내린 것이다.

정조 무술년(정조 2, 1778년) 10월 27일에 침전에서 세상을 마치니 향년 76세였다. 쌍암면(雙巖面) 석정리(石亭里) 뒤쪽 기슭 해좌(亥坐)의 언덕에 장례지냈다. 배위는 강릉김씨(江陵金氏)로 건형(健衡)의 따님인데 후사가 없다. 계비는 장택고씨(長澤高氏)로 응대(應大)의 따님이다. 을유생(숙종 31, 1705년)이고 공보다 3년 뒤인 신축년(정조 5, 1781년) 3월 1일에 돌아가시니 향년 77세였다. 장지는 공의 묘역 아래로 전배와 같은 묘역이다. 아들 둘과 딸 둘을 두었다. 장남 순(珣)은 첨지중추부사이고, 차남은 조(璪)이다. 딸은 성산(星山) 이증원(李增元)과 전주 이여인(李汝仁)에게 시집갔다. 순은 6남2녀를 두었는데 6남은 권(罐), 규(歸), 율(嵊), 두(岨), 은(嶬), 금(嶔)이고 2녀는 순흥(順興) 안사익(安師益)과 문화(文化) 유숙(柳塾)에게 시집갔다. 나머지는 기록하지 않는다.

아, 공의 온전한 덕과 돈독한 행실은 옛 사람들이 말한 매위군자(韎韋

---

248) 이종병(李宗秉) : 1795년~?. 자는 조간(朝干), 본관은 한산(韓山)이다. 항재(恒齋) 이상빈(李尙賓)의 후손이다. 1835년(헌종 1) 문과에 급제하였다. 1840년(헌종 6) 김응균(金應均)·윤교성(尹教成)·조석우(曹錫雨) 등과 함께 본관록(本館錄)에 선발되었고, 1842년(헌종 8) 전라좌도암행어사(全羅左道暗行御史)에 임명되어, 지방 관리들의 비리를 적발하기도 하였다. 1843년(헌종 9) 효현왕후(孝顯王后)의 장례 때, 부사직(副司直)의 소임을 수행하여 품계를 올려 받았고, 1848년(헌종 14) 사간원 대사간(司諫院大司諫)에 임명되었다. 1855년(철종 6) 분승지(分承旨)의 소임을 수행하여 품계를 재차 올려 받았다.

249) 거백옥(蘧伯玉)이 …… 아는 것 : 춘추 시대 위(衛)나라의 현대부(賢大夫) 거백옥(蘧伯玉)이 나이 육십이 되었을 때 그동안의 잘못을 깨닫고 고쳤다는 고사를 말한다. 《장자》〈즉양(則陽)〉에 "거백옥은 나이 육십이 되는 동안 육십 번이나 잘못된 점을 고쳤다.[蘧伯玉行年六十而六十化]"라는 말이 나온다. 《회남자(淮南子)》〈원도훈(原道訓)〉에는 "나이 오십에 사십구 년 동안의 잘못을 깨달았다.[年五十而知四十九年非]"라고 하였다.

250) 도원량(陶元亮)이 …… 깨달은 것 : 원량은 도잠(陶潛, 陶淵明)의 자이다. 도연명의 〈귀거래사(歸去來辭)〉에 벼슬길에 있던 과거가 잘못이고 향리로 돌아가기 결심한 지금이 옳음을 깨달았다는 뜻으로, "지금이 옳고 지난날이 그름을 깨달았다.[覺今是而昨非]" 하였다.

君子)[251]이다. 마땅히 세상에 포부를 펴서 쓰임을 구했어야 했는데 나라에 쓰이지 않고 다만 집을 다스리는 데에만 멈추니 식자들이 한스럽게 여겼다. 비록 그렇기는 하지만 뒷날 공을 찾는 자들이 어찌 관직으로 찾겠는가. 떳떳한 윤리로 실추되지 않는 것은 효도와 우애 뿐이니 그 이름이 없어지지 않는데 무슨 상관이 있겠는가? 지금 그 후손인 영(永)이 비석을 채취하여 묘도에 세우려 할 때 행장 초고를 가지고 나에게 찾아와 묘갈명을 써 줄 것을 청하니 나처럼 늙고 보잘것없는 사람이 어찌 그 만분의 일이나마 모사할 수 있겠는가. 다만 공의 어짊을 사모하고 타인의 선함을 말하는 것을 즐겨하여 마침내 사양하지 않고 다음과 같이 명한다.

시례가 있는 집안에	詩禮家庭
공이 우뚝 섰네	維公挺特
그 덕은 아름답고	其德也懿
그 행실은 신중하니	其行也飭
이미 넉넉하게 주었거늘	旣與之豊
어찌하여 베푸는걸 아끼나	胡施之嗇
영화로움을 대수롭지 않게 여겨	不屑榮錄
빛을 숨기고 자취를 감추었네	韜光斂迹
충분히 쌓여 드러나니	積厚而發
하나도 어긋남이 없어라	一理不忒
후손에게 모범을 남기니	垂讚裕後
자손이 수만이라	子孫千億
석정의 무덤은	石亭之阡
지나는 자 반드시 공경하네	過者必式
믿지 못하는 자 있거든	有不信者
이 묘갈명을 볼 지어다	視此銘刻

공이 돌아가신지 150년이 되는 정묘년(1927년) 4월 상순에 통정대부

---

251) 매위군자(韎韋君子) : 매위군자는 홍색의 가죽 군복을 입은 군자이다.

전 신천 군수(信川郡守) 이용필(李容弼)은 삼가 짓는다.

도사(都事) 허공 묘갈명 병서(幷序)

공의 휘는 엄(儼)이고 자는 군찰(君察)이며 호는 취헌(醉軒)이다. 성은 허씨이고 본관은 양천이니, 고려 중찬(中贊) 문경공(文敬公) 휘 공(珙)의 다섯째 아들인 대제학 휘 부(富)의 12세손이고, 충순위 교위로 승지에 증직된 휘 형(亨)의 7세손이다. 고조 휘 동(銅)은 가선대부이고 증조 휘 배(培)는 감찰이다. 조부 휘는 기(杞)이고 선고 휘는 직(織)이니 모두 덕을 숨기고 드러내지 않았다. 선비는 대구서씨(大丘徐氏)니 상원(尚元)의 따님이다. 숙종 갑신년(숙종 30, 1704년) 5월 19일에 공을 낳았다.

공은 어려서부터 대인의 뜻이 매우 많아 성장해서는 가형 보(保)와 함께 붓을 던지고 무과에 급제하니 당시 32세였다. 영묘 임술년(영조 18, 1742년)에 전라 도사에 제수되고 사직(司直)에 임명되었다. 평소 품성이 소탈해서 산업을 경영하지 않고 조금이라도 여유가 있으면 번번이 다른 이들에게 베푸니 친척들이 그를 많이 의지하였다. 다른 사람의 허물을 용납하지 못하고 이치를 들어 면전에서 꾸짖었지만 온화한 기운은 잃지 않았기 때문에 사람들도 원망하는 말이 없었고 고을에서는 공경하고 사모하였다. 정해년(영조 43, 1767년) 5월 8일에 세상을 떠나시니 향년 64세였다. 묘소는 순천부 서면 외병곡(外丙谷) 간좌(艮坐)의 언덕에 있다.

배위는 의인 파평윤씨(坡平尹氏)로 세인(世仁)의 따님이다. 숙종 계미생(숙종 29, 1703년)이고 기일은 4월 6일이다. 후사가 없어 족제 심(伈)의 아들 침(琛)을 데려와 후사를 삼았다. 손자는 절(㦲), 시(㫒), 종(嵷)이니 효성스럽고 우애 있는 행실이 있었다. 묘소는 순천부 도사면(道沙面) 가장동(佳庄洞) 유좌(酉坐)의 언덕이다. 공의 6대손 경준(涇濬)이 비석을 세우고자 할 때 나에게 묘갈명을 묻기에 대략 서술하여 묘갈명을 써주었다. 다음과 같이 명한다.

반초처럼 붓을 던짐은 [252]	班筆之投
뜻이 원대한 것이고	志之遠也
풍당의 머리로 늙음은 [253]	馮顚之老
운명이 어긋난 것이네	命之舛也
재산을 모으는걸 대수롭지 않게 여기고	不屑屑於營私
선행을 요구하는데 간절하게 힘썼으니	務切切於責善
고을과 나라의 인재가 되기에 충분하다네	亦足爲鄕邦之彦

무오년 중추 상순에 족후손 찬(巑)은 삼가 짓는다.

용강처사(龍岡處士) 허공 묘표

승평의 사인 허경(許鏡)이 이곳까지 먼길을 찾아와 그의 5세조 처사공 휘 탁(倬)의 묘표를 청하였다. 처사의 자는 대백(大伯)이고 호는 용강(龍岡)이며 그 선조는 양천인이다. 상조(上祖)의 휘는 선문(宣文)이다. 고려 태조를 도와 궤향(饋饗)의 공으로 공암촌주(孔巖村主)에 봉해지니, 자손들이 그대로 본적으로 삼았다. 10세를 전해 내려와 휘 공(珙)은 첨의중찬(僉議中贊)이고 시호는 문경(文敬)이다. 휘 부(富)는 대제학이고, 휘 완(完)은 정당문학(政堂文學)이다. 계속해서 관직을 받아 시례의 교육은 늘 끝나지 않았다. 충순위 교위로 좌승지에 증직된 휘 형(亨)이 처음으로 순천에 살았으며 '충효(忠孝)' 두 글자를 대대로 지켜야 할 가법으로 삼았다. 교위를 지내고 경연 참찬관에 증직된 휘 희린(希麟), 음관(蔭官) 현감 휘 택(澤)은 바로 공의 5세 이상 선조이다. 고조의 휘는 함(鋡)이니 참봉이고, 증조의 휘는 후(垕)이니 교위이며, 조부의 휘는 해(楷)이고 선고의 휘

---

252) 반초처럼 …… 던짐은 : 문(文)을 버리고 무사(武事)에 종사함을 말한다. 반초(班超, 32~102)는 중국 후한 초기의 무장으로, 자는 중승(仲升)이다. 그는 사서(寫書)를 하면서 어머니를 봉양하다가, 무인(武人)으로서 입신양명할 것을 결심하였는데, 하루는 붓을 던지고 탄식하기를 "장건(張騫)이 이역(異域)에서 공을 세워 후(侯)에 봉해졌는데, 어찌 오랫동안 글씨나 쓰고 있으리오." 하고는, 서역으로 사신 가서 50여 나라가 한 나라에 조공하도록 하여 서역도호(西域都護)가 되고, 정원후(定遠侯)에 봉해졌다. 《後漢書 卷47 班超列傳》
253) 풍당(馮唐)의 머리로 늙음은 : 한(漢) 나라 풍당(馮唐)이 늙어서 흰 머리가 되도록 낮은 벼슬인 낭관(郎官)으로 있었다.

는 현(絢)이다. 선비는 광산이씨(光山李氏)이니 예빈시[254] 주부 순형(純馨)의 따님이다. 숙종 계묘년에 태어나 을사년 3월 8일에 세상을 떠나셨다. 배위는 함풍이씨(咸豊李氏)이니 시룡(時龍)의 따님이고 기일은 4월 21일이다. 4남3녀를 두니, 아들은 민(玟), 관(瓘), 강(玒), 연(璉)이고, 딸은 여산 송주문(宋柱文), 풍산 홍재환(洪在煥), 함풍 이진철(李震哲)에게 시집 갔다. 손자 규(𡹎)는 문행으로 명성이 있었으며 읍지에 실려 있다. 묘소는 순천부 주암면 화동산(花東山) 경좌(庚坐)이고 배위는 합장하였다.

공은 성품이 강직하고 행실이 근검해서 일찍이 외물로 그 마음을 흔든 적이 없으니 향당에서 추중하였으며 효성과 우애는 특히 타고난 성품이었다. 아, 효도와 우애는 인륜의 근본이니 그 문에 정려하여 행실을 후세에 전하는 것은 성군 시대의 정사이고 태사씨(太史氏)의 직임이지만 지금은 적막하여 들리지 않으니 한 조각돌에 새긴 몇 줄의 글이 또한 현명하다고 말할 수 있겠는가. 내 글이 거칠어 사라지지 않을 수는 없겠지만 선조를 위하는 그 정성을 가상하게 여겨 대략 지어 다음과 같이 쓴다.

기미년 단양절 가선대부 전 향산수(香山守) 해평 윤영구(尹甯求)는 삼가 짓는다.

첨중추부사 연당(蓮塘) 허공의 묘갈음기(墓碣陰記)

사람이 군자다운 학자가 되려면 훌륭한 명성과 향기가 연꽃처럼 오래 가야 군자가 되는 것이다. 연꽃은 진흙에서 나와 당당하게 깨끗이 피어 어디에도 치우지지 않고 의지하지 않으며 속은 뚫리고 겉은 곧아 티끌의 영향을 받지 않으니 향기는 멀리 가고 더욱 맑아서 군자의 모습과 같기 때문에 군자들이 많이 연꽃을 사랑하여 자신의 호를 삼았다. 군자로 연꽃으로 호를 삼은 자들은 끝이 없으니 공 이후에 다시 몇 사람이나 되는가마는 또한

---

254) 예빈시(禮賓寺) : 원문에는 '禮賓事'로 되어 있는데 오류로 보아 수정 번역하였다.

유명한 자는 적다. 내가 승평에 부임했을 때 고을의 사인 허섬(許暹)이 나를 매우 가까이에서 종유하였다. 다음해 봄 북쪽으로 천리를 달려와 자신의 돌아가신 조부 연당옹의 묘갈명을 몹시 간절하게 청하였다. 감당하지 못하겠다고 굳이 사양해도 듣지 않아 마침내 행장을 살펴 삼가 서술한다.

공의 휘는 순(珣)이고 자는 보옥(寶玉)이며 양천인이다. 중조(中祖)는 첨의중찬(僉議中贊)으로 시호는 문경(文敬)인 휘 공(珙)이다. 대제학 휘 부(富)로 부터 몇 대를 전하여 문관 정랑인 휘 온(溫)에 이르니 공은 온의 9대손이다. 계속해서 유명한 재상과 고관이 나와 나라에 밝게 드러났다. 8세조는 충순위 교위로 좌부승지에 증직된 휘 형(亨)이다. 형이 남쪽으로 승평에 내려와 고관들이 대대로 나오고 충효를 전하여 남쪽의 명문이 되었다. 현감 휘 희인(希仁), 생원 휘 엄(淹), 생원 진사 별제(別提)로 찰방에 제수되고 공훈으로 영장(營將)에 제수되었으며 3등공신에 녹훈되고 첨중추부사에 오른 휘 전(銓)은 바로 공의 5세 이상 선조이다. 휘 양(壤)은 통덕랑이고, 휘 근(根)은 최 관곡과 도의의 교의를 맺었고, 휘 수(綏)의 호는 죽헌(竹軒)이다. 휘 엽(燁)은 무과에 급제하여 선전관에 제수되고 주부에 서용되었으며 수직(壽職)으로 통정대부 부호군에 올랐다. 이분들이 공의 고조부, 증조부, 조부, 선고가 된다. 선비는 강릉김씨(江陵金氏)니 건형(健衡)의 따님이며, 계비는 장택고씨(長澤高氏)니 응대(應大)의 따님이다. 공은 고씨의 소생이다. 경종 갑진생(경종 4, 1724년)이다.

성품이 본래 관대하고 너그러우며 자질은 부드럽고 고아하였다. 뜻을 세운 것이 편안하고 고요하며 행동이 청렴결백하였다. 부모에게 효도하여 살아 계실 때나 돌아가셨을 때에나 장례와 제사를 예에 어긋남이 없게 하였다. 엄숙하고 공경하게 봉양하고 덕행을 쌓아 조급하게 나아갈 뜻이 없었고 궁호 가에 은거하여 집 앞에 둑을 쌓아 연못물을 담고 그 안에 연꽃을 심었다. 연꽃을 사랑하여 연당이라 편액을 걸고 자신의 호로 삼았다.

비갠 뒤에 달이 뜨고 바람이 연못에 일렁이니 이 때문에 즐겁게 소요하며 세상의 근심을 풀고 날마다 사우 숙덕(宿德)과 함께 강마하며 성현이 되는 도를 구하니 진실로 군자다운 학자이다. 수직으로 첨중추부사를 받았다. 정종 을묘년(정조 19, 1795년) 3월 7일에 돌아가시니 향년 72세였다. 묘소는 주암면 궁각리 청룡등(靑龍嶝) 계좌(癸坐)의 언덕이다.

배위는 숙부인 합천이씨(陜川李氏)니 만승(萬昇)의 따님이다. 병오생 (영조 2, 1726년)이고, 병자년(영조 32, 1726년) 2월 1일에 세상을 떠나시니 향년 31세였다. 묘소는 공과 위아래로 있다. 3남1녀를 두었다. 계배는 숙부인 성산이씨(星山李氏)니 태상(台相)의 따님이다. 무오생(영조 14, 1738년)이고 경신년(정조 24, 1800년) 2월 20일에 세상을 떠나시니 향년 63세였다. 묘소는 공의 왼쪽에 합장하였다. 3남1녀를 두었다. 권(巏), 규(巋), 율(崒)과 순흥(順興) 안사익(安師益)의 처는 초배의 소생이고, 두(岍), 은(嶾), 금(嶔)과 문화(文化) 유숙(柳塾)의 처는 계배의 소생이다. 권(巏)의 두 아들은 섬(暹)과 양(暘)인데 양은 율(崒)에게 출계하였고 세 딸은 울산 김휴필(金休必), 창녕(昌寧) 조광익(曺光翼), 경주 정규신(鄭奎臣)에게 시집갔다. 규(巋)의 아들은 명(明)이고, 율(崒)의 계자(系子)는 양(暘)이다. 두(岍)의 계자는 창(暢)이고, 은(嶾)의 아들은 단(旫)이고, 금(嶔)은 재종 립(岦)의 아들 보(普)를 데려다가 아들로 삼았다. 나머지는 다 기록하지 않는다.

아, 공의 세속에서 벗어난 자품과 맑은 덕, 높은 절개와 깨끗한 흉금으로 선생의 학문을 강론하여 밝혔으니 천년이 흐른 뒤에 연꽃을 사랑한 선생과 같게 평가될 만하니 어찌 어질지 않겠는가. 묘비에 쓰니 또한 공경할 만하다.

병오년 3월 상순에 통정대부 승정원 동부승지 경연 참찬관 겸 춘추관 수찬관 아성(鵝城) 이종병(李宗秉)은 삼가 짓는다.

사천(沙川) 허공의 묘갈명 병서(幷序)

허씨는 대수가 오래되었다. 가락국왕의 아들이 종족의 성씨를 받은 뒤로 고려 태조의 신하 허선문(許宣文)이 큰 공훈을 세워 공암촌주(孔巖村主)에 봉해졌다. 10대손인 첨의중찬(僉議中贊) 문경공(文敬公) 휘 공(珙)은 충렬왕의 명신이 되어 왕의 묘정에 배향되었고, 문경공의 다섯째 아들은 대제학 휘 부(富)이다. 제학공은 후손들을 도로써 경계하고 '대대로 충효를 전하고 여력이 있으면 문장을 한다.'는 훈첩(訓帖)을 남겼다. 제학공의 여섯 아들 가운데 정당문학 휘 완(完)은 막내 아들이다. 현손 충순위 교위로 승지에 증직된 휘 형(亨)은 처음으로 순천부 옥계리에 살기 시작하였는데 대대로 위인이 많았다. 우리 선조 25년(1592년) 왜적이 대거 침입하여 선조 30년(1597년)에 진양이 함락되자, 승지공의 증손인 현감 일(鎰)이 성안에서 순절하여 1등공신에 녹훈되고 형조 참의에 증직되었으며 특별히 충렬사에 배향되는 은혜를 입었다. 재종제 전(銓)도 종군하여 곡식을 운반하고 여러 차례 전공을 세워 특별히 청주 영장에 제수되고 첨중추부사에 더해지니 공에게는 6세조가 된다. 공의 휘는 규(鬹)이고 자는 군첨(君瞻)이며 호는 사천(沙川)이다. 고조 휘 정(根)은 관곡(寬谷) 최서림(崔瑞琳)과 도의의 교의를 맺었으며, 증조의 휘는 수(綬)이고, 조부 휘 엽(僕)은 부호군이다. 선고 휘 순(珣)은 수직(壽職)으로 첨중추부사에 올랐다. 선비는 합천이씨(陜川李氏)로 만승(萬昇)의 따님과 성산이씨(星山李氏)로 태상(台相)의 따님이다.

공은 전비의 소생이다. 영종 26년 경오년(1750년) 8월 5일에 공은 궁호리(弓湖里) 옛 집에서 태어났다. 영특하고 뛰어났으며 충후하여 아량이 있었다. 일에 임해서는 대체를 중요시하여 자잘한 일은 간략하게 처리하니 향당에서는 장덕(長德)으로 추중하였다. 공의 형제는 여섯이고 자매는 둘이다. 우애가 돈독하고 서로 화합하였으며 늙어서까지도 재산을 나누지 않고 집안 안팎에 이간하는 말이 없었다. 가정에서 학문을 닦고 행실이 밖에서 이루어지니 충성스럽고 효도하며 공경하고 친목하는 것은 대대로 전해졌다. 순조 을해년(순조 15, 1815년) 3월 16일에 돌아가시니 향년 66세였다. 묘소는 주암면 궁각리 뒤쪽 학봉(鶴峯) 아래 분토동(奔兎洞) 축좌(丑坐)의 언덕이다. 배위는 문화유씨(文化柳氏)로 증택(增澤)의 따님이다. 정숙하고 얌전함은 부덕에 맞았으며 부도(婦道)가 있었다. 공보다 12년 앞선 해 10월 14일에 돌아가셨다. 묘소는 공의 오른쪽에 합장하였다. 아들 명(明)을 낳았으며 두 손자가 있는데 동중추부사 육(堉)과 통정대부 부호군 근(墐)이다. 근은 양(眸)의 뒤를 이었다. 전주 이병덕(李秉德)은 손자사위이다. 공의 현손 영(永)씨가 선조의 일을 가지고 서울에서 나를 만났는데 행장을 가지고 나에게 공의 묘갈명을 써 줄 것을 명하였다. 이에 다음과 같이 명한다.

효도와 예법이 대대로 높으니	孝禮世宗
공작을 누군들 간언하겠으며	公綽誰間哉
청렴과 근실함은 가문의 법도이니	廉謹門法
과묵하다는 자랑을 독점하겠는가	處黙專夸哉
우리 제학 선조께서	緬我祖提學
법을 남겨 도탑게 기르고	垂法厚培栽
공은 대대로 수양하여	吁公世修海
도가 절로 이르게 하였네	墺其道自來

무진년 4월 하순에 족후손 성균 박사 주(柱)는 짓는다.

궁호(弓湖) 허공의 묘갈명 병서(并序)

양천허씨는 공암촌주(孔巖村主) 휘 선문(宣文)으로부터 유명한 성씨가 되었다. 10대를 전해 내려와 휘 공(珙)은 첨의중찬(僉議中贊)이고 시호는 문경공(文敬公)이다. 몇 대를 전하여 휘 형(亨)은 승지에 증직되었다. 연

산정란(燕山政亂)에 순천부 옥계촌으로 자취를 숨기고 유훈(遺訓) '충효청
백(忠孝淸白)' 네 글자를 대대로 지켜야 할 가법으로 삼았다. 휘 희인(希
仁)은 무안 현감이다. 집에 있을 때에는 효도하고 관직에 있을 때에는 청
렴하였으며, 구암 이정 선생이 그의 행장을 지었다. 휘 엄(淹)은 성균 생
원이다. 모재 김 선생의 문하에서 수학하였고 구암 이정과 함께 경현당을
창건하여 승평사은이라 불렸다. 휘 전(銓)은 생원 진사 별제(別提)로 재
종형인 웅천공(熊川公) 일(鎰), 백형인 장연공(長淵公) 경(鏡)과 함께 정
유재란(丁酉再亂)에 창의하여 곡식을 수송하고 그 공으로 특별히 청주 영
장에 제수되고 첨중추부사에 올랐으며 3등공신에 녹훈되었다. 휘 양(壤)
은 통덕랑이다. 휘 정(根)의 호는 정간(靜簡)이다. 관곡(寬谷) 최서림(崔
瑞琳)의 문하에서 수업하여 유림의 중망을 얻었다. 휘 수(綬)의 호는 죽헌
(竹軒)으로 관곡에게서 수학하여 향당의 사표가 되었다. 휘 엽(僕)의 호는
만각(晩覺)이고 수직으로 통정대부에 올랐다. 휘 순(珣)을 낳으니 첨중추
부사이다. 휘 규(歸)를 낳으니 호가 사천(沙川)이다. 문화유씨(文化柳氏)
증택(增澤)의 따님을 아내로 맞았다. 정묘 신축년(정조 5, 1781년) 4월
3일에 공을 낳았다.

공의 휘는 명(明)이고 자는 경효(景孝)이며 호는 궁호(弓湖)이니 사는
마을이름을 따른 것이다. 공은 나면서 지극한 효성이 있었으며 일반 아이
들과는 상당히 달랐다. 특이한 음식을 구하면 반드시 부모님께 바치고 학
교에 나아가서는 "황향선침(黃香扇枕)"[255]과 "육적회귤(陸績懷橘)"[256] 등

---

255) 황향선침(黃香扇枕) : 황향(黃香)은 한(漢)나라 강하(江夏) 사람으로, 어려서부터 효성이 지극하였는데 9세
에 어머니를 여의고는 사모하는 마음에 초췌하여 거의 죽게 되었으므로 마을 사람들이 그 효성을 칭찬하
였다. 어머니가 돌아가신 뒤에는 홀로 된 아버지를 정성을 다하여 봉양하였는데, 더운 여름이면 아버지의
베개와 이부자리를 부채로 시원하게 하고, 겨울이면 체온으로 이불을 따뜻하게 하니, 고을의 태수가 나라
에 주문(奏聞)하여 이로부터 세상에 이름이 알려졌다. 후에 벼슬이 상서령에 이르렀다.《後漢書 卷80上 文
苑列傳 黃香》
256) 육적회귤(陸績懷橘) : 육적이 6세 때 구강(九江)에서 원술(袁術)을 만났는데 원술이 귤을 내놓았다. 육적이
귤 세 개를 품 안에 넣었는데, 떠날 때 절을 하다가 귤이 땅에 떨어졌다. 원술이 "손님으로 온 육랑이 품 안
에 귤을 넣었단 말인가."라고 하니, 육적이 꿇어앉아 "돌아가 어머니께 드리려고 하였습니다."라고 하자,
원술이 매우 기특하게 여겼다. 이로 인해 후세에 어머니에게 가져다 드리는 물건을 육랑귤(陸郎橘), 혹은

의 일에 이르면 그 때마다 흠모하는 마음을 품었다. 사천공이 기특하게 여겨 사랑하고 의로운 방법으로 가르치니 공은 더욱 마음을 가라앉히고 가슴에 새겼다. 글을 읽고 글자를 쓸 때에는 부지런하고 단정하게 썼으며 매번 옛날 현인으로 자신을 기대하였다. 계해년에 모부인이 병이 들자 옷에 띠도 풀지 않고 다닐 때 걸음도 똑바로 걷지 못하였으며 팔을 휘젓거나 잇몸을 드러내지 않고[257] 정성과 신실함으로 섬겼다. 상을 당하자 너무 슬퍼하여 거의 목숨을 잃을 지경에 이르렀으며 장례를 치루고 제사를 지낼 때 상례의 형식과 슬픈 마음[易戚][258]이 모두 지극하였다. 우제(虞祭)를 마치고 성묘를 바람이 부나 비가 오나 폐한 적이 없으니 이웃에서 모두 흠모하였다. 을해년 3월에 부친상을 만났는데 몹시 슬퍼하였다. 모친상보다 더 여위어 마침내 병을 얻어 세상을 떠나니, 바로 4월 10일이다. 나이 겨우 35세였다. 궁각리 오른쪽 산등성이 간좌(艮坐)의 언덕에 장례를 지냈다.

배위는 광산이씨(光山李氏)이니 덕인(德仁)의 따님이다. 부덕을 갖추어 시부모를 예로써 섬기고 남편을 받드는데 거스름이 없었다. 혹독한 상사를 거듭 만나 집에 두 개의 빈소가 있으니 아침저녁으로 전 드릴 때 반드시 정성과 공경으로 3년을 하루 같이 하였다. 집안을 근검으로 다스렸으며 선조의 업을 실추시키지 않았다. 자식은 엄정하게 가르치고 후손들을 관대하게 대하니 친척들이 그 행실에 감복하고 향당에서는 그 덕을 송축하였다. 정유년(정조 1, 1777년) 9월 13일에 태어나 임자년(철종 3, 1852년) 2월 18일에 돌아가시니 향년 76세였다. 공의 왼쪽에 합장하였다.

육씨귤(陸氏橘)이라고 하여 부모에 대한 효도를 상징하였다.《三國志 卷57 吳書 陸績傳》

257) 손을 휘젓거나 … 않고 : 부모가 편찮으실 때 장성한 자식은 언행을 삼가는데, 걸을 때 손을 휘젓지 않고, 말을 느리게 하지 않고, 금슬(琴瑟)을 잡지 않고, 입맛이 변하도록 고기를 먹지 않고, 얼굴이 변하도록 술을 먹지 않고, 잇몸이 드러나도록 웃지 않고, 꾸짖을 정도로 성내지 않는다.《小學 明倫》

258) 상례의 …… 마음 : 임방(林放)이 예(禮)의 근본을 묻자 공자가 대답하기를, "예는 사치하기보다는 차라리 검소한 것이 낫고, 상은 형식적으로 잘 치르기보다는 차라리 슬퍼하는 것이 낫다.[禮 與其奢也 寧儉 喪 與其易也 寧戚]" 하였다.《論語 八佾》

2남1녀를 두었는데 장남 육(垍)은 동중추부사이고 차남 근(墐)은 통정대부이다. 모두 행의(行義)로 명성이 있었으며 사적이 승평지(昇平誌)에 실려 있다. 딸은 전주 이병덕(李秉德)에게 시집갔다.

아, 공의 품성은 강명한 자질에 지극히 효성스런 행실을 겸하였으니 마땅히 장수를 누려 많은 복을 받았어야 했거늘 어찌하여 하늘은 더 살려두지 않아 재목만큼 배우지 못하여 안자(顔子)보다 3년이 어린 나이에 이 지경에 이르게 한단 말인가. 비록 그렇지만 문학과 행의는 군자다운 학자가 되는데 부끄럽지 않고 더구나 친척들이 직접 상을 극진하게 치른 데이겠는가. 목숨을 잃은 것 또한 천성이니 슬프도다. 지금 나에게 와서 묘갈명을 청한 자는 공의 증손인 영(永)이다. 다음과 같이 명한다.

하늘의 이치는 알기 어려우니	天理難諶
받은 것은 풍부한데 보답은 인색하네	賦豊報嗇
성인의 가르침을 독실하게 하여	聖訓篤信
형식적인 상례보다 차라리 슬퍼하셨네	與易寧戚
오직 마음에서 나오는 대로 하고	維出於心
몸은 뒷전으로 여기시니	後其身體
누가 중도를 넘었다고 하리	孰謂過中
그보다 못한 자는 부끄럽기만 하네	不及者泚

정묘년 8월 상순에 가선대부 규장각 부제학 팔계(八溪) 정봉시(鄭鳳時)는 삼가 짓는다.

만회(晩悔) 허공의 묘갈명 병서(幷序)

공의 휘는 섬(暹)이고 자는 보경(普景)이며 호는 만회(晩悔)이고 선계는 양천에서 나왔다. 시조 공암촌주(孔巖村主)의 휘는 선문(宣文)이다. 10대를 전해 내려와 휘 공(珙)에 이르니 첨의중찬(僉議中贊)이고 시호는 문경(文敬)이다. 휘 부(富)를 낳으니 대제학이고, 휘 완(完)을 낳으니 예문관 대제학이며, 휘 질(晊)을 낳으니 문관 현감이고, 휘 예(禮)는 감찰이고, 휘 온(溫)은 문관 정랑이며, 휘 형(亨)은 충순위 교위로 좌부승지에 증직되었다. 휘 희인(希仁)은 무안 현감이다. 관직에 있을 때에는 청렴하고 덕망이 있었으며 구암 이정 선생이 그의 행장을 지었다. 휘 엄(淹)은 성균생원으로, 구암 이정과 함께 경현당을 창건하여 세상에서는 승평사은이라 불렀다. 휘 전(銓)은 생원 진사 별제(別提)로 성현 찰방(省峴察訪)에 제수되었으며, 임진왜란 때 곡식을 운반한 공으로 특별히 청주 영장에 제수되고 첨중추부사에 올랐으며 3등공신에 녹훈되었다. 휘 양(壤)은 통덕랑이다. 휘 정(根)은 관곡(寬谷) 최서림(崔瑞琳)의 문하에서 수업하였으며 덕을 숨기고 벼슬하지 않았다. 고관으로 이름난 성씨였으며 대대로 현달하였다. 이분들이 공의 5세 이상 선조이다.

고조부 휘 수(綏)는 관곡 최서림 선생의 문하에서 수학하여 문학이 크고 넓어 세상에서는 죽헌처사(竹軒處士)라 일컬었다. 증조부 휘 엽(僕)은 무관 선전관이며 수직(壽職)으로 통정대부 부호군에 올랐다. 조부 휘 순(珣)은 첨중추부사이고, 선친 휘 권(㠉)의 호는 호은(湖隱)으로 여섯 형제이다. 우애가 돈독하여 강회(江淮)의 유풍이 있었다.

선비는 광주이씨(廣州李氏)로 익제(益濟)의 따님이다. 정숙함과 부덕을 겸비하였다. 정종 계묘년(정조 7, 1783년) 10월 15일에 궁호리 본가에서 공을 낳았다. 공은 어려서부터 품성이 순수하고 온순하였으며 풍의가 호방하였다. 정성으로 부모를 섬기고 공경으로 몸가짐을 하였으며 화목함으로 친족을 대했고 후덕함으로 사람을 대하니 안으로는 집안의 법도가 바르게 되고 밖으로는 마을의 풍속이 온화해졌다. 부모상을 만나 피눈물을 흘려 뼈만 남았지만 상제는 예를 따라 3년을 하루처럼 마쳤다. 아침저녁으로 성묘하였는데 바람이 부나 비가 오나 피하지 않았다. 조행이 뛰어나 사림이 추앙하였으며 이서(吏胥)가 보고 감동하였다. 늦은 나이에 성재(性齋) 허전(許傳) 선생의 문하에 종유하여 충분하게 익히고 부지런히 함영하여 위기지학(爲己之學)에 전심하니, 선생께서 삼가 만회시에 차운하여 찬미하였다. 세상에서는 한 고을의 좋은 선비라고 하였다.

헌종 기미년 12월 9일에 돌아가시니, 묘는 쌍암면 강촌리 뒤 좌측 물가 목동(木洞)의 동향 언덕이다. 배위는 전주이씨로 성묵(誠黙)의 따님이다. 정유생으로 고요하고 정숙한 덕이 있었다. 경자년 11월 16일에 돌아가시니, 묘소는 쌍암면 염사리(廉士里) 뒤 사상동(蛇上洞) 건좌(乾坐)의 언덕이다. 1남2녀를 두었다. 아들 겸(兼)은 일찍 성재 선생의 문하에서 수학하여 학문이 심오하니, 농포(農圃)라는 호를 내려주셨다. 경주 정언기(鄭彦基)와 옥천 조우석(趙禹錫)이 사위이다. 손자 하나와 손녀 둘을 두었다. 손자 선(鐥)은 후사가 없어 족제 광(鑛)의 아들 수(洙)를 데려다가 양자로 삼았다. 옥천 조하석(趙夏錫)과 조관수(趙寬洙)가 손자사위이다. 증손과 현손 이하는 다 기록하지 않는다.

아, 공이 돌아가신 지 지금 67년이 지났는데 외종질 수(洙)가 행장을 가지고 와서 글을 청하기를, "선대에 덕행이 있으면 잘 수행하여 묘갈로 드러내는 것은 후사의 책임입니다." 하였다. 내가 외손으로 고집스레 사양할 수가 없어 삼가 행장을 살펴 대략 명을 지었다. 다음과 같이 명한다.

공이 살아온 삶을 따르니	蹟公所履
절로 공이 빛나네	自賁其身
세상의 사귐에 얽매이지 않고	不囿世好
몸을 낮춰 후인을 따랐네	俾迪後人
만회라 편액하니	扁齋晚悔
깊은 뜻이 담겨있다네	深意存焉
울창한 저 윗마을은	鬱彼上洞
공의 무덤이니	惟公之阡
조각돌은 소리내어	片石崢嶸

아름다운 자취를 전하네	徽跡可傳
오늘만 그런 것이 아니라	匪今斯今
영원토록 바뀌지 말기를	永永勿替
명문은 비록 초라하나	銘章雖蕪
후세에 전할만 하다네	可徵來世

전몽(旃蒙) 적분약(赤奮若)[259] 10월 상순에 외손 옥천 조영묵(趙泳黙)은 삼가 짓는다.

노봉(鷺峰) 허공의 묘갈명 병서(幷序)

노봉 허공이 돌아가신 지 56년이 지났는데 손자 영(永)이 먼 길을 찾아와 묘갈명을 청하였다. 공의 휘는 육(堉)이고 자는 윤지(潤之)이며 노봉(鷺峰)은 그의 호이다. 상조(上祖) 공암촌주(孔巖村主)의 휘는 선문(宣文)이다. 10대를 전해 내려와 첨의중찬(僉議中贊) 문경공(文敬公) 휘 공(珙), 대제학 휘 부(富), 정당문학(政堂文學) 휘 완(完), 문관 현감 휘 질(晊), 감찰 휘 예(禮), 문관 정랑 휘 온(溫), 교위로 승지에 증직된 휘 형(亨), 휘 희인(希仁)은 무안 현감으로 청렴하고 덕망이 있어 구암 이정 선생이 그의 행장을 지었다. 휘 엄(淹)은 성균 생원으로, 구암 이정과 함께 경현당을 창건하여 승평사은의 한 사람에 든다. 휘 전(銓)은 생원 진사 별제(別提)로 임진왜란 때 백형인 판관공(判官公) 경(鏡)과 함께 의병을 일으키고 임금을 호위하여 특별히 청주 영장에 제수되고 첨중추부사에 올랐으며 3등공신에 녹훈되었다. 휘 양(壤)은 통덕랑이고, 휘 정(棖)은 관곡(寬谷) 최서림(崔瑞琳)과 도의의 교의를 맺었으며, 휘 수(綏)는 관곡의 문하에 종유하여 문학이 크고 넓으니 공에게는 5세 이상이다.

고조부 휘 엽(僕)은 무관 선전관으로 주부에 서용되었으며 수직(壽職)

---

259) 전몽(旃蒙) 적분약(赤奮若) : 전몽은 천간(天干) 을(乙)의 고갑자(古甲子)이고, 적분약은 지지(地支) 축(丑)의 고갑자이다. 즉, 을축년을 말한다.

으로 통정대부 부호군에 올랐다. 증조부 휘 순(珣)은 첨중추부사이다. 조부 휘 규(歸)의 호는 사천(沙川)이다. 선고의 휘는 명(明)이고 호는 궁호(弓湖)이다. 선비는 광산이씨(光山李氏)이니 덕인(德仁)의 따님이다. 부부가 모두 아름다운 행실과 법도가 있었다. 정조 기미년[260](정조 23, 1799년) 8월 19일에 공을 낳았다. 공은 성품이 곧고 바르며 효심이 더욱 깊었다. 어린 나이에 부친을 잃었는데 상제를 노성인처럼 잘 지켰다. 홀어머니를 섬기는데 뜻도 잘 받들고 음식도 잘 봉양하였다. 아우인 근(墐)과 30리 정도 거리에 떨어져 살았는데 계속 왕래하며 기쁨과 슬픔을 한몸처럼 나누니 향리에서 공경하지 않은 이들이 없었다. 철종조에 수직으로 동중추부사에 제수되었다. 고종 무진년(고종 5, 1868년) 7월 14일에 세상을 떠나시니 향년 70세였다. 행의(行義)로 명성이 있었으며 사적이 승평지(昇平誌)에 실려 있다. 여러 번 이장하여 주암면 궁각리 청룡등(靑龍嶝) 증조의 묘 계단 아래 축좌(丑坐)의 언덕으로 옮겼다. 배위는 서산유씨(瑞山柳氏)로 양진(良鎭)의 따님이다. 병인년(순조 6, 1806년) 11월 1일에 태어났으며 공보다 뒤인 기사년(고종 6, 1869년) 5월 21일에 돌아가시니 향년 64세였다. 묘소는 공의 왼쪽에 합장하였다.

1남2녀를 두었다. 아들 용(鎔)은 문화 유철순(柳徹淳)의 딸을 아내로 맞았으며, 전주 이중백(李重白)과 경주 김치덕(金致德)은 사위이다. 손자는 셋인데 장손은 영(永)이고, 둘째 손자 현(泫)은 당(鐺)에게 출계하였고, 셋째 손자는 형(泂)이다. 손녀는 셋인데 흥덕 장두석(張斗錫), 옥천 조종섭(趙鍾燮), 의령 남정순(南廷淳)이 손자사위이다. 증손과 현손은 매우 많아 기록하지 않는다.

아, 공의 세덕은 저처럼 오래되었고 공의 효성과 우애는 이처럼 돈독하니 비단 한 고을에만 알려질 뿐만 아니라 백세토록 전하고자 이렇게 명을

---

260) 정조 기미년 : 원문에는 '純祖己未'라고 되어 있는데 순조조에는 기미년이 없고 허육의 몰년으로 보아 정조 기미년으로 보는 것이 타당할 듯하여 수정 번역하였다.

쓴다. 다음과 같이 명한다.

조부는 충의와 문학으로 명성이 있고　　祖以忠義文學聞
손자는 시례와 효제로 전해지네　　　　孫以詩禮孝悌傳
아, 공의 이름은　　　　　　　　　　吁嗟公姓字名
저 네 치의 봉분과 함께 영원하리　　　與彼四尺封借萬年

계해년 중양절에 가선대부(嘉善大夫) 전 향산수(香山守) 파징(波澄) 윤영구(尹甯求)는 삼가 짓는다.

농은(農隱) 허공의 묘갈명 병서(并序)

승평의 사인 허영(許永)이 나에게 부탁하기를, "우리 선부군의 묘소에 비문을 새기고자 합니다, 그대의 명성을 듣고 행장을 부탁하니 사양하지 말고 글을 써 주십시오." 하였다. 내가 그 적임자기 아니라고 아주 강력하게 사양하였지만 결국은 행장을 살펴 쓰기로 하였다. 공의 휘는 용(鏞)이고 자는 내신(乃信)이다. 그가 사는 곳에 "농은(農隱)"이라 편액을 걸었다. 관향은 양천이다.

공암촌주(孔巖村主)의 휘는 선문(宣文)으로 이분이 허씨의 시조이다. 10대를 전해 내려와 휘 공(珙)에 이르니 시호가 문경(文敬)이다. 대제학 휘 부(富), 정당문학(政堂文學) 휘 완(完), 휘 질(晊), 휘 예(禮), 휘 온(溫)이 연달아 문관과 음관으로 관직에 올랐다. 휘 형(亨)은 교위로 승지에 증직되었으며 처음으로 승평에 살기 시작했다. 휘 희인(希仁)을 낳으니 현감으로 덕행이 있었으며 구암 이정 선생이 그의 행장을 지었다. 휘 엄(淹)을 낳으니 성균 생원으로, 모재 김안국 선생의 문하에 종유하여 성대하게 덕망이 있었다. 매곡(梅谷) 배숙(裵璹), 청사(靑莎) 정소(鄭沼), 포당(圃堂) 정사익(鄭思翊)과 함께 도의의 교의를 맺어 세상에서는 승평사은(昇平四隱)이라고 칭송한다. 휘 전(銓)은 생원 진사 별제(別提)로 찰방을 지냈으며, 정유재란에 재종형인 웅천공(熊川公) 일(鎰), 백형인 판관공(判官公) 경(鏡)과 함께 의진에 나아가 죽기를 명세하고 큰 공을 여러 차례 세워 청주 영장에 제수되고 첨중추부사에 올랐으며 3등공신에 녹훈되었다. 휘 양(壤)은 통덕랑이고, 휘 정(根)은 관곡(寬谷) 최서림(崔瑞琳)의 문하에서 종유하였으며 덕을 숨기고 벼슬하지 않았다. 휘 수(綬)는 관곡 최서림의 문하에 종유하여 문학이 크고 뛰어났다. 휘 엽(僕)은 무관 선전관으로 주부에 서용되었으며 수직(壽職)으로 통정대부 부호군에 올랐다. 이분들이 공에게는 5세 이상 선조이다. 고조부 휘 순(珣)은 첨중추부사이다. 증조부 휘 규(鼺)의 호는 사천(沙川)이다. 조부의 휘는 명(明)이고 호는 궁호(弓湖)이다. 선고의 휘는 육(埼)이고 동지중추부사이다. 서산유씨(瑞山柳氏)로 양진(良鎭)의 따님이 선비이다.

경릉(景陵)[261] 계묘년(헌종 9, 1843년) 6월 29일에 공을 낳았다. 공은 모습이 단아하고 씩씩했으며, 성품이 순수하고 효성스러웠다. 장성하여서는 공경으로 마음을 세우고 공손함으로 행동을 하였으며 평소 근검하여 밭을 갈아 부모를 봉양하고 독서로 자식을 가르치며 "사람 노릇하는 데에는 학문만한 것이 없고, 집안을 보존하는 데에는 농사짓는 것만한 것이 없으니 둘다 폐해서는 안 된다. 너희들은 힘쓰거라." 하였다. 만년에 농사에 의지하여 은둔하였다. 당형을 공경으로 섬기며 서로간에 경계가 없었다. 2년 사이에 부모를 잃으니 상례의 형식과 슬픈 마음[易戚][262]이 모두 지극하였다. 피눈물을 흘려 뼈만 남았지만 예에 따라 상제를 마쳤다. 제사를 지낼 때에는 마치 부모가 계신 듯이 하였다. 효행으로 고을에 명성이 드러나 사림이 행장을 지어 그 일을 기록하니, 사적이 승평지(昇平誌)에 실려 있다. 홍릉(洪陵)[263] 정미년(1907년) 4월 18일에 돌아가시니

---

261) 경릉(景陵) : 조선시대 제24대 헌종(1827~1849)과 효현왕후 김씨(1828~1843), 계비 효정왕후 홍씨(1831~1903)의 능이다.
262) 상례의 …… 마음 : 주87) 참조.
263) 홍릉(洪陵) : 조선시대 제26대 고종(1852~1919)과 명성황후 민씨(1851~1895)의 능이다.

향년 65세였다. 여러 번 이장하여 지금 주암면 매우리(梅雨里) 청룡등(靑龍嶝) 안 간좌(艮坐)의 언덕으로 옮겼다.

배위는 문화유씨(文化柳氏)로 철순(徹淳)의 따님이다. 헌종 갑진년 12월 7일에 태어났다. 여사(女士)의 법도가 있었으며 시집와서는 시부모님의 뜻을 받드는데 거스름이 없었다. 시부모를 잘 섬기니 노인이나 아이, 친척들이 칭찬을 그치지 않았다. 고종 계미년 10월 18일에 돌아가시니 향년은 40세였다. 궁각리 뒤 임좌(壬坐)의 언덕에 장례 지냈다. 3남3녀를 두었다. 장남은 바로 나에게 묘갈명을 부탁한 영(永)이고, 차남은 현(泫)인데 당(鐺)에게 출계하였고, 3남은 형(洞)이다. 홍덕 장두석(張斗錫), 옥천 조종섭(趙鍾燮), 의령 남정순(南廷淳)이 사위이다. 장남에게서 손자 하나와 손녀 하나를 두었는데 장손은 재(材)이고 손녀는 제주 양회환(梁會煥)에게 시집갔다. 림(林), 송(松)과 옥천 조병구(趙炳龜)와 광산 김계중(金桂中)의 처는 3남의 소생이다. 증손 옥(玉)과 창녕 조길룡(曹吉龍)의 처는 장손 재(材)의 소생이다.

아, 사람이 세상에 살면서 산림으로 자취를 감추고 분수를 편안하게 여겨 명을 기다리며 늙는 이는 거의 없다. 지금 어진 공의 행실을 보니 명을 하지 않을 수가 없다. 다음과 같이 명한다.

하늘이 사람을 냄에	天之生人
효도와 우애가 근본이거늘	孝友爲本
이미 효도하고 우애하여	旣孝旣友
온전한 상태로 돌아가네	全而言反
드러나든 드러나지 않든	其顯不顯
공에게 무슨 손익이 있으리	公何益損
후손들이 잘 계승하니	後昆克紹
은택은 넘쳐 흐르네	澤可滾滾
선비들의 입에 오르니	登士之口

명예가 멀리까지 가리라	譽當及遠
그 유래가 있으니	其來有素
대대로 집안을 지켰네	世守厥梱
감히 잘 계승하여	敢勉伊承
가법으로 삼으라 권하니	作爲家憲
내가 비문에 새긴 글만이	我銘橫豎
어찌 홀로 아름다우리오	豈獨解婉

병인년 3월 상순에 아성(鵝城) 이철규(李哲珪)는 삼가 짓는다.

– 승선 이종병(李宗秉)의 3종손으로 충남 부여에 있다.

후각재(後覺齋) 허공의 묘갈명 병서(幷序)

벼슬길에 대한 꿈을 접고 자연 속에서 지내면서 몸소 밭 갈고 독서하며 시례(詩禮)에 종사하는 사람은 은거하며 뜻을 고상하게 하는 선비와 빛나는 절개를 가진 고상한 의표를 지닌 사람이다. 고 처사 후각재(後覺齋) 허공이 그런 사람이 아니겠는가? 휘는 윤(潤)–또 다른 휘는 영(永)–이니 양천인이다. 고려 중찬 문경공 휘 공(珙)이 현조이다. 이후에도 고관들이 계속 이어지고 조선에 들어와 세종조에 휘 질(晊)은 호가 모당(慕堂)으로 박학하고 글을 잘 지었으며 어린 나이에 과거에 급제하여 여러 번 군현직의 관직을 거쳐 수찬에 이르렀으며 뒤에 영중추부사에 증직되었다. 《가례해(家禮解)》와 《홍범연의(洪範衍義)》 등의 책을 저술하니 공에게는 15세조이다. 네 번 전해 내려와 휘 형(亨)은 승지에 증직되었으며 호는 세수재(世守齋)이다. 연산정란(燕山政亂)에 아우인 비인공(庇仁公) 휘 영(瑛)과 함께 승평부 옥계 동쪽으로 은둔하니 승평에 거주하는 허씨는 이때부터 시작되었다. 고조부의 휘는 규(虯)이고 호는 사천(沙川)이며, 증조부의 휘는 명(明)이고 호는 궁호(弓湖)이다. 조부의 휘는 육(堉)이고 호는 노봉(鷺峰)이니 모두 은덕으로 시례를 집안 대대로 전하였다. 선고의 휘는 용

(鎔)이고 호는 농은처사(農隱處士)이다. 선비는 문화유씨로 철순(徹淳)의 따님이다. 부덕이 있었다. 고종 갑자년(고종 1, 1864년) 5월 1일에 공을 궁호리 집에서 낳았다.

모습이 단정하고 재주가 남보다 뛰어나니 문중의 부로들이 편애하며 늘 우리 가문을 일으킬 사람은 분명 이 아이라고 칭찬하였다고 한다. 지극한 효성이 있어 천륜에 독실히 하였으며 어려서부터 혼정신성(昏定晨省)과 문안인사를 폐하지 않았다. 학교에 들어가게 되어서는 스승의 가르침을 번거롭게 여기지 않고 책을 보는 것을 몹시 좋아하여 문장이 날로 발전하였다. 약관의 나이가 되자 부모님을 걱정하며 직접 밭을 갈았다. 이때부터 집안일을 주관하였으며 비록 작은 일일지라도 부모로 하여금 힘쓰게하지 않았으며 봉양함에 정성과 힘을 다하여 맛있는 음식을 하나라도 얻으면 반드시 바치고 하나의 일이라도 반드시 고해서 지체(志體)의 봉양[264]이 둘다 지극하니, 향당에서는 모두 그 효성을 칭찬하였다. 계미년에 모친상을 당하고[265] 정미년에 부친상을 당하여 전후 상례와 장례, 제례를 한결같이 가례를 따라 유감이 없게 하였다. 선대의 문헌을 널리 구하여 반드시 기록하고 선조 무덤의 석역(石役)과 재각(齋閣)을 처음으로 종족과 논의하여 제석(祭石)만 있는 경우에는 비를 세우고 띠집으로 된 재사는 중수하여 기와로 만들었다. 근세 승평에 거주하는 허씨의 파보가 공으로부터 시작되었다. 시인 윤종균(尹鍾均)이 궁호유거(弓湖幽居)라고 쓰니, 도리어 느린 말을 타고 향리로 돌아가는 것[266]에 부끄럽지 않겠는가? 다시

---

264) 지체(志體)의 봉양 : 주61) 참조.
265) 계미년 …… 당하고 : 원문에는 '丁外艱'이라고 되어 있는데 앞의 〈농은(農隱) 허공의 묘갈명〉을 보면 계미년에는 모친 문화유씨(文化柳氏)가 돌아가신 것으로 나오는 것으로 보아 '丁內艱'의 오류로 보고 수정 번역하였다.
266) 도리어 ……것 : 후한(後漢)의 명장인 복파장군(伏波將軍) 마원(馬援)이 일찍이 남방(南方)인 교지(交趾)로 정벌을 나가서 적군 수천 급(級)을 참수(斬首)하고 크게 격파하여 신식후(新息侯)에 봉해졌는데, 이때 군사(軍士)들을 호궤(犒饋)하면서 부하 관속(官屬)에게 이르기를 "나의 종제(從弟) 소유(少游)가 일찍이 말하기를 '선비가 세상에 나서 의식(衣食)이나 해결할 만하여 하택거(下澤車)를 타고 관단마(款段馬)를 몰고 선영의 분묘(墳墓)나 잘 수호하며 조용히 지내서 향리로부터 선인(善人)이란 말만 들으면 될 것이요, 넘치는 행복을 구하는 것은 스스로 괴로울 뿐이다.' 하더니, 내가 이곳에 와서 미처 노(虜)를 멸하기 전에 장열(瘴熱)

사립문 아래에서의 즐거움이 반드시 크다는 것을 생각해야 할 것이다. 당대의 사우들 가운데 추종하여 어울리는 자가 많아 자료가 상당하였다. 향당에 처할 때나 이웃을 대할 때에 한결같이 충신(忠信)으로 하여 확연하게 지킴이 있었고 위세로 굴복시키지 않고 친애하는 것으로 용서하지도 않았다. 군수가 방문하더라도 공사가 아니면 만나지 않았고 향교에 중요한 일이 있으면 사람들의 의견 중에 타당한 것을 취하여 말 한마디로 결정을 내렸다. 무자년(1948년) 7월 22일에 돌아가시니 향년 85세였다. 궁호 오른쪽 기슭 간좌(艮坐)의 언덕에 장례를 지냈다.

배위는 경주정씨(慶州鄭氏)로 사인 사준(士俊)의 따님이다. 1남1녀를 낳았다. 아들은 감찰 재(材)이고 딸은 제주 양회환(梁會煥)에게 시집갔다. 공의 손자 옥(玉)군이 나에게 묘갈명을 청하였다. 내가 공과는 옛 정의가 있다. 옛날을 생각하니 아양(峨洋)의 회포[267]를 금할 수가 없고 문장이 안 된다거나 늙고 혼미한 것으로 끝내 사양할 수가 없기에 이렇게 단란(斷爛)[268]하게 쓰고 다음과 같이 명한다.

미산은 우뚝 솟아있고	嵋山屹屹
광천은 시원스레 흘러가네	廣川蕩蕩
무덤은 어디에 있는가	堂斧何處
궁호의 오른쪽 기슭이라네	弓湖右岡
마을 사람들이 상상하여	鄕人想像
가리키며 방황하네	指點彷徨
한산의 조각돌이	寒山片石
대대로 영원토록 전해지리라	垂世無疆

───────────────
의 훈증(薰蒸)으로 인하여 솔개가 수중(水中)으로 툭툭 떨어지는 것을 쳐다보면서 내 종제가 평상시에 하던 말을 생각해 보았지만 어쩔 수가 없었다.”라고 했던 데서 온 말이다. 《後漢書 卷24 馬援列傳》

267) 아양(峨洋)의 회포 : 지기(知己)가 서로 만난 것을 비유할 때 쓰는 말이다. 거문고의 명인 백아(伯牙)가 고산(高山)에 뜻을 두고 연주하면 그의 지음(知音)인 종자기(鍾子期)가 “좋구나. 아아(峨峨)하여 태산(泰山)과 같도다.” 하고, 유수(流水)에 뜻을 두고 연주하면 “좋구나. 양양(洋洋)하여 강하(江河)와 같도다.”라고 평했다는 고사에서 유래한 것이다. 《列子 湯問》

268) 단란(斷爛) : 단란은 결함이 많아서 완전하지 못한 것을 말한다.

을미년 중춘에 문화 유광묵(柳匡黙)은 삼가 짓는다.

횡당시(黌堂詩) 〈승평지(昇平誌)에 나온다.〉

엄숙하고 공경스런 여러 군자	穆穆衆君子
재계하고 향교에 달려가길 기약하니	齋赴黌堂期
거문고 소리 오래전에 이미 그쳤거늘	絃歌久已輟
어디에 무성을 쓰려 하는가	焉用武城爲
우리의 학문을 강학하는 이유는	所以講吾學
혹 잃을까 두려워해서이니	惟恐或失之
크고 넓은 성현의 계책은	洋洋聖賢謨
방책에 모두 들어 있다네	方冊俱在玆
글 읽는 소리 듣기 좋으니	欣聞讀書聲
어른과 아이 성대하게 늘어섰고	冠童列祁祁
아름답게 책 상자 두드리는 무리들	斐然鼓篋徒
모두들 옥을 다듬는 자태로다	無非啄玉姿
큰 도로 나아가는 것은 대학과 소학이니	道坦大小學
제 때에 맹렬하게 공부해야 하네	猛進宜及時
분명한 교훈은 논어와 맹자를 본받고	明訓軆語孟
심오한 의리는 자사를 증거로 삼네	奧義證子思
그런 뒤에 위아래 바탕이 되는 것은	然後資上下
주역과 서경, 시경이라네	大易與書詩
학문은 본디 이와 같아야 하는 법	爲學固如許
선각자가 어찌 나를 속일까	先覺豈余欺
오래도록 하다보면 도는 절로 드러나니	積久道自顯
마음은 엄격한 스승이라네	方寸是嚴師
편안하게 행단 옆에 있으니	夷猶杏壇側
마치 안자와 증자가 따르는 듯하네	怳如顏曾隨
시대가 멀어지니 사모함은 더욱 깊어	世遠慕愈深
늦게 태어남을 서글퍼한들 어찌 하리	生晚恨何追
태산에 올라가 보고자 하니	欲登泰山望

천하가 결국 누구에게 속할까   天下竟屬誰

맹자와 공자의 학문 더럽혀졌지만   鄒魯亦腥塵

우리의 도는 진실로 여기에 있다네   吾道諒在斯

시를 지어 한번 회포를 푸니   題詩一攄懷

다시금 잠규를 의탁하네   聊復托箴規

나 학사와 이별하며 지어주다[贈別羅學]

그대와 나 천애의 나그네 되니   同作天涯客

풍진의 모든 일 잘못되었네   風塵萬事非

눈은 봄 나무를 지나서 따라가고   眼穿春樹去

마음은 저물녘 구름 따라 날아가네   心逐暮雲飛

머나먼 곳으로 석별함을 슬퍼하니   惜別愁羌遼

저녁노을 받으며 돌아가길 재촉하네   催歸帶夕暉

헤어짐에 그리움이 더욱 괴로워   臨分思更苦

눈물이 옷깃을 적시네   不忍淚添衣

성재 허전에 대한 만사[輓性齋許傳]

옛날 선생께 배우던 정 생각하니   念昔及門誼

백년이 하루 같았던 시절이었지   百年一日同

나라 사람들은 주석처럼 의지했고   國愛傾柱石

선비들은 화산과 숭산처럼 따랐네   儒望頹華崇

옛 성인 이을 이 없음을 탄식하니   嘆無繼往聖

여러 어리석은 사람을 누가 끌어줄까   誰有廸群蒙

천리에서 와 문앞에서 곡을 하니   千里寢門哭

밤은 차고 달은 동창에 떠오르네   夜寒月上東

연자루(鷰子樓)

삼월이라 강남의 연자루에   三月江南鷰子樓

복사꽃 피고 지는데 물은 동쪽으로 흐르네   桃花開落水東流

연하는 못에 가득하니 봄은 바다와 같고　　　煙霞漲池春如海
노래하고 북쳐서 사람 붙잡으니 모래톱에 달 가득　歌鼓留人月滿洲
꿈속에 우연히 오늘의 즐거움 이루니　　　夢裏偶成今日樂
흥이 와서 다시 옛날의 즐거움 추억하네　　興來復憶昔時遊
가인은 이미 늙고 현랑은 떠나니　　　　佳人已老賢郎去
잔풀은는 해마다 객의 수심 부르네　　　細草年年喚客愁

구산재낙성음(龜山齋落成吟)

아름다운 지역을 열어주어 남쪽으로 집을 지으니　地闢名區坐向陽
많은 봉우리 겹겹이고 물은 넘실대네　　　群峰重重水洋洋
검은 거북산은 굽이굽이 산세 좋고　　　玄龜屈曲山容好
황학 날아오르니 상서로운 기운 오래가리　黃鶴翶翔瑞氣長
서리와 이슬 내리는 좋은 시절 감회가 많으니　霜露佳辰多感慕
정령이 내려와 강녕함을 축원하네　　　精靈降時祝寧康
오늘 재사가 완성되어 후손들 모이니　　齋成今日雲孫會
친척들 자리에서 기쁘게 잔 드네　　　花樹筵前喜擧觴

2. 『양천허씨 문헌고』 「승지공파유사」

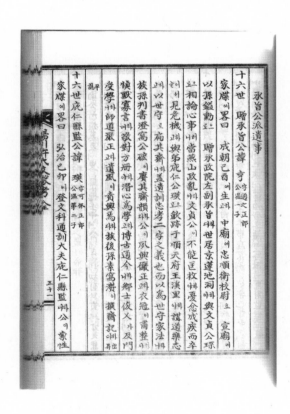

十六世 贈承旨公 諱 亨 [字通之 正郎公溫第一子]

家牒에 畧曰 成宗己酉에 生하고 中廟에 忠順衛校尉요 宣廟에 以孫錄勳으로 贈承政院左副承旨하다 世居京蓮池洞하야 與文貞公琛으로 相論心事러니 當燕山亂政하야 文貞公이 不能匡救하야 憂忿成疾而卒이어늘 見危機하고 與弟庇仁公瑛으로 斂跡于順天府玉溪里하야 講道樂志하고 以世守로 扁其齋하니 盖遺訓忠孝二字之義也 而以爲世守家法하니 族孫判書澄窩公碇이 賡其齋韻하다 公이 夙興儼正하고 衣冠이 肅整하야 愼黙寡言하며 敬對方册하야 潛心爲學하고 博古通今하니 鄕士俊乂가 及門受學하니 師道嚴正하고 遺風이 賁興焉하다 族後孫素窩瓚이 撰齋記하다[出昇平誌]

十六世 庇仁縣監公 諱 瑛 [字可佩 正郎公溫第二子]

家牒에 畧曰 弘治己卯에 登文科通訓大夫庇仁縣監하다 公이 稟性이 忠厚하고 學優德成하야 事親以孝하고 事君以忠하다

十七世 參贊公 諱 希麟 [字彦瑞 號默軒 承旨公一子]

市南公所撰墓表에 畧曰正德壬申에 公이 生하니 幼有異質하고 才又兼德하고 愼重寡言하다 明宗朝에 敦勇校尉요 宣廟에 贈通政大夫承政院左副承旨 經筵參贊官하다 性孝至誠하야 服勤愉惋順志하며 瘼必禱天하고 喪幾滅性하며 哭泣靡懈하야 與二弟通德郎希壽와 縣監希仁으로 友義尤篤하고 俱謝榮塗하야 同歸田園하야 到老에 猶全塤箎之樂하고 居家而務修齊之道하야 處鄕而戒毀譽之口하며 立志務學하야 以敎子姪하고 致敬謹行하야 以勉後生하니 士林이 推而師表하다

十七世 務安縣監公 諱 希仁 [字仁伯 號伴鷗亭 承旨公亨第二子]

家譜에 曰 正德丙子正月己酉에 擧公于京蓮池第하니 幼有異質하야 性度寬厚하고 孝友兼至하야 居家에 不事産業하다 仁宗己酉中武科하야 屬訓鍊院主簿하고 己未에 遷西部主簿하야 尋陞司憲府監察하고 秋에 進陞奉正大夫 除務安縣監하다 有古循吏風하니 鄕人이 立碑頌德하다 越明年에 賦歸하야 築亭于玉溪東玉川上하고 自適逍遙하야 扁亭以伴鷗하고 作記而繼詩하다 龜巖李先生楨이 狀其行曰在家而孝敬하고 居官而廉謹云而歎其知止之高德하야 有賁亭詩하며 其後에 玉川趙顯範이 咏嘆公의 孝廉行曰在家孝爲先이요 在官廉爲先이니 非孝면 敎何成이며 非廉이면 化何宣고 貪汚與不順은 害民且違天이라 蒲亭孝治馨이요 晋平廉名傳이라 千秋務安縣에 遺風追古賢이라하니 此公之實錄也라 出江南樂府하다 族後孫素窩巘이 撰亭記曰公이 雖以武發身而有儒者氣像하야 廉謹自守하고 未嘗衒名務能하니 居官에 有古循吏風하다 輒謝病賦歸하야 甘老於江湖之上하야 與鷗鷺로 相忘하니 其性度之寬闊과 胸次之爽豁은 百世之下에 淸風이 猶灑然也라 又撰墓銘曰 惟孝惟廉하니 善行出於性이라 以若干城之姿로 開尋沙鳥之盟하니 命耶

十八世 贈參判公 諱 渾 [字厚淑 參贊公希麟一子]

家牒에 曰 公이 天性이 純厚하야 孝於親하고 友於弟하고 睦於族하고 和隣里하며 素履謹儉하고 寡言愼重하야 兄弟五人이 友愛隆篤하야 兄無猶弟無猶하니 式相好矣로다 宣廟에 昭威將軍이니 以子鎰忠勳으로 贈戶曹參判하다

十八世 蘆汀公 諱 潛 [字明淑 號蘆汀 參贊公希麟第二子]

家牒에 曰 中廟癸巳에 公이 生하니 自齠齡으로 孝友出天하고 及上學

에 已究天人性命之蘊하니 鄕邦이 稱君子儒러라 兄弟五人이 同居一室하야 扁其堂曰無猶이라하고 記署曰 兄無猶 弟無猶면 誰曰猶也리오 宣廟甲午에 筮仕로 通政大夫行內禁衛副護軍辭退 歸作還鄕歌曰 猥蒙洪恩에 未盡衛國之誠하고 晩慕桐江하니 又有一絲之風이라 與堂弟江湖公淹으로 日事講學 修己治齊之道焉하다 素窩巘이 撰墓銘曰其進也에 非辭尊而居卑하고 其退也에 非傲世而絶物하다 友無猶하니 旣翁且湛하고 學有自하니 是承是飭이라하다

十八世 江湖公 諱 淹 [字久淑 號江湖 務安縣監公希仁一子]

家譜에 署曰 嘉靖戊戌에 公이 生于順天府玉溪里第하니 資稟이 淸粹하고 孝友根天하며 才藝絶倫하야 德器容物이라 英年에 受學于慕齋金先生門하니 及門之徒가 皆以爲不及愧愧也하니라 居處以敬하고 動止以禮하야 蔚有山林宿德之望이라 宣廟戊辰에 擧成均生員하야 竟不施爲於世하니 命矣夫인저 昇平府西에 有玉川하야 上有臨淸臺하니 盖金寒暄曺梅溪兩先生謫居時遊憩所也라 公이 與裴梅谷璹와 鄭蕭莎沼와 鄭圃堂思翊으로 日處其中하야 講學訂契하니 時稱昇平四隱이라 及龜巖李楨이 莅府에 公暇見訪하야 質疑資益하고 丕振儒風하다 臨淸臺修築과 景賢精舍刱立의 賢勞事實이 載景賢錄中하니 以見公之始終也라 玄風郭趍이 撰狀하고 素窩翁이 撰墓銘에 曰發軔乎梨湖之上하고 依歸乎景賢之堂하니 世之欽公之風者는 謹觀於玉川之水萬古彌長하라

十八世 通訓大夫行文川縣監 諱 澤 [字惠淑 號溪亭 參贊公希麟第五子]

靜簡齋墓表에 署曰 明宗丙午에 公이 生하니 詩禮承訓하야 莊重自持하고 立心平直하며 處事精詳하니 識者稱以需世之用이라 宣廟己丑에 筮仕司饔院奉事하고 陞通政大夫 除文川縣監하니 在官廉淸하야 輿聲이 在路러라

未及瓜에 輒謝病賦歸하야 孝養父母하야 志體備至하고 敬事伯仲하야 無猶
式好하고 日就講學於堂兄江湖先生하니 德業行義가 見稱於世하다

十九世 贈參議公 諱 鎰 [字汝重 號一心齋 贈參判公渾子]

家譜에 畧曰 公이 自齠齡으로 慷慨有大節義勇하야 宣廟己酉에 登虎榜
하야 宣傳官主簿로 累歷衆署하고 壬辰에 以熊川縣監으로 從李忠武公하야
連捷於東萊釜山南海等地하고 遣幕下朱貴生하야 數探情勢하야 輒告한데
李公이 甚奇之하다 因赴崔忠毅公幕하야 同守晋陽이라가 城陷之日에 與諸
公으로 同殉節하다 公이 在熊川之日에 聞忠勇將金公擧義하고 以所乘駿
馬로 與之하니 第一等原從勳하야 通政大夫 贈刑曹參議하고 享忠烈祠하다
子增은 經歷이요 垣은 主簿요 坤은 判官이요 垠坦은 并通德郎하다 垣坤兩
公이 與兄與弟로 稱復讎將이라하야 復收餘兵하야 追閞山戰하야 累立奇功
타가 兄弟五人이 同殉節하야 第三等原從勳하니 事載湖南節義錄하다 玉川
趙顯範이 咏嘆其丹忠素節曰許熊川은 勇力絶人忠義全하니 制閫未效熊虎
材라 分憂不幸龍蛇年에 蓬山太守死於國이라 海寇南驅勢陷天 嶺湖保策誰
先畫 晋陽城中兵甲堅 張公慷慨崔爺奪壯圖又有我公賢 奇功未售裹瘡戰 幾
箇忠良生共損 宗坊恩典及死骨 百代家聲更誰傳 南江不絶眞樓高 忠憤悠悠
至今憐이라 建閣享六忠하니 參奉奇宇萬撰六忠設壇碑銘하고 參判尹寗求
撰六忠閣記하다

十九世 通訓大夫行慶州判官 諱 鏡 [字汝明 號莊菴 生員公淹子]

鰲川韓伯愈撰狀에 畧曰 中宗丙子에 公이 生하니 德器氣宇가 弘毅莊重
하야 有大節하니 江湖公이 鍾愛之하야 敎之有度하고 賜名以鏡하야 書訓
其名義曰鏡以照物에 姸媸自來하니 其所勉勵於學問事業을 期以遠大라하
니 公이 佩服嚴訓하야 以忠孝로 爲終身之符하야 其於正家治國之道에 次

第擧措矣러라 宣廟에 登虎榜하야 宣傳官으로 禁衛訓鍊院主簿와 禦侮將軍 全羅虞侯와 長淵縣監慶州判官하니 所莅에 廉勤奉公하고 慈愛恤民하야 至 得成教於國焉하다 及壬辰之亂에 奮忠揚威하야 擧義旅하고 家弟銓從兄鎰 從弟銅으로 并起而赴晉州하야 與金千鎰黃進諸公으로 累建奇功하며 輸穀 給餉하고 扈從大駕於龍灣하야 參原從三等勳하니 事載湖南忠義錄하다 噫 라 公之德行은 實有得於求忠臣을 必於孝子之門也라 孝盡子職하고 忠盡臣 職하야 內而昌大家祚하고 外而誓死國難하니 賢乎哉저 吾公金昆玉季가 聯 美齊名於國乘野史하니 求之於古에 復有幾人哉아

十九世 蓮波公 諱 鍵 [字汝守 號蓮波 ○通政公潛 第一子]

家牒에 畧曰 嘉靖乙卯에 公이 生하니 天性이 雅靜하야 承襲庭訓하고 篤 志力學하야 學有所進하니 從叔江湖公이 甚愛之曰將可以成材器也라 賢賢 有誠하야 重修景賢堂하니 丕振儒風이요 重修八馬碑하니 增新古蹟이라 知 府李芝峯睟光이 嘉尙其好賢崇儒之至行하야 稱以賢長하고 記其事實壬辰 에 從堂兄鎰하야 同謀協贊하고 以傾藏輸穀하니 宣廟에 宣務郎 除司饔院 主簿하다

十九世 僉樞公 諱 銓 [字汝平 號松菴 生員公淹第二子]

鰲川韓伯愈撰行狀에 畧曰 中宗戊辰에 公이 生하니 天資가 卓異하야 幼 若成人이어늘 江湖公이 奇之하야 遂期以公輔器하고 賜名以銓하야 垂訓曰 銓은 以稱物하야 輕重을 同得이니 顧其名義면 遠大之望을 詎可量哉아 盡 孝敬於父兄하고 篤齊治於家國하야 能文能武하야 頗有需世之用焉이라 宣 廟에 中生進別提하야 省峴察訪이러니 及龍蛇之亂에 大興義旅하야 伯兄判 官公鏡과 從兄縣監公鎰과 從弟銅과 表叔縣監趙大承과 表從奉事趙瑋로 同 應相聚하야 直赴李忠武公하야 傾藏輸穀하야 勇戰立功하고 扈駕龍灣하니

策原從三等勳하야 特除淸州營將하고 陞僉中樞하다 及衰에 累發未遂裹革
盡命하니 牖下之歎이 凜凜乎馬伏波之矍鑠氣節也라 嗚呼라 在昔龍蛇之變
에 賴若吾公奮忠揚武면 得保靑邱一域이요 戴大明日月之光革矣리니 及今
天壤易處에 祚宋이 無日則志士之忍痛含冤을 亦復何言哉아 其於狀公之行
에 偏傷山河之異目하야 附此慷慨之義하니 後之求公偉節卓行者는 庶幾有
觀於余言否아 固知僭踰之無所逃云爾라

十九世 荷亭公 諱 鑰 [字汝啓 號荷亭 通政公潛 第二子]

家牒에 畧曰 公의 志節이 慷慨하고 膂力이 猛虎라 宣廟壬癸之變에 奮義
하야 與從兄鎰로 傾藏輸穀하야 累立奇功하니 除司饔院主簿하다 ○武靖公
成允文이 稱賞其節操之卓犖焉하니라

十九世 參奉公 諱 錛 [字子精 號惺齋 縣監公澤子]

家譜에 畧曰 公의 天性이 純厚하야 動作이 有儀하고 克承庭訓하야 專心
篤學하야 不求榮利하고 師事從叔江湖公하야 造詣精深하고 修身齊家에 有
儒門重望이러라 宣祖廟에 以學行으로 薦除將仕郎軍資監參奉하나 見昇平
誌하다

十九世 嘉善公 諱 銅 [字汝重 通德郎潛第三子]

家牒에 畧曰 公이 氣宇가 夙成하고 孝悌가 絶人하니 蘆汀公이 見而異之
하고 稱其遠大器하라 宣廟壬辰에 從堂兄長淵公鏡하야 舉義報國하고 效忠
盡節하며 護軍給餉하야 長淵公之樹功에 實多助焉하니 上이 嘉之하사 除
嘉善大夫同中樞하다

二十世 **歸川公** 諱 壤 [字子寬 號歸川 僉樞公銓一子]

竹軒公所撰墓表에 畧曰 宣廟庚子六月四日에 府君이 生하니 性本溫厚하야 事極謹恭하며 內而家庭이요 外而鄕黨에 各得其情하니 無不悅服이러라 遇事에 坦然有容物量하야 喜怒를 不形하며 愼默寡言하야 深自警省於安分身無辱이요 知幾心自閑之戒하니 眞所謂君子歟인저 家牒에 畧曰 專心究經에 學業이 精深하야 實有所獲於君子之學하니 殆聖門所稱君子儒也라 [見昇平誌]

二十世 **奉事公** 諱 坪 [字君晉 號敬齋 參奉公鍋子]

家牒에 畧曰 萬曆戊申에 公이 生하니 天禀이 純粹하야 承襲庭訓하야 孝於事親하야 丁外內艱에 喪制遵禮하며 愛敬俱至하야 與四第二妹로 壎箎湛和하고 物我無間하야 式相好矣라 夙就於從祖江湖先生門하야 學有所進하야 詩禮之邃奧와 操履之堅確과 飭躬齊家處事接物이 咸得其道하니 有儒林重望하다 仁祖朝에 以筮仕로 訓鍊院奉事하고 無意躁進하야 隱德竢命하다

二十世 **愚齋公** 諱 垕 [字大載 號愚齋 參奉公鍋第四子]

鰲川韓伯愈撰墓表에 畧曰 宣祖丁巳五月二十三日에 生하니 公의 姿禀이 純溫하고 才藝가 卓異하야 承襲庭訓하야 文詞가 贍麗하다 事親至孝하고 昆季娣妹에도 愛敬이 俱摯하며 和悅親戚하고 救恤貧窮하며 訓子孫에 必有義方하니 鄕黨이 咸稱其德業風儀하니 公可謂尙德務學之君子也라 以筮仕로 秉節校尉하다

二十一世 **察訪公** 諱 樟 [字直卿 號忍堂 通德郎公堪子]

家牒에 畧曰 仁祖戊辰十月三十日에 生하니 公이 性本謹儉하야 事親以孝하고 事君以忠하며 資之以文雅하고 飭躬以禮法하니 南中士友之誦慕가 藹然有存焉이라 顯宗朝에 顯信校尉로 行金泉察訪禦侮將軍副護軍하다

二十一世 海波公 諱 彬 [字彬彬 號海波 參奉公鐸孫 · 子]

玉川趙顯範所著江南樂府에 曰 宣祖癸亥三月七日에 生하니 公의 才藝가 出倫하고 器宇가 宏博하야 專心篤學에 早成文章하야 與崔萬甲 梁命雄 朴時大 鄭厦 鄭時灌 黃一局 鄭遇亨으로 世稱昇平八文章이라하다 ○弟森의 字는 森森이니 孝友文藝가 亦有重望하다

二十一世 靜簡齋公 諱 根 [字汝剛 號靜簡齋 通德郎公壤子]

鰲川韓伯愈撰行狀에 署曰 仁祖丙戌十月十九日에 生하니 公의 性度가 毅重하고 資稟이 溫粹하야 孝於事親호되 養志養體하야 愛敬이 兼至하고 送死莅祭에 勤禮致誠하며 素履恭儉하야 好善樂施하고 持身以敬하며 御家以正하며 接人以和하고 處事以信하며 敎養親戚子弟를 無異己子하고 親知來從에 割土以居하고 鄕隣病飢에 脫驂以救하다 孝悌忠信은 天性所稟이요 慈良愷悌은 平生所操라 好學有誠하야 就正於寬谷崔先生門하니 敬義偕立하야 望重於吾黨이라 又命子하야 行束脩之禮於師門하야 學業이 就成하니 先生이 亟歎家學之世美也라 噫라 公於不佞에 爲同門長德하니 敬事以禮하고 又與其嗣胤으로 定立雪之交러니 今來寓居玆府에 講磨之資益과 歡戚之盡情이 不啻同門之舊契요 怡若一家之至親이라 臨公之沒也에 悲感叢集하야 誄而哭之러니 今於其孤綏가 請狀德之撰하니 誠不可以固辭故로 謹敍次如右하노라

趙顯範이 詠歎平生操曰士必守操然後安所遭라 忠信孝爲篤이요 玆良義亦高라 脫驂贈舘人하니 我公學聖이 超凡曹라 情話悅親戚하니 我公琴書亦謀陶라 隣風里俗自然化하니 恤飢憐寒心忉忉이라 君不見我公平生所操長如此아 鰲川當日亦載毫라 [見江南樂府]

淸州韓伯愈哀詞曰 出入公門下于今十二年에 視同骨肉親하니 情意自纏綿이라 久被公恩眷하고 習知公行義라 平生好簡靜하니 天然隱君子라 居家

無疾遽하고 接物無內外라 以此得其壽하니 七十有三歲라 以此介其福하니
一子有三孫이라 了知九泉下에 歸路亦閒安이라 嗚呼長已矣라 無復嗣德音
이라 小子感往來하야 不覺淚沾衿이라

玉川趙泰望哀詞에 曰 吾鄕長者逝하니 何處見天姿오 義重先君好요 情深
小子隨라 昔年多小語는 今夕死生悲라 積善知餘慶하니 諸孫次第奇로다

二十一世 漁樵亭公 諱 棨 [字香伯 號漁樵亭 參奉公鎬孫 墩子]

家牒에 曰 仁祖己丑十月三日에 生하니 公의 一生所樂이 在於山水之
間하야 築亭於屹山義川之上하야 扁以漁樵하고 不以外事로 掛抱하다 處家
風度는 遠邁於孔北海之座席하고 會客氣味는 伯仲於韋員外之花樹라 燃薪
烹魚呼酒하니 高尙風儀와 灑落智衿을 槩可想矣로다 [見江南樂府]

趙顯範詠歎公之漁樵歌曰 屹山이 峨峨碧松靑蔓宅後多하고 義川潑潑銀
鱗玉尺門前波라 採於斯釣於斯하니 蘿衣歸時又烟簑라 燧人氏太昊氏裏面
生涯付長歌라 客到祇知留一醉하니 燃薪烹魚其樂何오

二十一世 河亭公 諱 楫 [字汝信 號河亭 承旨公亨五世孫 奉事公坪子]

家牒에 曰 公이 崇禎戊寅生이니 儀表가 魁梧하고 文詞가 夙就하야 慷慨
有大志하다 肅宗朝에 登虎榜하야 以宣傳官으로 出爲古郡鎭別將이러니 時
에 海賊이 熾盛하야 橫行諸島하야 蕩亂이 尤甚於草島等地하니 人心이 洶
洶이어늘 公이 奉官軍供武備하야 掃蕩海賊하니 沿海居民이 多賴安堵하고
累典郡鎭에 多有治績하니 超陞內禁衛副司直이러니 謝退于鄕里하야 敎子
侄以禮하니 世稱文武幷用은 可見於許公河亭也라

二十二世 奉事公 諱 綝 [字天機 號石溪 主簿公鑰曾孫 格子]

家牒에 曰 孝宗己亥生이니 公이 容貌가 奇異하고 寡言愼重하며 臨事

剛正하고 接人寬厚하며 事君盡忠하고 養親竭誠하며 喪制遵禮하고 睦於親戚하며 和於隣里하고 學受于庭而行成於外하며 忠孝弟睦은 世垂然也라 士林이 敬重하다 肅宗朝에 以筮仕로 司饔院奉事宣務郎하다

二十二世 市南公 諱 綊 [字重輝 號市南 主簿公曾孫 溪隱公楥子]

趙顯範이 撰行狀에 畧日 顯宗丁未에 公이 生하니 天性이 剛直하고 孝友兼至하며 慈親이 疾劇에 裂指注血하고 竟至見背에 哀毁罔極하야 血淚骨立하고 喪制遵禮하며 奉先事祈에 達宵涕泣하야 不成寢焉이라 以孝被薦하야 贈童蒙敎官하다

趙器夏祭文에 曰惟公至孝는 常所親覯라 操心有約하야 不求榮名하고 出言則寡하야 言必有當하며 雖居城市紛華之中이라도 毅然不變天降之衷하야 素守內確하고 德容이 外豊하다 [見昇平誌]

二十二世 孤隱公 諱 繪 [字後素 號孤隱 察訪公樟子]

家牒에 畧日 顯宗癸丑四月八日에 生하니 公의 氣宇가 雄偉하고 寡言愼重하며 事親養志하고 宗族敦睦하며 接人施惠하고 樂觀書史하야 不阿權貴하니 以善行으로 見稱於世하다

二十二世 竹軒公 諱 綏 [字履仲 號竹軒 靜簡公根子]

家狀에 日 顯宗癸丑八月九日에 生하니 性度가 寬弘慈仁하야 有長者氣像하다 急人之喜施와 周窮救恤로 令人能回春하니 世稱君子仁而公이 嘗有一知舊하야 鄭延壽得病累月에 至於必死之境이라 公이 徃而問病에 見其危劇하고 怜憐曰子能醫人而不能自醫은 何也오 鄭生曰吾知吾病이나 家貧乏價하야 買藥無路하니 奈何오 公이 當用何藥有差오 鄭生이 答曰服蔘製累十貼然後에 庶可回甦라하니 公이 聞之悶憐曰此不難이라 吾家에 有若干蔘하니

今子之病이 如此하니 吾何惜之耶아 歸家盡送하야 用其蔘製하야 仍得回甦하니 鄭生之弟龍壽가 稱公日今世君子仁也라 當時에 非公이면 吾兄이 必不得回春이니 若公仁愛은 豈非君子仁乎아 ○玉川趙顯範이 詠歎公君子仁日 我有籠中蔘하니 重之若千金이라 我有平生知하니 懷此斷金心幾日病在床고 憐君二竪侵이라 靈藥吾何惜고 持贈此意深이라 令人能回春하니 和氣生胸襟이라 君不見一錢銀子人皆愛아 君子哉仁公獨欽이라 [見江南樂府]

二十二世 溪谷公 諱 繐 [字絲叔 號溪谷 敬齋公坪孫 杭子]

家牒에 畧日 肅宗癸亥生이니 公이 自幼로 器度가 宏深하고 及稍長에 承襲庭訓하야 孝友篤至하고 和悅親戚하며 文辭가 華贍하야 爲士友推重하다

二十三世 晚覺公 諱 傑 [字士奕 號晚覺齋 靜簡公根孫 竹軒公綏子]

家牒에 畧日 肅宗癸未正月四日에 生하니 公이 自幼岐嶷하야 性度弘毅하고 克承祖武하며 孝于親友于弟하니 家法이 斬斬하고 訓子有方하고 惇睦於族卭하니 模楷於鄕里하다 英宗乙卯에 登虎榜하야 拜宣傳敍主簿하고 以剛直氣로 見忤於時輩하니 遂絶意榮途하고 惟以古人詩至人貴藏輝로 晦跡林泉하야 因構小齋於弓湖之上하고 鑿小塘하야 種紅白之蓮하고 築短塢하야 栽多少之花하고 與二弟로 塡箎湛和하고 兒孫劬經貽模裕綽하야 揭其扁日晚覺이라하다 作記繼詩하야 優遊送老하니 以耆德으로 陞通政大夫副護軍하다 其後에 參判李宗秉이 以蘧伯玉之知非와 陶元亮之覺是로 記與詩를 讚之하고 性翁이 有又讚詩美之하고 曾孫暹撰家狀 [出昇平誌]

二十三世 玉溪公 諱 儞 [字元擧 號玉溪亭 主簿公鍵玄孫 市南公綏子]

家牒에 畧日 肅宗戊子二月二十二日生하니 公이 氣稟이 純雅淸靜하야 避囂家近城市하고 心在山林하야 身不靡校院之任하며 足不踏官府之塵하야

取友必端하고 要名于譽를 深以爲恥하다 洪候得厚가 聞公의 操行하고 欲一見訪而公이 嫌其直尋하야 終不屈己러니 一日에 洪候存聞而送食物한대 公이 怍之하야 還送給하니 官僕이 躬自見官하야 拜謝厚賜之不敢受어늘 官曰此非我送이라 繡衣有託官하니 亦有思也니 何必辭爲리요 公曰 此物이 無名이라 不宜拜受나 不得已止之하다 公이 筆翰이 精敏하야 稱之以三豪하니 盖豪於詩酒筆也라 推此可見其操履之爲一鄕之善士也 [見江南樂府]

玉川趙顯範이 詠歎公善行曰 國南有一士 爲善最樂只 靜似處山林 跡學隱城市 戶庭臥不出 斯友幾君子 避囂四十年 心淸玉溪水 永爲鄕人愛 景仰起敬止 [見江南樂府]

二十三世 都事公 諱 儼 [字君察 號醉軒 嘉善公銅玄孫 織子]

素窩撰墓銘에 畧曰 肅宗甲申五月十九日에 生하니 公이 自幼로 頗有丈夫之志하야 及長에 與家兄保로 英宗朝에 投筆同登虎榜聯璧하니 時年이 三十二라 除全羅都事官至司直하다 性素疎曠하야 不營産業하고 稍有嬴餘면 輒施與之하니 親戚知舊가 多有依賴라 見人有過어든 據理規戒하며 言溫氣和하야 聽之自悟하니 鄕里敬慕焉이라 宗老素窩巙이 撰墓表曰 斑筆之投는 志之遠也오 馮顥之老는 命之舛也라 不屑屑於營私하고 務切切於責善하니 亦足爲鄕邦之彦이라 [見昇平誌]

二十三世 龍岡公 諱 倬 [字大伯 號龍岡 參奉公鏑玄孫]

家牒에 畧曰 景宗癸卯生하니 公이 性本剛直하고 節儉自守하야 不與世俯하고 潛心經學하며 飭躬正家하야 嚴立彛訓하며 承先牖後로 爲自任之重하니 參判尹甯求撰墓銘하다 [出昇平誌 行宜篇]

二十三世 百拙公 諱 偆 [字晦之 號百拙 漁樵亭 榮孫]

家牒에 畧曰 英宗丙辰生이니 公이 性本砥行飭躬하고 與姊兄同居에 情愛
甚篤하니 周窮恤匱하야 克盡睦媚하니 皆本於孝悌之至라 [出昇平誌孝行篇]

二十四世 長川公 諱 璘 [字文王 號長川 庇仁縣監公瑛九代孫]

江南樂府에 畧曰 肅宗丙戌六月十五日에 生하니 公이 修身齊家를 必由
其道하고 處世接物을 獨行其義하야 不爲低仰하고 人之長短毁譽를 絶於言
議하야 淸潔自守하야 特立於四十年無暇之境하니 嗚呼善哉로다

玉川趙顯範이 詠歎獨行操曰 有於斯하니 不磷而不淄하니 何嫌他山石의
精光이 益自奇아 躍爐는 恥良金이라 藏澤珠幾時오 君不見土生斯世에 審
出處當如此아 獨立不懼를 惟君子以之라

二十四世 蓮坡公 諱 珣 [字子寶 號蓮坡]

承宣李宗秉撰墓銘에 略曰 公이 景宗甲辰에 生하니 正宗朝에 耆秩로 通
政大夫僉中樞하다 性本寬仁하고 質又怡雅하야 立志淡靜하고 制行廉潔하
야 孝親에 生死葬祭를 無違於禮하고 莊敬持養하며 蘊蓄德行하야 自少로
無意躁進하고 隱居弓湖之上하야 開塘에 蓮生于中하야 不染不夭하고 亭亭
淨植하니 其愛蓮而敬揭蓮塘於堂楣하야 自以爲號하고 日與士友宿德으로
講磨求心於希賢希聖之道하니 信乎君子儒라 族後孫博士柱撰行狀하다

二十四世 諱 琚 [字荊寶 號蓮湖 竹軒公綏孫]

家牒에 畧曰 英宗癸亥에 公이 生하니 弓湖里第하니 幼有異質하고 才德
이 兼備하고 高尙志節하며 篤詩禮하고 飭躬勤耕하야 養其親하고 與從伯
蓮塘公으로 講學修己治齊之道焉하니라

二十四世 龜亭公 諱 玒 [字仲直 號龜亭 參奉公鑞孫]

家牒에 署曰 英宗己卯에 公이 生而性本剛毅하고 氣宇淸肅하야 孝友尤
篤하니 親戚이 和悅하고 時人之隨俗低仰으로 深以爲恥하니 一生所操를
鄕里가 咸稱하다 憲宗朝에 耆秩로 嘉善同中樞府事하다

二十五世 湖隱公 諱 嶂 [字衆瞻 號湖隱 僉樞公珣一子]

家牒에 署曰 英宗戊辰에 公이 生而承襲早訓하야 孝養父母하고 持身勤
儉하며 敎子義方하고 口無雌黃하야 與弟五人과 二姉妹로 湛和備摯하고
物我無間하며 漁樵湖山하야 逍遙自適하다

二十五世 沙川公 諱 嶂 [字群瞻 號沙川 僉樞公珣第二子]

族後孫博士撰墓銘에 署曰 英宗庚午에 公이 生于弓湖里舊第하니 穎悟絶異
하고 忠厚有雅量하야 臨事에 要大體而署僿細하니 鄕黨이 推以爲長德이라
公兄弟五人과 姉妹二人이 篤友怡愉하야 至老白首에 不貳財而閫外內無間言
하니 蓋受學宇庭而行成外하야 忠孝悌睦이 世垂然也라 孫壎이 撰家狀하다

二十五世 石軒公 諱 嶽 [字潤慶 號石軒 醉軒公儼孫]

家牒에 署曰 英宗乙亥에 公이 生而性本沈重하야 寡言愼行하고 友于二
弟하며 設族親契하야 敬以奉先하고 義以恤貧하야 有范氏義藏之風이라 鄕
里推重焉하다 堂前에 種五柳樹하고 春秋에 會家內親族하야 契飮于樹下하
야 敍親睦之誼하니 世稱今之靖節居士라하다 〈出昇平誌〉

二十五世 西湖公 諱 岦 [字景峻 號西湖齋 玉溪公儞孫]

家牒에 署曰 英宗辛巳에 公이 生而天姿가 貞直하고 操行이 卓潔하야 人
之毀譽를 不掛於口하고 燕居에 不倚坐하며 喜怒를 不形하고 隱居行義하

야 所操如此하니 以學行으로 有鄕道薦하다 〈出昇平誌〉

二十五世 菊圃公 諱 峇 [字彦慶 號菊圃 醉軒公儼孫]

家牒에 曰 英宗庚寅에 公이 生而自幼로 愼重하야 嘗家於先墓下하고 每晨에 早起하야 整冠謁墓하고 歸書堂하야 敎訓子姪하고 與昆季로 有壎篪之樂하고 平生에 不入於城市하니 世皆稱之하다

二十五世 伴鷗堂公 諱 峸 [字德休 市南公峽曾孫]

家牒에 曰 正宗甲辰에 生하니 性本仁厚하야 事親에 養其志하며 宗族에 敦其睦하고 恤貧救窮하야 患難에 服其恩하니 文學이 名世하고 不求榮利하고 志在山水하야 構堂於梅湖之上하고 扁其堂曰伴鷗堂이라하야 逍遙自適하다

二十五世 通政公 諱 嵲 [字君五 晚覺公僎孫]

家牒에 曰 純廟己未에 公이 生하니 天姿가 純厚하야 事親至孝하고 與昆季로 壎篪湛樂하다 憲宗朝에 耆秩로 通政大夫副護軍하다

二十五世 樂寓公 諱 嵷 [字興慶 號樂寓 醉軒公儼孫]

英宗壬辰四月十五日에 公이 生하니 幼有異質하야 無違親志하고 友于伯仲하야 一生에 不入於戲華之地하고 以承襲庭訓으로 銘佩心胸하야 至老不衰하고 或賓朋來則以酣觴論史로 以送餘日하니 鄕隣이 以爲模範也라 享壽七十七하니 耆秩로 通政副護軍하다

二十五世 月樵公 諱 嶒 [字士俊 號月樵 奉仕公坪孫]

英宗丙戌八月五日에 公이 生하니 器局이 穎悟하고 威儀가 凜然하야 孝

敬持身하며 度量이 過人하야 與人談話에 人不欺情하고 處宗以睦하며 接
賓以禮하야 臨事에 處決如水하야 自有和氣하고 人無間言하니 當時에 稱
以鄕黨之彦老라하다

二十六世 弓湖公 諱 明 [字景孝 號弓湖 沙川公巍子]

族後孫素窩巆이 撰行狀에 畧曰 正宗辛丑에 公이 生而幼有至性하야 大
異凡兒하야 得異味則必獻父母하고 及上學에 至黃香扇枕과 陸績懷橘等事
에 輒有欽慕之想하니 沙川公이 甚奇愛之하야 敎之義方하니 潛心佩服하야
讀書寫字에 勤謹楷正하야 以古人으로 自期하다 癸亥에 母夫人이 有疾이
어늘 日不解帶하야 迎醫合藥을 必敬必愼하고 及丁憂에 哀毁滅性하고 送
終之具를 極稱禮情하고 日必省墓호되 風雨不廢하니 隣里感歎焉하다 副提
學鄭鳳時撰墓碣銘하다

二十六世 晩悔公 諱 遑 [字普景 號晩悔 湖隱公罐子]

家牒에 畧曰 正宗癸卯에 公이 生于弓湖本第하니 稟性이 溫良하고 風儀
가 豪爽하며 文筆이 瞻麗하고 操行이 卓異하니 宗族이 咸服하고 鄕里가
欽仰하다 從遊性齋先生門하니 先生이 極稱其節操하야 扁其齋曰晩悔라하
고 贈詩美之하고 從孫鐄이 撰狀하다

二十六世 忍止軒公 諱 晿 [字國明 號忍止軒 蘆汀潛八世孫 石軒公 巖子]

舊譜에 曰 正祖丙午九月九日에 生하니 公이 性本根天也라 寬大厚重하
고 體宇精粹하고 擧止軒雅하야 言語之間에 仁愛藹如하고 積累冥冥하야
化牖來裔하며 家宅이 近在先墓之下하니 墓下에 建數間齋室하야 每月朔望
省墓後에 淨掃齋室曰先靈陟降之所어늘 豈可蕪塵汚穢耶아 雖祈寒暑雨라도
一無忌闕하고 座右에 揭忍字止字하야 戒子姪曰知忍이면 知止요 知止면 百

事를 可做라하야 扁其軒曰忍止軒이라하다 公이 有智鑑하야 鄕隣이 有疑難
之訟則不煩官庭하고 於公에 來訪解決하니 時人이 稱曰有德君子之明鑑也
라하다 辛酉四月二十七日에 卒하니 享年이 七十八이라 〈事載昇平誌〉

二十六世 農巖公 諱 曇 [字元仲 號農岩 主簿公鑰七世孫]

家牒에 畧曰 純祖庚申에 生하니 公이 天姿溫良하고 孝廉淸直하야 守之
剛毅하며 懷以忠信하고 擧止安重하야 從事儒門하야 與賢士友로 相契矣러
니 未展所抱而卒하니 隣里追募焉하다 官通政大夫하다 〈事載郡誌〉

二十六世 濟和堂公 諱 普 [字和仲 號濟和堂 僉樞公玽孫]

家牒에 畧曰 純祖壬戌에 生公而性本剛直하고 氣宇磊落하며 有長者風儀
하고 文筆이 贍麗하며 操行이 一行特立하야 自得林泉之樂하야 有古人高
尙之風焉하다

二十六世 副護軍公 諱 曛 [字訓之 參奉公鎰七代孫 戶參公業子]

家牒에 畧曰 純祖壬戌에 公이 生而自齠齡으로 性本純厚하야 早失怙矢
之喪制를 遵禮行之하고 及長에 有儒者氣像이라 文學이 宏卓하야 和悅親
戚하며 喜怒를 不形하니 鄕黨이 推稱焉하다 高宗朝에 耆秩로 通政副護軍
하다

二十六世 鳳山公 諱 湜 [字伯賢 號鳳山 參奉公鎰七代孫]

家牒에 畧曰 純祖乙亥에 公生而性本溫純하고 早襲庭訓하야 沈重寡默하
고 文詞贍麗하다 就性齋先生門而學有所進하고 聞見이 淵博하니 先生이
嘉其直操焉하다 高宗朝에 耆秩로 通政副護軍하다

二十六世 梅川公 諱 昫 [字明午 號梅川 察訪公樟五代孫]

家牒에 畧曰 純祖庚寅에 生公而天性이 根孝하야 純厚質朴하고 平生律己에 事親誠孝하야 腏臑其供하고 溫淸其啓하며 及丁憂에 六霜居廬하야 衰不去身하고 哀痛毀瘠하야 送終盡禮하니 有薦狀하다 〈出昇平誌〉

二十七世 鷺峰公 諱 堉 [字潤之 號鷺峰 弓湖公明子]

家狀에 畧曰 正宗己未에 生于弓湖本第하야 自幼로 天姿가 正直純粹하야 以孝友로 聞하다 幼而失怙하야 致哀를 如老成人하야 以禮終制하고 侍奉偏慈에 志體之養과 晨昏之節을 極盡其誠하야 至老不懈하고 病不裭不翔하고 喪不腥不飮하야 居廬三祀에 哀毀骨立하고 友愛尤篤하야 兄訓弟恭하며 弟棐兄從하고 宜兄宜弟하며 枕襟相同하야 猶式相好矣러니 晩爲計活所하야 分居一舍之地에 相往相來를 無異於同居一室하니 鄕里歎賞이러라 哲宗朝에 耆秩로 嘉善同中樞하다 猶子鐔이 撰狀하다

二十七世 灘叟公 諱 芹 [字敬五 號灘叟 菊軒公岜子]

家牒에 畧曰 純宗癸酉에 公이 生而自幼로 愛慕雙親을 出於天性而慈母李氏가 老多病患하야 雖隆冬盛暑라도 不離親側하고 甘旨之供을 不委兒孫하며 至於危劇하면 嚙指注血하야 復甦三日에 竟以天年으로 終하니 喪制遵禮에 鄕里欽頌하니라 〈出昇平誌〉

二十七世 農圃公 諱 蒹 [字聖化 號農圃 晩悔公暹子]

家牒에 畧曰 純宗戊寅에 公이 生而承襲庭訓하야 文藝가 夙就하여 孝養父母에 甘旨俱供하고 喪制遵禮하며 受業于性齋先生門하야 有禮說問答하며 文學이 邃奧하고 聞見이 淵博하니 先生이 甚奇之하야 賜號農圃하다

二十七世 梅村公 諱 菡 [字乃薰 號梅村 副護軍公眩子]

家牒에 畧曰 純祖乙亥에 公이 生而才藝가 卓異하고 承襲庭訓하야 事親奉先에 以孝以敬하고 早詣性齋先生門하야 正其疑難하야 聞見이 益明하니 士林이 推重而爲士表하니라

二十七世 二軒公 諱 堹 [字道然 號二軒 鷺峰公堉子]

家牒에 畧曰 純宗癸亥에 生公而稟性이 淸貞廉貞하야 不動外物하고 忘苦安貧하고 平生一心이 敬義爲主하야 事親에 盡其誠하고 事兄에 思其悌하야 至老白首에 不以貳財하고 物我無間하며 敎其子女에 有義方하며 人之長短을 不論於口하고 人之毀譽를 不掛於心하야 一生所操如此하니 鄕里推重焉하다 壽八十八하니 高宗朝에 耆秩로 通政大夫副護軍하다

二十七世 嘉善公 諱 菖 [字箕仲 石軒公巚孫 忍止軒晅二子]

家牒에 畧曰 純宗丙戌에 生公而事親至孝하야 養志養體하고 家門이 敦睦하야 友愛尤篤하며 物我無間하며 接人以恭하고 有容物量하다〈出昇平誌〉

二十七世 拙齋公 諱 葎 [字敬允 號拙齋 副護軍公曛子]

家牒에 畧曰 純祖壬辰에 公이 生而天性이 至孝하야 色養備至하며 九耋이 常在床褥한대 晝則侍湯하고 夜則達燭하야 不離親側하며 每事를 稟告而行하더니 第當親憂하야 露禱嘗藥하고 危飪에 有斫指之誠하고 遽當皐復에 哀毀骨立하야 稱其有無하고 以禮終制에 行素三年하니 鄕黨이 稱頌하다〈事載昇平誌〉

二十七世 相友齋公 諱 塤 [字國賢 號相友齋 市南公浹玄孫 伴鷗堂岹孫]

家牒에 畧曰 純祖壬辰에 公이 生而天稟이 慧悟하고 威儀가 嚴峻하야 竭

力事親하고 盡友愛弟하야 田廬器物을 傾覆賑給하며 縫春相資하다 事師性 齋先生門하야 多有聞見하고 文藝夙就하다 以官事로 其親이 遞于全州營이 어늘 竭力周施하야 與道伯言에 血淚忽滴하니 道伯이 感其誠孝하야 卽放 其親하고 又稱歎不已하며 反以給資하니 鄕黨이 咸稱曰出天至孝라하다

二十七世 梅湖公 諱 爔 [字敬馥 號梅湖 梅村公菡弟]

家牒에 畧曰 純祖壬辰에 公이 生而性孝根天하야 家貧養親에 漁樵而供 親旨하다 日暮黃昏에 越船峙嶺할세 嶺路에 忽有虎自來하야 以導前路而助 其孝行하니 親戚이 咸服하고 鄕黨이 稱嘆하다 高宗朝通政副護軍하다

二十七世 司果公 諱 擎 [字明瑞 別將公楫六代孫]

家牒에 畧曰 純祖壬辰에 公이 生而氣宇英邁하고 剛直嚴峻하며 孝友兼 備하니 其叔父勸學曰人而無學이면 如漆夜行路라하니 公이 拱立對曰吾家 上世簪纓之族으로 磊落玆土에 雖有累代儒業從事나 別無所得하니 所謂男 兒가 豈可長縶於孤陋之地乎리오 習於武藝러니 高宗丙子에 登虎榜하야 行 宣略將軍副司果하다 以家勢窘으로 未遂素志하고 還鄕而終世하니 運也라 奈何오

二十七世 通政公 諱 蕙 [字文明 濟和堂普二子]

家牒에 畧曰 純祖癸巳에 公이 生而性本正直하야 處貧而以裕하며 智欲 圓而行欲方하고 諾若訥而事甚敏하며 恩重於威而憂先於樂하니 宗族鄕黨 이 咸稱其義하다 高宗朝에 耆秩通政副護軍하다

二十七世 伊吾堂公 諱 注 [字意如 號伊吾堂 相友齋公塤弟]

家牒에 畧曰 憲宗甲辰에 公이 生而天性이 耿介하고 孝友極臻하야 不離

親側하고 或有親疾이어든 煎湯奉藥하야 至誠禱天하고 恭敬伯氏호대 至老益勤하야 每事를 不以自專하며 手不釋卷하야 或有疑訝處則忘食解釋하니 遠近士友가 來訪諮諏則歡然相論而逍遙於江湖之上하야 或釣或濯에 胸襟이 灑落하야 一團和氣가 粹面盎背하니 鄕坊隣邑이 咸稱君子儒而所著에 有天圖說伯夷說自銘說하고 又有文集하다

二十七世 默菴公 諱 蓁 [號默菴 宣務郎公緘五代孫]

家牒에 畧曰 憲宗甲辰에 公이 生而天姿溫和하야 愼默寡言하며 不出囂場하고 孝友兼至하며 不論是非長短하고 事親奉祀에 致誠致嚴하며 以訓子姪而有義方하고 與鄕士友로 以誼相契而時人이 推重焉하다

二十七世 慕軒公 諱 堞 [字成汝 號慕軒 市南公緘五代孫]

家牒에 畧曰 憲宗甲辰에 公이 生而性本剛直하야 心志切切하고 言語宣宣하며 每於事物에 先義而後利하고 先公而後私하며 自諒以諒他하고 恕己以恕人하며 敬人親如己親하고 愛人幼如己出하며 譽人之善하고 救人之急하며 一言一行이 無不合於義理하니 鄕黨이 莫不敬尊也라

二十七世 樵山公 諱 圭 [字華如 號樵山 伴鷗堂公崏孫]

家牒에 畧曰 哲宗丁巳에 公生而天性이 純孝하야 自幼及長에 不離親側하고 每事를 必咨告而行하야 無違親志하며 家本淸貧하야 日事採取하야 供歡菽水하야 志體俱安하니 盖取諸董生行中山樵隱居之義也라 每當花朝月夕에 論道講誼하야 終見世外之興感焉하다 〈出三綱錄〉

二十八世 滄樂公 諱 鎧 [字乃聲 號滄樂齋 二軒公堪子]

家牒에 畧曰 憲宗己亥에 公이 生而自幼로 天性이 純孝하야 有長者風儀

하며 事九耋兩親할세 鷄初鳴必興하야 不違其詩하고 殫誠竭力하야 至老不懈하고 一年內及外內艱에 居喪盡禮하야 三十餘里廬墓에 風雨寒暑라도 日必省行을 三年을 如一하며 餘力에 勤勉先世懿德備述하야 以傳世彛訓하며 友愛於從弟鎔하고 處家에 雍睦하야 有容物하니 鄕里가 推重焉하다

二十八世 農隱公 諱 鎔 [字乃信 號農隱 鷲峰公堉子]

族後孫博士桂撰行狀에 畧曰 憲宗癸卯에 公이 生而天性이 粹明하야 克承庭訓하고 事親至孝하야 下氣怡聲하며 供旨俱摯하며 丁內外艱하야 哀毁骨立하며 喪葬祭奠을 一遵古禮하며 奉先事親에 極盡誠敬하며 每於祭時에 躬執鼎俎曰如此而後에 吾心安也라하다 公이 盖無崖異之感孝而鄕邑이 皆曰有至行純孝라하다 全郡士林이 至有籲褒狀于道臣焉 鄕邦長德之老가 詩以美之하야 撰之有序하다

二十八世 靜齋公 諱 鎭 [字大一 號靜齋 司直公儼五代孫 樂寓公從曾孫]

家譜에 畧曰 公이 哲宗乙卯에 生하니 性本敦厚愼重하야 孝友篤實하며 極盡誠敬하고 與弟月川鑛으로 同被席衾하고 縫舂相資하며 分耕而食하고 財無彼此之別을 至老不衰하다 有子六人에 敎以義方하고 隨資分産하며 庭無間言하니 鄕里가 咸稱其懿德美行하다 以薦狀으로 官止參奉하니 時人이 比於古之張公九世之風焉하니라

二十八世 月川公 諱 鑛 [字光七 號月川 靜齋公鎭弟]

家狀에 畧曰 哲宗己未生이니 世居照禮村하야 因構小堂於松水之間하고 面庭柯友好月故로 號曰月川居士라하다 性本高潔하야 友愛尤篤하며 析箸以後로 務農治産하고 不劃於營譽하며 戒子姪曰人生世間에 耕而食織而衣가 於分에 足이니 若耽利忘本則以違倫序也니 愼之愼之하라 家兄이 偶以

家故로 赤敗多年이어늘 自耕之土를 分而耕之하고 又有債權에 割土報給하니 鄕隣이 讚曰世所罕有之君子라하다 累登薦剡하고 除健陵參奉하다

二十八世 南崖公 諱 鉦 [字景雲 號南崖 司直公楫七代孫]

家牒에 畧曰 哲宗戊子에 公이 生而天姿溫順하고 氣宇秀然하야 孝於親하고 友於弟하야 親戚朋友之間에 義誼爲主하고 無一言失信하며 勤農儲贏하야 隣有貧窮之人과 哀慶之間에 傾財施惠하야 無取利之慾하고 常曰人世가 如浮雲聚散이니 莫過於他人이 是吾志也라하다 以德望으로 官至敦寧府都正하다

二十八世 將仕郞公 諱 鎬 [字道允 號桃隱 司直公楫七代孫]

家譜曰 高宗庚午에 公이 生于飛鳳里第하니 以孝爲本하고 與諸從兄弟로 接隣相友하며 築室於飛鳳山下하야 自號桃隱하고 以敎子姪하다 常曰南兒事業이 不進宦路면 務農奉先이 爲身榮光이니 汝輩는 幸勿放浪하야 以守先業하라하고 自娛於林泉하야 以終天年하다 官은 將仕郞

二十八世 農叟公 諱 容 [字子仲 號農叟 伴鷗堂公嵷曾孫]

家牒에 畧曰 高宗己卯에 公이 生而氣宇淸良하고 孝友兼備하야 事親에 養志體하고 喪祭에 遵禮制하며 與姉妹로 湛和備摯하며 以倫誼로 敬宗族하고 以恭謹으로 接師友하며 以義方으로 訓子姪하고 言行이 必正直하며 日事耕讀하야 不聞世囂하니 鄕里咸稱其孝焉하다

二十九世 後覺齋公 諱 永 [一諱潤 字舜汝 號後覺齋 晚覺公僎六代孫 農隱公鎔子]

家狀에 畧曰 公이 高宗甲子에 生於弓湖里第하니 生而岐嶷하야 不喜嬉戱하고 及昇塾에 不煩師敎하고 操履篤實하며 文詞日就러니 纔成童에 憫

農隱公之躬親稼穡하고 以爲孝悌本也오 文藝은 末也니 捨本就末이 有違倫序라하고 遂及幹蠱하니 親極滋味하고 有餘晷則讀書窮理하다 歲癸未丁未 內外艱喪에 喪葬祭奠을 一遵家禮하니 弔者悅服하다 尹酉堂鍾均贈詩曰 却慚疑叚傾鄕里오 更疑衡門樂必洋이라 丙寅에 倡修昇州族之派譜하고 累世阡道之未遑者와 齋洞先閣之未瓦者를 公이 闔族溫議하야 經紀之不朞年에 俊宇維新하고 先世文獻을 考國史採野乘而有懿蹟未闡者를 表章之하니 晷數弓耳라 至今膾炙人口하다 忽以微疴으로 易簀於戊子七月二十二日하니 享年이 八十有五라 安東權純命이 撰行狀하고 文化柳匡黙撰碣銘하다 有文集하야 行于世하다

二十九世 奎軒公 諱 澈 [字釆化 號奎軒 石軒公巀曾孫]

家狀에 晷曰 高宗乙酉生公 而性本豪邁 孝友根天 昇塾弱冠 遂成儒業 常欲勝地遊覽 一日拜告母親 歸觀有期 而遊於嶺湖及關西等地 還路滯留黃海道鳳山郡文正面胎封里 乃二箇星霜也 而偶罹癘疾 因以終世 主人送急雷 渾家荒荒 中其胤楄戒家人曰 不出哭聲 而以待返靈 卽夜入城 以別價 買車一台及運轉員二人 晝夜倍道 到于那處 則距里 千六百餘里 奉靈返家之後 皇復餘 楄叩地叫天 幾至滅性 累被親戚之挽慰 喪葬祭奠 一遵古禮 無異在家之喪 鄕坊人士欽慕來弔 或流涕焉 或哀痛焉 哀哉奎軒也 孝哉楄也 尙未揚薦 此亦可惜也

二十九世 海坡公 諱 洎 [字允執 號海坡 司直公儼六代孫 參奉公鎭二子]

家牒에 晷曰 高宗丁亥에 公이 生而性本寬厚하야 事親盡誠하고 不以利害로 施於親戚朋友之間하다 自齠齡으로 讀書窮理하야 遂成儒名하고 昆季六人에 公이 居三하야 與兄與弟로 連墻接屋하야 友愛極臻하고 寄心風雅하야 花朝月夕에 吟咏不輟하며 子孫이 滿堂에 各因其材而善導之하야 或

務農桑하며 或使之讀書하야 俾知立身養老之方하니 家門이 穆如하고 和氣
融融이라 時人이 稱之以爲君子之風而卒于甲辰七月二十一日하니 享年이
七十有八이라

二十九世 直齋公 諱 津 [字孝燦 號直齋 司直公儼六代孫 蓮湖公錫子]

家譜에 畧曰 高宗丁亥에 生于舊第하니 性素質朴하고 孝友兼備하며 家
素淸貧하야 務農爲業하며 忘苦安貧하고 敬義爲主하다 府君蓮湖公이 性嚴
하야 雖細微事라도 不告則不行하고 兄弟姉妹에 小無間言하며 和悅親戚하
야 喜怒를 不形하니 鄕隣이 推重焉하다

二十九世 鹿隱公 諱 洲 [字善官 號鹿隱 濟和堂普曾孫]

家牒畧曰 高宗庚寅에 生公于鹿洞第하니 自幼로 天性이 純厚溫良하야
孝奉二親호되 貧居陋巷하야 菽水盡情하고 惟以孝友로 爲本而父歿後에 盡
孝於母러니 母嬰疾委席하야 起居不能自由어늘 暫不離側하고 褻衣를 不見
於人하며 奄遭內艱에 喪葬祭奠을 一遵家禮하니 鄕黨이 咸稱其孝焉하다〈
事載湖南縉紳錄〉

三十一世 城隱公 諱 冕 [字德裕 號城隱 學生公崙子]

家牒畧曰 高宗庚申에 公이 生而性本廉潔自修하야 以孝로 爲本하고 不
近營利하고 築室于玉川上하야 扁以城隱하고 每與詞友로 臨風撫月하야 論
道講誼하며 或釣魚酌酒하야 終日竟夕에 相論契意하니 座上에 常滿北海之
客하야 以送居諸하고 以敎子孫하야 成就家法하고 隨其時勢하야 導以就業
하니 人稱有是祖有是孫云而且無農桑之業하고 家無儋石之儲호되 處世에
自怡然也라

陽川世稿
亨

세수재기(世守齋記)

연동(蓮洞)의 방죽머리에 초정(草亭)을 지었으니	蓮洞堤頭結草亭
이제부터 거문고와 서책으로 노쇠한 나이 보내리라.	琴書從此送頹齡
다만 청백한 가법(家法)을 이어 받을지니	但將家法承淸白
무엇하러 성명(姓名)이 청사(靑史)에 실리기를 구하겠나.	何用時名載汗靑
궤(几)에 기대어 멀리 남곽(南郭)[269]처럼 바람소리를 듣고	隱几遙聞南郭籟
벼슬을 쉬니 북산(北山)의 신령[270]에 부끄럽지 않다오.	休官不愧北山靈
지난밤 꿈에 도원량(陶元亮)[271]을 보았으므로	夜來夢見陶元亮
새로 지은 시로 묘지명(墓誌銘)을 대신하려 하네.	已把新詩代壙銘

근차세수재운 (謹次世守齋韻)

멀리 들으니 우리 족조(族祖)가 모정(茅亭)을 짓고	遙聞吾祖結茅亭
홀로 거문고와 서책으로 말년을 즐기신다네.	獨把琴書樂暮齡
북쪽 땅의 성상(星霜)에 두 귀밑머리 희어지고	北地星霜雙鬢白
남쪽 고을의 풍우 속에 한 등불 푸르구나.	南州風雨一燈靑
예로부터 충성과 효도는 천성으로 타고나니	舊來忠孝由天性
늙어가며 지내는 곳 좋은 지역 의지하였네.	老去棲遲仗地靈
다만 자손들이 가업(家業)을 잇기 원하노니	但願雲孫承緒業

---

269) 남곽(南郭) : 남곽자기(南郭子綦)로 조용히 궤(几)에 기대어 삼매경(三昧境)에 빠져있는데 안성자유(顏成子游)가 앞에서 모시고 있다가 "형체를 마른 나무처럼 만들고 마음을 꺼진 재처럼 조용히 할 수 있습니까?"하고 묻자, 그는 대답하기를 "너는 사람의 소리는 들으나 땅의 소리는 듣지 못하고 땅의 소리는 들으나 하늘의 소리는 듣지 못한다."하고는 각양각색의 바람소리를 말해주었다. 〈장자 재물론〉

270) 북산(北山)의 신령 : 북산은 일명 종산(鍾山)으로 중국의 강소성(江蘇省) 남경시(南京市) 동쪽에 있는 바, 옛날 이곳에 은둔하던 주옹(周顒)이 벼슬하러 나갔다가 다시 돌아오려 하자, 친구인 공치규(孔稚圭)가 북산의 산신령에 가탁하여 그가 다시는 돌아오지 못하도록 하는 내용의 북산이문(北山移文)을 지어서 유명하므로 말한 것이다.

271) 도원량(陶元亮) : 원량은 진(晉)나라 때의 은사인 도연명(陶淵明)의 자이다. 도연명은 뒤에 은둔하고 이름을 잠(潛)으로 고쳤다 한다.

부디 충효(忠孝) 두 글자 마음속에 새길지어다.　　　　須將二字滿心銘

　　판관(判官) 징와(澄窩) 허굉(許磁)

17세 허희인(許希仁)

반구정 (伴鷗亭)

산 구름 바라보니 고향 산천 아득한데　　　　岫雲入望杳鄕山

게으른 새 훨훨 날아 제 둥지로 돌아온다.　　倦鳥翶翔知自還

모래 위의 안개와 물결 호수의 한 구비요　　沙上烟波湖一曲

바람에 꽃과 달을 겸한 세 칸의 정자라오.　　風兼花月榭三間

부침하며 홍진(紅塵)의 더러움 깨끗이 씻고　　浮沈潔濯紅塵累

친근한 백조는 한가로움 자랑하네.　　　　親近誇偸白鳥閒

강 머리 향해 맑은 홍취 묻는다면　　　　爲向江頭晴興問

몇 소리 어적(漁笛)의 가락 즐긴다오.　　　數聲漁笛樂機關

근차반구정운 (謹次伴鷗亭韻)

남쪽 고을에서 처음으로 아름다운 강산을 보니,　　南州初見好溪由

날마다 남여(藍輿)타고 놀러갔다 다시 돌아온다오.　日枉藍輿去復還

물고기와 새들 물결 위아래에서 날고 잠기며　　魚鳥高沉波上下

바람 가득한 돛단배는 안개 속에서 출몰하네.　　風帆出沒霧中間

파릉(巴陵)의 아름다운 경치[272] 지금 완연하니　巴陵勝像今完在

태수가 이곳에 오르면 또한 한가롭네.　　　太守登遊亦得閒

노인이 백구(白鷗)와 짝하는 것 아니요　　非曳伴鷗鷗伴曳

백구가 노인과 짝하니

---

272) 파릉(巴陵)의 아름다운 경치 : 파릉은 악양현(岳陽縣) 서남쪽에 있는 산 이름으로 동정호(洞庭湖)와 연접하
여 경치가 매우 아름다우며 악양루(岳陽樓)가 있어 더욱 유명하다.

신세를 모두 잊고 저문 강가에 한가로이 있다오.　　兩忘身世暮江關

　지부(知府) 구암(龜巖) 이정(李禎)

매곡당 앞에 피어 있는 매화를 읊다 (詠梅谷堂前梅)

얼음같은 뺨이 어쩌면 저리도 고운가	冰腮何彼艶
옥골(玉骨)이 스스로 분명하네.	玉骨自分明
봄빛을 가장 먼저 받았으니	韶華最居首
명품(名品) 중에 어느 것이 이보다 앞서겠나.	名品孰爲兄
묘리는 역리(易理)를 추산(推算)하고	妙理觀推易
예쁜 모습으로 국맛도 조미한다네.[273]	嬌容尚在羹
아마도 황혼시를 약속이라도 하였는 듯	也是黃昏約
조용히 구경하려는 나의 속마음 아누나.	知余幽賞情

매곡의 유거시에 차운하다 (次梅谷幽居) 2수

일찍이 한강(漢江)의 달밤에서 놀다가	早遊漢江月
돌아와 해운림(海雲林)에 누웠노라.	歸臥海雲林
한번 남쪽 시내의 물을 보소	試看南澗水
주인옹(主人翁)의 마음처럼 맑다오.	淸若主翁心
마음 내키는대로 사립문에 이르니	隨意到衡扉
봄빛이 날로 점점 무르익어 가네.	春光日漸肥
사랑스러워라 매화를 보는 늙은이가	自愛觀梅老
경서(經書)를 들고 산중에 앉았구려.	持經坐翠微

---

273) 묘리는 … 조리한다네 : 추산(推算)은 미루어 계산하는 것으로 북송(北宋)의 역학자(易學者)인 강절(康節)
　　소옹(邵雍)은 매화를 보고 점을 쳤으며, 또 매실(梅實)은 옛날 조미료로 사용하였으므로 말한 것이다.

18세 허엄(許淹)

두 아들의 이름에 대하여 경계한 말 (戒二子名銘)

장자(長子)는 경(鏡:거울)이라 하였으니 밝기를 원해서요 　長曰鏡欲其明也

다음은 전(銓:저울)이라 하였으니 공평하기를 원해서이다. 　次曰銓欲其平也

그러나 거울은 물건을 비치는데 마음을 두는 곳이
아니요 　然鏡非有心於照物也

저울은 물건을 다는데 뜻을 두는 것이 아니다. 　銓非有意於稱物也

밝음은 지극히 공정하고 사(私)가 없으므로 　其明至公無私

물건이 와서 비치면 곱고 추한 것이 저절로 분별되는
것이요 　故物來照之妍醜自分

저울대가 지극히 바르고 편벽됨이 없으므로 　其衡至正無偏

물건에 따라 저울질하면 가볍고 무거운 것이 스스로 응하는
것이다. 　故隨物稱之輕重自應

너희 무리들은 마땅히 이름을 돌아보고 뜻을 생각하여 　爾曹當顧名思義

본체(本體)의 밝음을 밝히고 　明其本體之明

본연(本然)의 저울로 헤아릴 뿐이다. 　度以本然之權而已

일의 시비(是非)와 경중(輕重)에 있어 　其於事之是非輕重

사사로이 비추지 말고 　毋偏照也

편벽되어 저울질하지 말라. 　毋偏稱也

그래야만 너희들이 이름을 지은 뜻을 욕되게 하지
않으리라. 　庶幾無忝名汝之意

매곡의 유거시에 차운하다 (次梅谷幽居) 2수

밝은 달과 시원한 바람의 마을이요 　明月淸風巷

붉은 매화와 푸른 대나무의 숲이로다. 　紅梅綠竹林

| 명리(名利)의 밖에서 한가로우니 | 等閒名利外 |
| 깨끗하고 깨끗한 주인의 마음이라오. | 蕭灑主翁心 |

초가집에 대나무로 사립문 만들었고	茅屋竹爲扉
정원에는 봄풀이 가득히 자라누나.	滿園春草肥
책을 보고 물건을 관찰하는 곳에	看書觀物處
깊은 도심(道心) 깨닫게 된다오.	了識道心微

매곡당에 차운하다 (次梅谷堂)

산은 서남쪽에서 나오고 바다는 동쪽을 둘렀는데	山出西南海繞東
우리 스승 별천지(別天地)에서 거처하네.	吾師居處別區中
재가 된 세상 생각 고화(膏火)가 없고	成灰世念無膏火
옥처럼 맑은 시 탁마(琢磨)한 공력 있다오	如玉淸詩有琢工
삼일간의 친구는 삼일간 비 때문에 머물고	三日友關三日雨
한 매화의 봄빛은 한 매옹(梅翁)을 감싸누나.	一梅春護一梅翁
이 사이 참다운 맛을 아는 이 적으나	此間眞趣人知少
술잔을 대하고 꽃을 보는 생각은 같으리라.	對酒看花意思同

19세 허일(許鎰)

웅천 앞바다에서 왜적을 막다 (熊川洋禦倭)

하늘을 돌고 해를 가리던 적의 선박 돌아가니	旋天蔽日賊船還
해동(海東)에는 저들 용납할 곳 없어라.	海東無地措身間
비록 천추(千秋)에 손악(孫樂)[274]의 솜씨는 없지만	縱乏千秋孫樂手
이 마음은 결코 문산(文山)[275]에게 뒤지지 않노라.	此心端不後文山

---

274) 손악(孫樂) : 춘추전국시대의 명장(名將)인 손무(孫武)와 그의 후손인 손빈(孫臏) 및 악의(樂毅)를 가리킨
    것이다.
275) 문산(文山) : 남송(南宋) 말기의 충신인 문천상(文天祥)의 호이다. 문천상은 길수(吉水) 사람으로 자가 송서

19세 허경(許鏡)

태평정에서 (太平亭)
호남의 우수영(右水營)에 있다(在右水營)

백 척이나 높은 정자 푸른 물가에 있어	百尺高亭枕碧流
올라보니 답답한 마음 시원히 풀 수 있구나.	登臨猶可暢幽愁
남쪽성곽에 바람이 일어나니 조수소리 오열하고	風生南郭潮聲咽
서산(西山)에 구름이 걷히니 비구름이 걷히누니	雲捲西山雨色收
청작(靑雀)과 황룡(黃龍)[276]은 포구를 혼미하게 하고	靑雀黃龍迷浦口
하얀 마름과 붉은 여뀌는 강물에 가득하네.	白蘋紅蓼滿江洲
어지러운 세상일 번복이 많으니	紛紛世事多翻覆
그 누가 후일 다시 이 누각에 오르려나.	誰把他年更上樓

초도의 바닷속에서 (草島海中)
초도는 진도에 있다(在珍島)

용이 높이 돛단배 보호하여 가벼운 바람을 부리니	龍護高帆御輕風
칠택(七澤)[277]의 구름과 안개 눈앞에 사라진다.	七澤雲烟過眼空
먼 섬에 남은 꽃 삼월이 저물어 가고	遠島殘花三月暮
외로운 배에 맑은 피리소리 술잔을 비운다오.	孤舟淸笛一樽中
약수(弱水)[278] 삼천리 길을 돌아보니	回看弱水三千路

(宋瑞) 또는 이선(履善)이었는데, 성품이 정직하고 충성스러워 송(宋)나라를 위해 끝까지 충절을 바치다가 원(元)나라에게 사로잡혀 죽었다.

276) 청작(靑雀)과 황룡(黃龍) : 푸른 공작과 황룡을 그린 배로 큰 배를 이른다.

277) 칠택(七澤) : 큰 못으로 호북성(湖北省)에 있는 바, 일곱 개라 하나 확실하지 않다. 한(漢)나라 사마상여(司馬相如)의 자허부(子虛賦)에 "신(臣)이 들으니 초(楚)지방에 일곱 개의 큰 못이 있다 하였는데, 신은 그중에 한 개만 보았고 그 나머지는 보지 못했습니다. 신이 본 것은 다만 그 작은 것일 뿐이니, 이름을 운몽(雲夢)이라 하였습니다." 하였다. 그러나 일곱 개가 무엇인지는 밝혀지지 않고 다만 운몽 칠택(雲夢七澤)이라 하여 오직 운몽만을 가리키는 것으로 보는 것이 일반적이다.

278) 약수(弱水) : 물이름으로 여러 곳에 있는 바, 부여국(夫餘國) 북쪽에도 있으며 중국의 서해(西海)에도 있다 한다. 『산해경(山海經)』 대황서경(大荒西經)에 "서해의 남쪽과 유사(流沙)의 물가, 적수(赤水)의 뒤와 흑수(黑水)의 앞에 큰 산이 있는데, 이름을 곤륜산(崑崙山)이라 하는 바, 이곳에는 신인(神人)이 있으며 그 아래에는 약수가 있다."하였다.

멀리 유사(流沙)²⁷⁹⁾가 만리 밖에 통해 있네.   遙望流沙萬里通

묻노니 봉래산(蓬萊山)이 어느 곳에 있는가   借問蓬山何處是

허공을 타고 곧바로 진옹(眞翁)을 찾고 싶네.   憑虛直欲訪眞翁

입직하여 양경중(梁景中)의 시에 차운하다 (入直次梁景中)

버들이 용지(龍池)²⁸⁰⁾에 하늘거리는 날   柳拂龍池日

매화는 봉전(鳳展)²⁸¹⁾의 봄에 차갑게 피어 있네.   梅寒鳳殿春

새해의 풍경은 곳곳마다 가득한데   年華遂處滿

흰 머리는 귀밑가에 새롭구나.   衰髮鬢邊新

호해(湖海)에 돌아갈 것을 생각하는 꿈을 꾸고   湖海思歸夢

풍진 속에 늙고 병든 이내 몸이라오.   風塵老病身

전원에 일찍이 약속이 있었으니   田園曾有約

좋은 때에 미쳐 돌아가리라.   歸去趁芳辰

동선관에서 (洞仙館)

신선이 하늘에 올라가서 오랫동안 돌아오지 않으니   仙老朝天久未歸

골짝에는 봄빛이 한창 아름답구나.   洞中春色正芳菲

병든 몸에 수심이 감겨 동각(東閣)에 오르니   愁纏病骨登東閣

빈 관사(館舍)에 사람 없고 꽃만 날리누나.   空館無人花自飛

구월산에 오르다 (登九月山)

푸른 산 높이 솟아 수천 층이나 되는데   靑巒聳起幾千層

---

279) 유사(流沙) : 사막지방으로 모래가 바람에 휘날려 유동(流動)하기 때문에 붙여진 이름으로, 『서경(西經)』우
    공(禹貢)에 "약수(弱水)를 인도하여 합려(合黎)에 이르고 남은 물결을 유사에 들어가게 했다." 하였는 바,
    후대에는 서역(西域)의 먼 곳을 가리키기도 한다.
280) 용지(龍池) : 당(唐)나라 때 도성인 장안(長安)에 있는 못으로 곧 궁중의 연못을 가리킨 것이다.
281) 봉전(鳳展) : 궁전을 아름답게 칭한 것이다.

구름속에 반쯤 들어가 날아 오를 듯한 기세라오.　　　　半入雲霄勢欲升

방초와 낙화 속에 원근이 희미하여　　　　　　　　　芳草落花迷遠近

석양에 돌아갈 길 승려에게 묻노라.　　　　　　　　夕陽歸路問孤僧

늦봄에 백률사에 오르다 (暮春登柏栗寺)

옛 사찰에 봄빛을 찾으니 봄이 이미 늦었고　　　　古寺尋春春已暮

아름다운 빛은 오직 붉은 장미꽃에 붙어 있네.　　芳華惟着紫微花

일생에 참으로 군주의 은혜 무거워　　　　　　　一生到底君恩重

가절(佳節)에 해마다 집에 있지 못한다오.　　　　佳節年年不在家

해중(都諧仲)의 시운에 차운하여 산인(山人)인 영원(靈源)에게 주다
(次都諧仲韻贈山人靈源)

천리(天理)가 밝음은 본시 자연이나　　　　　　　　天理昭昭本自然

인간의 화복을 알 수가 없다오.　　　　　　　　　　人間禍福會無綠

그대의 배운 바가 신묘함이 많은 것 사랑하노니　　憐渠所學多神妙

선천(先天)과 후천(後天)[282]의 이치를 풀어주기 원하노라.　願解先天與後天

계림의 도중에서 (鷄林途中)

장연(瘴烟)이 비에 섞여 사람의 옷을 적시는데　　瘴烟和雨濕人衣

진흙으로 미끄러운 강가의 길 말에 맡겨 돌아가네.　泥滑川程信馬歸

옛 동산을 돌아보니 산이 천만 겹이라　　　　　　回首故園山萬疊

백두(白頭)가 오늘에야 예전의 잘못을 깨닫노라.　白頭今日悟前非

---

282) 선천(先天)과 후천(後天) : 선천은 복희(伏羲)의 역(易)을 이르고 후천은 문왕(文王)의 역(易)을 이른다. 원
래 복희의 역을 선천, 신농(神農)의 역을 중천(中天), 황제(黃帝)의 역을 후천이라 하는 바, 맨먼저 이루어
진 것을 선천, 그 다음의 것을 중천, 맨뒤에 이루어진 것을 후천이라 하는데, 북송(北宋)의 역학자(易學者)
인 강절(康節) 소옹(邵雍)은 『주역(周易)』을 설명하면서 이 말에 의거하여 복희의 역을 선천, 문왕의 역을
후천이라 하였다.

계림관에서 송파 조시망에게 주다 (鷄林館 贈趙松坡時望)

어려서 함께 놀 적에는 뜻이 서책에 있어	幼少同遊志在書
함께 충효하며 초어(樵漁)로 늙자고 다짐했는데.	共將忠孝老樵漁
이 몸이 풍진(風塵) 속에 떨어진 뒤로는	自從身落風塵路
그대가 강남(江南)의 옛 집에 있음이 부럽구려.	羨子江南臥舊廬

봉황대에 오르다 (登鳳凰臺)

활을 당기며 홀로 봉황대에 오르니	彈弓獨上鳳凰臺
천년의 번화로움 모두 풀밭으로 변했구나.	千載繁華盡草萊
가련하다 오직 대앞의 대나무만이	可憐惟有臺前竹
옛날처럼 푸르러 봉황이 오기를 기다리네.	依舊靑靑待鳳廻

입직하여 이근지(李謹之)의 시운에 차운하다(入直次李謹之)

어제 동풍(東風)의 소식이 있어	昨日東風信
먼저 한 그루의 매화에 찾아 왔네.	先尋一樹梅
가장 사랑스러운 것은 서리와 눈 아래에서	最憐霜雪下
때때로 은은히 향기를 보내오는 것이라오.	時送暗香來

검관의 도중에서 (劍館途中)

용을 잡으려던 큰 뜻 이루지 못하고	未遂屠龍志
오직 태수(太守)란 이름만 이루었네.	惟成太守名
해마다 다니는 검관의 길	年年劍館路
험한 길 가느라 온갖 고생을 한다네.	行路苦難行

19세 허건(許鍵)

송헌(松軒)의 낚싯대를 드리운 시운에 차운하다 (贈松軒南溪垂竿韻)
송헌은 배영담의 호이다(裵齡聃)

헌(軒)의 소나무 우뚝 서서 천년(天年)을 마치는데	軒松卓立永終年
만난 환경에 따라 항상 수양(修養)을 온전히 한다오.	隨遇常居養履全
십리의 갈대꽃에 조용히 노를 저어가고	十里蘆花移棹靜
낚시터 곁에서 도롱이 입고 빗속에 졸고 있네.	一蓑江雨傍磯眠
달빛은 여지없이 비추지만 중간일 때가 좋고	月無餘地中間好
물 위에는 하늘이 있어 위아래가 연했구나.	水有其天上下連
오는 손님들 진세(塵世)의 일을 말하지 마오.	來客休言塵世事
기심(機心)을 잊기는 물고기와 새들도 마찬가지라오	忘機魚鳥亦皆然

19세 허전(許銓)

사인(舍人) 정극준(鄭克俊)을 대하여 읊다 (對鄭舍人吟克俊)

적막하고 고요한 산은 말이 없고	寂寂山無語
도도히 흐르는 물은 소리가 있네.	滔滔水有聲
반석의 위에서 그대를 만나	逢君磐石上
담소하는 것도 진정이라오.	談笑亦眞情

부윤(府尹) 김효원(金孝元)의 시에 차운하다 (次金府尹孝元)

남아의 꿋꿋한 마음을	男兒方寸心
세상에 서로 아는 이 적어라.	世路少相知
이날밤 술동이 앞에서 나눈 이야기	此夜樽前話
원컨대 그대와 금석(金石)처럼 다짐하세.	願爲金石期

불국사에서 (佛國寺)

노승이 말하기를 이 절은	老僧云此寺
처음 신라 때에 지었단다.	始自新羅朝
천년의 탑엔 구름도 다 하였고	雲盡千年塔
칠보교(七寶橋)에는 이끼가 깊이 끼었구나.	苔深七寶橋
흥하고 망한 옛 자취가 남아 있고	興亡餘古跡
병화(兵火)에 홀로 불타 없어짐 면하였네.	兵火獨免燒
밤에 앉아서 고금(古今)의 일 슬퍼하니	夜座傷今古
앞 시내에 비바람소리 들려오네.	前溪風雨蕭

송파 조시망의 금장대 시운에 차운하다 (次趙松坡金藏臺韻時望) 2수

대(臺) 위에서 노닐며 옛날 놀던 곳 찾아오니	臺上逍遙訪舊遊
산하(山河)는 말이 없이 새 고을을 둘렀구나	山河無語繞新州
흥망이 운수가 있으니 어찌 물을 것이 있겠는가	興亡有數何須問
술잔이나 들어 나그네 시름 달래보세.	且進深盃慰客愁

옛 동산과 황폐한 대(臺)에는 사슴이 뛰노는데	舊苑荒臺麋鹿遊
홀로 강가의 달이 변경 고을을 비추누나.	獨留江月照邊州
군왕은 한번 가고 소식이 없는데	君王一去無消息
산은 그대로 푸르고 물은 절로 흘러가네.	山自蒼蒼水自流

20세 허양(許壤)

객지의 행차에서 (客行)

제월봉(霽月峰) 위에 개인 달은 하늘에 비추고	霽月峰頭霽月天
망운정(望雲亭) 위에 사람은 구름을 바라보네.	望雲亭上望雲人

산은 길고 물은 먼데 집은 어디에 있는가　　　山長水遠家何在

밤이 깊으니 돌아가고픈 생각 곱절이나 더하노라.　　入夜歸情一倍新

뜰가의 늙은 소나무 (庭畔老松)

뜰가에 푸른 한 그루의 늙은 소나무　　　庭上蒼然一老松

머리는 일산 같고 몸은 용과 같구나.　　頭如偃盖體如龍

그 누가 옛날에 심은 뜻을 알겠는가　　誰知曩昔栽來意

향기로움만 취하고 모양은 취하지 않았다오.　　只取馨香不取容

사아미산의 아침 노을 (峨嵋朝霞)

부상(扶桑)의 만리에 해 돋으니　　　扶桑萬里一輪升

빛이 아미산의 제일 높은 꼭대기에 비추누나.　　先照峨嵋第一層

조각마다 끊긴 노을 비단 같은 채색을 이루는데　　片片丹霞成錦彩

농가에선 오직 비오고 개임의 징조만 살핀다오.　　農家只作雨暘徵

우연히 읊다 (偶吟)

동서로 분주한 지 이미 육십년이 되었으니　　　奔走東西已六旬

세상사는 맛 시고 매움을 깊이 알았다오.　　深知世味據酸辛

영지 캐는 상산(商山)의 노인[283]을 배우고 싶으나　　探芝欲學商山老

처자가 내 몸을 묶고 있으니 어찌하리.　　無奈妻孥絆我身

석탄에 돌아가는 승려(僧侶) (石灘歸僧)

만 길이나 높은 층암절벽에 절이 있는데　　　寺在層巖萬丈高

---

283) 상산(商山)의 노인 : 진(秦)나라 말기 상산(商山)에 은둔하였던 네 노인으로 동원공(東園公), 기리계(綺里季), 녹리선생(用里先生), 하황공(夏黃公)을 이르는 바, 이들은 장생불사한다는 영지(靈芝)를 채취하여 먹으며 자지가(紫芝歌)를 지어 불렀다 한다.

벼랑의 비탈길에 자라는 풀들 나풀거리네.　　　　盤崖徑路草蕭蕭

돌아가는 중 날 저물까 염려해 발걸음 재촉하니　　歸僧畏晩催飛錫

숲 끝에 하얀 옷자락 간간이 날리누나.　　　　　時見林端白衲飄

21세 허정(許梃)

명륜당 시 (明倫堂詩)

사람은 타고난 성품이 있으니	維人有秉彝
하늘이 다하도록 다할 시기가 없네.	極天無盡期
사람은 교화시킬 수 없는 자가 없고	人無不可化
때는 할 수 없는 시절이 없다오.	時無不可爲
이 때문에 옛날 군자들은	所以古君子
반드시 백성을 다스리고 가르쳤네.	必治而敎之
우리 사또는 교육을 힘써	我侯務敎育
정성이 또한 이를 생각하였네.	誠亦念乎玆
부지런하고 부지런하여 그치지 않으니	勤勤若不已
그 공로 아름답고 또 거룩해라.	其功美且祁
분분히 책상을 지고 온 학도들	紛紛負笈徒
순수하고 덕스러운 모양 온몸에 가득함 장차 보리라.	佇見粹盎姿
학문을 함은 부지런히 힘씀에 달렸으니	爲學在勉强
다만 시기를 놓치지 말아야 하네.	但見無失時
소학(小學)은 실천을 하여야 하고	小學要踐跡
대학(大學)은 생각을 지극히 해야 한다오.	大學宜致思
만일 예(禮)에서 확립하고자 한다면	如欲立於禮
반드시 먼저 시에서 착한 마음 일으켜야 하네.	必先興於詩
홀로 있을 때를 삼가는 것이 근본이니	謹獨是其本

좋아하고 미워함 스스로 속이지 마오.	好惡無自欺
성현의 천 마디 말씀과 만 마디 말씀은	聖賢千萬語
진실로 백세(百世)의 스승이네.	信乎百世師
배움이 있으면 반드시 덕이 있으니	有學必有德
이는 형체에 그림자가 서로 따르는 것과 같다오.	如形影相隨
공부는 모름지기 일찍 하여야 하니	用功須及早
뒤늦으면 후회하여도 미칠 수 없다네.	晚後悔莫追
한 편의 주옥(珠玉)같은 시에	一篇瓊琚裏
깊은 뜻 아는 자 누구인가.	奧意知者誰
실제는 학문하는 법칙이 되니	實爲之學則
소자(小子)들은 부디 이에 종사하라.	小子請事斯
네모지고 둥근 자리에 따라	隨處方圓地
이것으로 구(矩)와 규(規)[284]를 삼으소.	以爲矩與規

길 가기 어려움 (行路難)
두 수 가운데 한 수를 뽑았다(二首選一)

세상 살아가는 길 살어름과 같으니	世路如薄氷
밟음에 못에 떨어질까 두려워하네.	履之恐墜淵
못의 깊이 몇 천 길이나 되는가	淵深幾千丈
중도(中道)에 잡을 곳 없다오.	中道無所援
이 몸은 훨훨 날 깃털이 없으니	周周身不羽
건너가려 하나 인연할 데가 없네	欲渡嗟無緣.
날아가는 자들은 나를 돌아보지 않으니	飛者莫我顧
지는 해에 근심스레 맴도누나.	落日愁盤旋

---

284) 구(矩)와 규(規) : 구는 곡척(曲尺)으로 네모꼴을 만드는데 사용하는 기구이고, 규는 둥근 꼴을 만드는데 사용하는 기구인 바, 곧 법칙이나 모범이 됨을 말한 것이다.

아! 백년의 몸을	堪嗟百年身
여기에서 끝내 버리누나.	於此終棄捐
나아가고 물러감 스스로 계획하기 어려우니	進退難自謨
이 뜻을 누가 다시 슬퍼할까.	此意誰復憐
어이하면 깃털이 생겨나서	安得生羽翰
한 번에 구천(九天)을 능멸하고 날 수 있을지.	一擧凌九天

내일을 읊다 (來日)

내일은 다 하루 아침이요	來日皆一朝
지나간 날은 모두 만고라오.	去日皆萬古
일분(一分)의 시간도 참으로 아까울 만하니	分陰眞可惜
세월은 바삐 흘러가 머물지 않네.	飄然不肯住
일을 부지런히 함은 하늘이 내려주신 것인데	勤業天所職
게으른 자들은 끝내 깨닫지 못하네.	疎慵終不寤
한가로이 놂이 어찌 나의 본성이겠는가	優遊我豈性
육신에 사역당하여 이미 고질이 된다오.	形役已成痼
명성을 얻는 것도 또한 천명(天命)에 달려 있으니	聲名亦有命
금수(禽獸)의 무리가 되는 것 부끄럽네.	羞爲禽獸類
당년에 뜻을 얻지 못한다면	當年未得意
늦은 뒤에 한탄한들 무슨 소용이겠는가.	晚後歎何所
너른 천지에 슬피 노래하며	悲歌天地寬
가슴을 치고 몸둘 바를 모른다오.	撫膺失所措

해를 지키는 자에게 주다 (贈守歲者)

해마다 해를 지키고자 하나[285]	年年欲守歲
해는 가버려 지킬 수가 없네.	歲去不容守
지켜도 이미 유익함이 없으니	守之旣無益
지키지 않는 자들 또 어찌 나무라겠는가.	不守又誰咎
요컨대 꿈속에 지나야 하니	要令夢中過
취한 뒤에 내 실컷 잠자리라.	醉後酣吾睡
해를 지키는 자에게 말을 전하노니	寄言守歲者
해가 어찌 너를 위해 머물겠는가.	歲豈爲汝駐
닭이 울고 난 뒤에는	從知鷄鳴後
장곡(臧穀)이 모두 양을 잃었음을 알리라.[286]	臧穀俱亡羊
어이하여 억지로 잠을 자지 않으면서	胡爲强不眠
한밤중 괴로이 방황하는가.	中夜苦彷徨

해를 보내다 (送歲)

내 지금 해를 전송하여 보내니	我今送歲去
해는 아무 것도 없는 땅으로 들어가네.	去入無何地
한 번 가면 다시 돌아오지 않는데	一去不復返
빨리 감은 무슨 연유인가.	促行緣底事
이는 마치 동해의 물이	有似東海水
바다로 달려감은 본래 뜻이 없는 것과 같다오.	赴海本無意
사람은 물결 위의 포말과 같으니	人同波上漚
잠시 살아감을 어찌 믿을 수 있겠는가.	頃刻那可恃

---

285) 해마다 … 하나 : 해를 지킨다 함은 음력으로 섣달의 제석(除夕)에 밤새도록 잠을 자지 않고 새해의 아침을 맞이함을 이른다.

286) 장곡(臧穀)이 … 알리라 : 장(臧)과 곡(穀)은 사람의 이름으로 모두 양(羊)을 치는 종이었는데, 장은 독서에 팔려 양을 잃었고, 곡은 노름에 정신이 팔려 양을 잃었다 한다. 《莊子 騈拇》

한 세상 가운데 구구(區區)히 경영하여	營營一世中
목숨을 빨리 재촉함은 그대가 그렇게 만든 것이라오.	催促爾所使
항상 학업이 늦어서	常恐學業遲
소원을 끝내 이루지 못할까 두려워하노라.	志願終未遂
돌아갈 마음 막을 수 없으니	歸心不可防
아득히 내 감회 일으키네.	茫然感我思
장차 새해와 작별하려 하니	將與新歲別
어찌 오직 너만 보낼 뿐이겠는가.	豈惟送汝已
애오라지 가는 것을 한탄하는 회포를 가지고	聊將歎逝懷
슬피 노래하며 옥잔을 기울이네.	悲歌引玉觶
하늘의 닭 아직 울지 아니하며	天鷄尙不鳴
나에게 잠시동안 취하도록 여가를 주누나.	暇我暫時醉

일에 감동되다 (感事)

곤궁하지 않음은 일찍 도모함에 있고	不困在早圖
빈궁하지 않음은 일찍 농사짓는데 있다네.	不窮在早稼
이 말은 예부터 들었으나	此言古所聞
마침내 그러하지 않음이 있네.	乃有不然者
빈궁과 곤궁 또한 운명이 있으니	窮困亦有命
풍년도 때가 있는 법.	豊年亦有時
운명은 피할 수가 없고	命者不可逃
때는 어길 수가 없다네.	時者不可違
이 때문에 큰 성인(聖人)의 말씀에	所以大聖言
밭을 갈아도 굶주림이 그 가운데 있다 하셨네.[287]	耕也餒在中

---

287) 이 때문에 … 하셨네 : 성인(聖人)은 공자(孔子)로, 일찍이 "배움에 녹봉이 그 가운데 있고 밭을 갊에 굶주림이 그 가운데에 있다. [學也祿在其中 耕也餒在其中]"고 말씀하였으므로 말한 것이다.《論語 爲政》

진(陳)나라와 채(蔡)나라에서 공자는 곤궁하셨고[288]　　　陳蔡困孔子

굶주림과 추위에 등통(鄧通)[289]은 죽었다오.　　　飢寒死鄧通

득실은 지혜와 어리석음에 관계없으니　　　得失無智愚

천운(天運)을 그 어찌겠는가.　　　天也其如何

내 지금 곤궁한 가운데 있으니　　　我今在困窮

시운을 다만 서글피 노래하노라.　　　時哉但悲歌

관례하는 날에 경계하다 (加冠日有戒)

삼가(三加)의 예(禮)[290] 이미 이루어지니　　　三加禮已成

네 가지 책임[291] 이로부터 시작되네.　　　四責從此始

자식이 되어서는 효도할 것을 책하고　　　爲自責以孝

신하가 되어서는 의로울 것을 책하며　　　爲臣責以義

아우가 되고 젊은 자가 되어서는　　　爲弟爲少者

공손하고 공경할 책임 또한 갖추어지네.　　　遜悌責亦備

훌륭한 사람을 이룸은 다만 여기에 있으니　　　成人只在此

이것을 버리면 바로 자포자기(自暴自棄)라오.　　　捨此便自棄

반드시 먼저 마음을 밝혀 알아야 하니　　　必先明諸心

그런 뒤에 비로소 실천할 수 있네.　　　然後方踐履

---

288) 진(陳)나라와 … 곤궁하셨고 : 공자(孔子)가 위(衛)나라를 떠나 진(陳)나라와 채(蔡)나라에 있으면서 식량이 떨어져 굶주리는 곤액을 당하였으므로 말한 것이다. 《논어(論語)》의 위령공(衛靈公)에는 "진나라에 있으면서 식량이 떨어지니 수행한 자가 병들어 일어나지 못했다"하였으며, 선진(先進)에는 "진나라와 채나라에서 곤궁할 때에 나를 따르던 자가 모두 문하(門下)에 없다."하였다.

289) 등통(鄧通) : 전한(前漢) 남안(南安)사람으로 문제(文帝)에게 총애를 받아 태중대부(太中大夫)가 되었으며 촉(蜀)땅의 동산(銅山)을 하사받고 동산에서 생산되는 구리로 돈을 주조하여 큰 부자가 되었으나 문제가 죽고 경제(景帝)가 즉위하자 죄를 받고 재산을 적몰(籍沒)되어 끝내 굶어 죽었다.

290) 삼가(三加)의 예(禮) : 관례(冠禮)를 이르는 바, 관례는 처음에는 치포관(緇布冠)을 가(加)하고, 두 번째에는 가죽으로 만든 피변(皮弁)을 가하고, 세 번째에는 작변(爵弁)을 가하여 모두 세 번 관을 씌우기 때문에 칭한 것이다.

291) 네 가지 책임 : 남의 자식이 되고 아우가 되고 신하가 되고 젊은이가 된 책임을 이른다. 사마광(司馬光)은 일찍이 "관례는 성인(成人)의 도(道)이니, 성인이란 장차 남의 자식이 되고 아우가 되고 신하가 되고 젊은이가 된 도리를 책임지우는 것이다."하였다.《溫公書儀》

이 때문에 옛날 군자들은	所以古君子
학업이 실추할까 두려워하였지.	學業恐失墜
소학(小學)과 대학(大學)은	小學與大學
배우는 자들이 버릴 수 없는 것이니,	學者所不廢
소학은 당연한 도리를 보여주고	小學示當然
대학은 소이연(所以然)의 이치 밝혔네.	大學明所以
온갖 행실이 이 두 책에 구비하였으니	百行備於斯
최초에 공부할 자리라오.	最初用工地
나아가 닦는 것도 또한 요점이 있으니	進爲亦有要
경(敬)과 의(義) 뿐이네.	敬義而已矣
이 말을 진실로 마음 속에 기억하되	斯言倘記取
먼저 모름지기 어린 뜻을 버려라.	先須棄幼志

여섯 개의 득자 (六得字)
어렸을 때 지은 것이다(少時作)

남아가 세상에 태어나서	男兒生世間
장성함에 미치도록 얻은 바가 없네.	及壯無所得
얻은 바는 오직 굶주림과 목마름 뿐이니	所得惟飢渴
어디 간들 이것을 얻지 못하겠는가.	安往不可得
동서남북의 땅에	東西南北地
굶주림과 목마름 피하고자 하나 진실로 얻기 어려워라.	欲避信難得
피하려고 산중을 나갔으나	逃之出山中
전에 얻은 것보다도 더 심하였네.	加我前所得
이는 실로 하늘이 시키신 것이니	此實天所爲
나로 하여금 길이 굶주리고 목마름을 얻게 하였네.	使我長相得

운명을 그 어쩌겠는가　　　　　　　　　　　　　命也其奈何

부귀를 누가 구하여 얻는가.　　　　　　　　　　富貴誰求得

좌랑 김도언에 대한 만사 (挽佐郎金道彦)
을묘년(1675) 5월 일(乙卯五月 日)

인생은 흐르는 물과 같아　　　　　　　　　　　人生如流水

한 번 가면 다시 돌아오기 어렵네.　　　　　　一去難重迴

구구한 이 몇 구의 시(詩)가　　　　　　　　　區區數句詩

어찌 그대를 만류하여 돌아오게 하겠는가.[292]　可能挽君回

그대가 평생에 한 일을 생각하니　　　　　　　念君平生事

한 마디 말이 없을 수 없다오.　　　　　　　　不可無一言

참으로 군자다운 사람이었으니　　　　　　　　儘是君子人

마음과 용모 함께 순수하였네.　　　　　　　　心貌併粹然

인자하고 자상함은 대대로 내려오는 덕이요　　慈詳傳世德

효도와 우애는 가풍(家風)을 이었다오.　　　　孝友繼家風

시골에 살 때에는 충성스럽고 후덕하였고　　　居鄕任忠厚

관청에 있을 때에는 청렴하고 공정하였네.　　居官秉廉公

영화와 욕을 뜬 구름처럼 여겨　　　　　　　　榮辱等浮雲

근심하거나 기뻐하지 않았다오.　　　　　　　不以爲憂喜

돌아와 전원에 누워서는　　　　　　　　　　　歸來臥田園

시서(詩書)에 재미를 붙였었지.　　　　　　　詩書有滋味

부평초와 같은 이 몸 다시 북쪽으로 돌아오니　萍蹤復北還

머리털 세어 늙은 추물(醜物)이 되었노라.　　皤皤成老醜

관곡(寬谷)에서 함께 공부하던 사람　　　　　寬谷同遊人

---

292) 구구한 … 하겠는가 : 만(挽)은 만류한다는 뜻도 있고 만사(挽辭)라는 뜻도 있으므로 몇 구의 만시(挽詩)가
　　황천(黃泉)으로 돌아가는 그대를 만류하여 살아오게 할 수 없다는 뜻이다.

이미 죽어 몇 명 남지 않았다오.　　　凋零已無幾

조으기 공의 뒤를 따라　　　竊擬追後塵

한가로이 여생을 보낼까 하였더니.　　　逍遙送餘年

그대 또 나를 버리고 가니　　　君又棄我去

쇠잔한 인생 다시 누가 슬퍼할까.　　　殘生誰復憐

김자미에게 주어 작별하다 (贈別金子美)

기러기는 북쪽을 향해 날아가고　　　鴻雁向北飛

밝은 해는 서쪽을 향해 재촉하네.　　　白日向西促

그대 지금 어느 곳으로 향하는가　　　君今向何處

작별하는 회포 오늘에 많구나.　　　離懷此日足

그대는 해와 함께 가니　　　君與歲同去

가는 뜻을 누가 억제할까.　　　去意誰能抑

그대의 감은 오히려 만류할 수 있으나　　　君行尙可止

해의 흘러감은 잡을 수 없다오.　　　歲行不可握

기로(岐路)에 임하여 그대에게 말하노니　　　臨岐爲君言

세월을 헛되이 보내지 마오.　　　歲月莫虛擲

부지런히 힘쓰고 스스로 그치지 않으면　　　勤勤不自已

공명(功名)을 이룰 수 있다네.　　　功名從可致

내 보니 북해(北海)의 붕새는　　　吾觀北溟鳥

물을 치고 삼천리 높이 난다네.　　　水擊三千里

회오리 바람이 와서 움직이면　　　扶搖風來動

먼저 구만리를 날 생각을 하고.　　　先懷九萬里

큰 날개를 때에 따라 펼치니　　　大翼隨時擧

남해 바다가 눈 밑에 보인다네.　　　眼底南溟水

뜻이 있으면 일이 끝내 이루어지니　　　　有志事竟成
자네도 또한 이와 같이 하게나.　　　　　吾吾亦如此

덕유산으로 돌아가는 사람을 전송하다 (送人歸德裕山)

일찍이 들으니 덕유산(德裕山)은　　　　　曾聞德裕山
방장산(方丈山)과 백중(伯仲)이라 하였네.　　伯仲方丈山
우뚝하게 두 산이 솟아 있어　　　　　　屹然兩磅礴
호남과 영남 사이에 서려 있네.　　　　雄盤湖嶺間
가운데에는 천만 가지 기이함을 감추고 있으니　中藏千萬奇
항상 높은 사람의 자취 많다오.　　　　常多高人跡
그대의 집 그 아래에 있으니　　　　　　君家在其下
돌아가면 이 산에 오르리라.　　　　　歸則必登陟
나를 위해 산신령에게 말하되　　　　　爲我報山靈
호남에 미친 나그네 있으니.　　　　　湖南有狂客
성은 허(許)요 이름은 정(梃)인데　　　　姓許名字梃
스스로 산수를 좋아하는 성벽(性癖)이 있다오.　自有山水癖
조만간에 반드시 방문해 올 것이니　　　早晚必相訪
미리 달 아래의 돌을 쓸어놓으라 하소.　　豫掃月下石

최관곡과 화답한 시운 (與崔寬谷和韻)
최관곡의 이름은 서림이다(名瑞林)

어릴 때에 관곡(寬谷)에서 함께 따라 다녔는데　童時寬谷共參從
중년(中年)에 표류하여 나그네 신세 되었다오.　中歲飄零羈旅蹤
시(詩)와 예(禮)는 두 집안에 대대로 전해왔고　詩禮兩家傳世世
호수와 산은 천리 길에 겹겹으로 막혀있네.　湖山千里隔重重

상전벽해(桑田碧海) 한수(漢水)의 북쪽에서 청춘을
보내었고   桑滄漢北青春過
귤과 유자 강남(江南)에서 백수(白首)로 만났다오.[293]   橘柚江南白首逢
원컨대 여생에 손잡고 가서   願得餘生携手去
두류산(頭流山) 깊은 곳 구름 속의 소나무에 누우리라.   頭流深處臥雲松

두류산에 오르다 (登頭流山)

두류산(頭流山)의 높고 큰 남쪽지방에 으뜸이니   頭流高大擅南陬
영남과 호남 점거하여 더불어 짝할 산이 없네.   間據嶺湖莫與儔
재화가 생산되니 백성들이 이롭게 사용하고   産出貨財民利用
현철한 사람들 탄생하여 국가의 아름다움 드날렸다오. 降生賢哲國揚休
문창(文昌)과 녹사(錄事)[294]는 지금 어디에 있는가   文昌錄事今何在
일두(一蠹)와 남명(南冥)[295] 옛날에 놀던 곳이로다.   一蠹南冥舊所遊
덕유산과 가야산(伽倻山)이 비록 똑같이 아름답다지만 德裕伽倻雖垺美
사람에게 미치는 공과 혜택은 실로 짝하기 어렵다네.   及人功澤實難侔

우연히 읊다 (偶吟)

목우(木偶)의 못남 토우(土偶)가 비웃으니[296]   木偶無如土偶嗤
원래 신세는 두 가지 서로 마땅하네.   元來身勢兩相宜

---

293) 귤과 … 만났다오 : 귤과 유자는 모두 중국의 강남(江南)에서 생산되는 바, 귤은 아름다운 과일이고 유자는
    귤만 못하므로 상대방을 귤에 비유하고 자신을 유자에 비유하여 노년에 남쪽지방에서 서로 만나 함께 지
    냈음을 말한 것이다.
294) 문창(文昌)과 녹사(錄事) : 문창은 최치원(崔致遠)이 문창후(文昌侯)에 추봉(追封)되었기 때문에 그를 가리
    킨 것이며, 녹사는 관명이나 누구를 가리킨 것인지는 확실하지 않다.
295) 일두(一蠹)와 남명(南冥) : 일두는 정여창(鄭汝昌)의 호이고 남명은 조식(曹植)의 호인 바, 두 분 모두 유학
    자로 유명하다.
296) 목우(木偶)의 … 비웃으니 : 목우는 나무로 만든 허수아비이고 토우(土偶)는 진흙으로 만든 허수아비인 바,
    《사기(史記)》 맹상군전(孟嘗君傳)에 목우가 토우를 보고 "이제 장마가 질 터이니, 그대는 비를 맞으면 그대
    로 허물어지고 말 것이다."라고 말하자, 토우는 대답하기를 "나는 원래 흙에서 나왔으니, 흙으로 돌아가는
    것이 당연하지만 그대는 이제 홍수에 떠밀려 정처없이 떠돌아 다닐 것이다."하고 비웃었다는 옛 고사를 든
    것이다.

행인은 이미 깊은 산속에 끊기고   行人已斷山深處

돌아갈 길은 해 저물 때에 멀어 괴롭구나.   歸路苦長日暮時

강물이 동쪽으로 흘러감 누가 시키는 것인가   江水東流誰所使

외로운 구름 서쪽으로 날아감은 본래 기약이 없다오.   孤雲西去本無期

남아가 궁한 길에 통곡함을 면치 못하니   男兒未免窮途哭

한 곡조 슬피 노래함에 눈물이 옷에 가득하네.   一曲悲歌淚滿衣

추위를 괴로워하다 (苦寒)

차가운 바람 우수수 음산한 기운 발하는데   霜風淅淅發陰機

술잔을 들어 서로 부름은 다시 누굴런가.   舉酒相呼更是誰

양춘곡(陽春曲)[297] 애창하니 따뜻한 시절 생각나고   愛唱陽春思暖節

백설곡(白雪曲)[298] 듣기 싫어하니 추위의 위세 겁나누나. 嫌聞白雪怯寒威

분분히 좋아하고 싫어함은 원래 정함이 없고   繽紛惡欲元無定

번복을 잘하는 염량세태(炎涼世態)는 자연 때가 있다오. 翻覆炎涼自有時

나의 평생을 서글퍼하여 다시 자책하니   憐我平生還自責

육신을 위해 마음 수고롭혀 끝내 무엇하겠는가.   勞心形役竟奚爲

박용운의 묵와시(黙窩詩)에 차운하다 (次朴龍運黙窩韻)

처세술은 예로부터 묘한 방법 드무니   處世由來妙術稀

진실로 활줄처럼 곧기 어렵고 또 가죽처럼 부드럽기

어렵네.[299]   固難弦直又難韋

이미 언어가 재앙을 부름 알았으니   旣知言語招災厄

---

297) 양춘곡(陽春曲) : 악곡(樂曲)의 이름인데 곡조가 고상하여 이 가락에 맞추는 자가 적으므로 '양춘지곡 화자
    필과(陽春之曲和者必寡)'란 말이 세상에 전해온다.
298) 백설곡(白雪曲) : 백설가(白雪歌)라고도 하는 바, 거문고의 곡조이름으로 역시 아름다운 곡조로 알려져 있다.
299) 활줄처럼 … 어렵네 : 활줄은 활을 당길 경우 팽팽하게 곧아지는 바, 전국(戰國)시대 서문표(西門豹)는 성
    질이 급하였으므로 부드러운 가죽을 차고 다녀 급한 성질을 경계하였고 동안우(董安宇)는 성질이 느렸으
    므로 팽팽한 활줄을 차고 다녀 곧고 빠름을 배우려 한 고사가 유명하다. 《後漢書 范冉傳》

다시는 떠들어대어 시비를 따지지 않으리라.　　　　更不啾喧辨是非

금입을 거듭 옭아맴[300]은 밝은 경계를 남겼고　　　金口重緘垂瑩戒

백규시(白圭詩)[301]를 세 번 반복하며 위태로운 기틀
생각하네.　　　　　　　　　　　　　　　圭詩三復慮危機

문지방 위의 현판은 평소의 마음 표하였으니　　　楣間揭額表心素

후손들에게 전해주어 어기지 말기를 기약하노라.　傳與雲仍期莫違

면앙정에서 2수 (俛仰亭)

면앙정(俛仰亭)의 이름 오래 전에 들었는데　　　　亭稱俛仰久聞名

오늘 올라와 옛 소원 이루었네.　　　　　　　　此日登臨夙願成

길은 산허리를 잘라 북쪽 위와 통하고　　　　　路割山腰通北上

구름은 처마 모서리를 붙들어 서쪽으로 기욺을 구원한다.　雲扶簷角救西傾

바람부는 소나무는 손님을 보고 문 앞에서 춤추고　風松見客當軒舞

골짝의 물소리는 거문고처럼 문에 들어와 울리누나.　谷水如琴入戶鳴

진실로 묻노니 신선노인은 어느 곳으로 갔는가　　倘問仙翁何處去

부질없이 유적만 남겨 사람의 정 일으키네.　　　空留遺跡起人情

내장산을 유람하다 (遊內藏山)

손을 당겨 등라(藤蘿)를 잡고 붉은 안개 속 올라가니　引手攀蘿踏紫烟

날아가는 새들 따라 함께 훨훨 날고 싶노라.　　　欲隨飛鳥共翩翩

층층의 바위는 우뚝히 구름을 밀치고 서 있고　　層巖突兀排雲立

---

300) 금입을 … 옭아맴 : 말을 조심함을 이른다. 공자(孔子)가 주(周)나라를 구경하러 가서 태조(太祖)인 후직(后稷)의 사당에 가보니, 오른쪽 계단 앞에 금으로 만든 상(像)이 있었는데 입을 세 번 옭아맸으며 등에 글을 새기기를 '옛날에 말을 조심한 사람이다.[古之愼言人也]'하였다.《孔子家語 觀周》

301) 백규시(白圭詩) : 백규(白圭)는 백옥(白玉)으로 만든 홀(笏)로 옛날 신분을 나타내던 물건인 바, 백규시는 《시경(詩經)》 대아(大雅) 억(抑)의 "백규의 하자는 갈면 없어질 수 있거니와 이 말의 잘못은 고칠 수 없다.[白圭之玷尙可磨也斯言之玷不可爲也]"한 내용을 가리키는 바, 이는 말을 조심해야 함을 강조한 것이다.

흐르는 물은 잔잔히 길을 끼고 흘러가네.	流水潺湲來路牽
험한 곳을 지날 때에는 두 다리 떨리더니	歷險不堪雙脚戰
위태로운 곳에 임하니 도리어 한 마음 온전해지네.	臨危還覺一心全
함께 노는 손님들에게 정녕히 당부하노니	丁寧回語同遊客
언제나 기구한 곳에 이르거든 반드시 조심하소.	每到崎嶇必愼旃

23세 허엽(許曄)

만각재의 원운 (晚覺齋原韻)

재주와 덕 모두 없어 세상에 버림받고	才德俱無世所棄
선조들의 옛터에 다시 오니 저절로 전장(田庄)을 이루었네.	續來先卜自成庄
그윽한 정은 대나무 언덕에 청풍(淸風)이 이르는 것이요	幽情竹塢淸風到
한가로운 취미는 연못에 아름다운 달 비출 때라오.	閒趣蓮塘好月揚
서가(書架) 위의 푸른 새매는 높은 산에서 노려보는 듯	架上蒼鷹眼峯峯
낚시대의 흰 머리털은 물 속에 비추누나.	竿頭白髮映洋洋
평생의 소원 이에 만족하니	平生分願於斯足
어찌 쇠하고 게을러 버려짐을 한하겠는가.	何恨衰慵捨以藏

조기하에 대한 만사 (挽趙器夏)

인간의 삶과 죽음 또한 한 이치이나	生死人間亦一理
그대의 오늘 하늘이라고 말할 수 있겠나.	憐君此日可云天
차마 백발의 무궁한 뜻을 가지고	忍將白髮無窮意
슬픈 만사 지으려 하니 눈물이 절로 떨어지네.	欲作哀詞淚自涓

23세 허엄(許儼)

스스로 읊다 (自吟)

공명은 원래 운수에 달려 있고	功名元是數
충효는 내 몸에 있다오.	忠孝在吾身
단심(丹心)으로 국가에 보답할 것 생각하였고	丹忱思報國
홍패(紅牌)[302]는 어버이 영화롭게 하기 위함이었네.	紅牌爲榮親
인하여 명엽주(楑葉酒)를 가지고	因將楑葉酒
함께 아가위꽃 핀 봄을 즐기노라[303]	共樂棣花春
채색옷 입고 뜰 아래에서 춤추니	彩衣舞庭下
기쁜 빛 온 집안에 새롭구나.	喜色滿堂新

만각재의 원운에 차운하다 (次晚覺齋原韻)

태평성세에 영화롭게 한성부(漢城府)에 놀았는데	聖世榮華遊漢府
말년에는 그윽한 취미 산장(山庄)에 누웠노라.	晚年幽趣臥山庄
방옹(放翁)[304]의 창문 아래에 책상의 등불 비추고	放翁窓下書燈照
정절(靖節)[305]의 문 앞에서 가을달 밝구나.	靖節門前秋月揚
모름지기 실지(實地)를 따라 먼저 의를 행하여야 하니	須從實地先行義
어찌 요진(要津)에 들어가 다시 바다를 바라보겠는가.	豈入要津復望洋
깨끗한 의표(義標) 멀리 진세 밖에 나오니	淸標遠出塵埃外
우리 형 용맹히 은퇴하여 숨을 고맙구려.	多謝吾兄勇退藏

---

302) 홍패(紅牌) : 문과에 급제한 사람의 등급과 성명을 적은 합격증을 가리키는 바, 붉은 종이에 썼기 때문에 홍패라 칭한 것이다.
303) 함께 … 즐기노라 : 형제를 연향하는 악가(樂歌)인 상체시(常棣詩)를 들어 말한 것이다. 《시경(詩經)》소아(小雅) 상체(常棣)에 "상체의 꽃이여! 꽃받침이 환하게 빛나는구나. 무릇 지금 사람들은 형제만한 이가 없느니라. [常棣之華鄂不韡韡凡今之人莫如兄弟]"하였는 바, 상체는 아가위꽃으로 형제를 비유한다.
304) 방옹(放翁) : 송(宋)나라의 시인인 육유(陸游)의 호이다.
305) 정절(靖節) : 진(晉)나라의 은사(隱士)인 도연명(陶淵明)의 시호(諡號)이다.

24세 허순(許珣)

경현당 회고운 (景賢堂懷古韻)

구옹(龜翁)[306]이 경현당을 창건하니　　　　龜翁刱設景賢堂

사은(四隱)[307]이 당년에 일을 감독한 일 세세하네.　　四隱當年董役詳

청대비(清臺碑) 뒤에 글을 썼는데　　　　清臺碑後陰書載

아! 훌륭한 우리 선생 다행이 우리 고장 사람이라오.　猗我先生幸我幸

횡당[308]의 시에 차운하다 (次黌堂詩)

우리 도(道)는 본래 사람에게 있으니　　　吾道本在人

때마다 오목(於穆)하지 않음이 없네.　　　無時不於穆

무성(武城)은 닭을 잡던 자리이니　　　武城割鷄地

거문고 소리와 글읽는 소리 어찌 조용하겠는가.　絃誦豈云寂

덕을 좋아하는 마음 더욱 부지런하고　　好德心愈勤

현인을 사모하는 정성 또한 지극하다오.　慕賢誠亦極

횡당의 어귀에 옛 자취 어루만지며　　撫跡黌堂口

옛날 교육하던 것 따르고자 하네.　　思欲追敎育

한 편의 시 지어　　　　　爲賦一篇詩

은근히 속마음 토하노라.　　慇懃吐胸臆

무너지는 물결 스스로 맑히니　　頹波自激淸

냇물이 그치지 않고 흘러감 짐짓 아노라.　故知川不息.

---

306) 구옹(龜翁) : 조선 중종(中宗) 때의 문신인 구암(龜巖) 이정(李楨 1512~1571)을 높여 칭한 것으로 자는 강이(剛而)이고 본관은 사천(泗川)이다. 퇴계(退溪)의 문인(門人)으로 문과에 급제하여 예조 정랑을 지낸 뒤 명종 때 청주목사를 역임하고 선조(宣祖) 원년에 부제학에 임명되었으나 취임하지 않았다. 저서로는《龜巖集》이 있다.

307) 사은(四隱) : 네 명의 은자(隱者)이나 누구인지는 확실하지 않다.(※ 원문에는 확실하지 않다고 되어있으나, 승평사은을 가리킨다.)

308) 횡당 : 학궁(學宮)을 가리키는 말로 성균관(成均館)이나 향교(鄕校)를 이른다.

양벽정의 현판에 있는 하서선생의 시운에 삼가 차운하다 (謹步漾碧亭
河西先生題詠)

양벽의 강산 참으로 한 폭의 그림이니	漾碧江山畫幅裁
삼현(三賢)의 옛 자취 정자가 있었네.	三賢往蹟有亭來
하늘빛 위아래에 푸른데 물결속 조용하고	天光上下波心靜
지세는 동남에 큰 들이 열렸다오.	地勢東南野面開
암벽을 부여잡고 올라가 지팡이 잡고 서 있으며	巖壁危攀筇倚立
뱃노래 조용히 듣고 거듭 머리 돌리노라.	棹歌細聽首重回
하수(河水)가 옥처럼 깨끗하여 못에 잠겼으니	河淸玉潔灘亭溢
진원(眞源)이 이 물가에 있음 알겠네.	也識眞源在此隈

25세 허규(許龜)

상호정에서 추후에 읊다 (相好亭追詠)

남주의 높은 의리 이 정자 우뚝하니	南州高義翼斯亭
특별한 지역의 임천 아름다운 경치 겸하였네.	特地林泉勝槩幷
오성산(五聖山)에 봄 돌아오니 붉은 살구꽃 피었고	五聖山春紅杏在
칠현촌(七賢村) 예스러우니 푸른 대나무 자라누나.	七賢村古碧篁生
성을 온전히 하는 가법 효도를 온전히 하는 집에서 찾고	全忠家法求全孝
이 아우 천륜을 익히니 이 형이 또 있었네.	是弟天倫有是兄
형제간에 서로 좋아한다는 편액(扁額)[309] 세상의	
가르침 붙드니	相好華扁扶世教
보고 듣는 자들 그 누가 취한 가운데에 깨지 않겠는가.	瞻聆孰不醉中醒

---

309) 형제간에 … 편액(扁額) : 편액은 정자의 현판(懸板)으로 《시경(詩經)》소아(小雅) 사간(斯干)에 "형과 아우
가 서로 좋아하고 서로 도모함이 없으리로다. [兄及弟矣式相好矣無相猶矣]" 하였던 바, 여기에서 상호(相
好) 두 글자를 따서 정자의 이름을 삼았기 때문에 말한 것이다.

임청대에서 옛일을 감회하다 (臨淸臺感古)

임청대 아래 물이 깊고 맑으니	臨淸臺下水深淸
봄비에 마음 서글퍼하고 가을달 밝구나.	春雨傷心秋月明
석면에 세 글자의 현판 휘황하니	石面煌煌三字額
우러러봄에 세한(歲寒)의 마음 더욱 간절하네.	仰高偏切歲寒情

25세 허굉(許浤)

반구당 원운 (伴鷗堂原韻)

양벽정 동쪽에 한 초당이 있으니	漾碧亭東一草堂
구름낀 산과 안개낀 물 창창히 둘러 싸였네.	雲岑煙水繞蒼蒼
모랫벌 백구들의 꿈속에는 강산이 고요하고	沙鷗夢裡江山靜
어부는 낚시질로 세월을 잊누나.	漁子竿頭日月忘
버들잎 필 때에 꾀꼬리 골짝에서 나오고	柳葉開時鶯出谷
복숭아꽃 떨어지는 곳에 쏘가리 향기를 삼키네.	桃花落處鱖吞香
이 사이에 일이 있음은 도리어 일이 없는 것이니	此間有事還無事
나의 새로운 시 읊으며 나의 술잔 마시노라.	詠我新詩酌我觴

26세 허섬(許暹)

성재가 만회재의 시에 차운하다 (謹次晚悔齋)

자지동 속에 흰 초가집	紫芝洞裏白茅廬
산중에 새집을 지어 사니 물가에 사는 것보다 낫네.	新卜山居勝澤居
말년의 경륜 마음에 스스로 독실하고	遲暮經綸心自篤
반생의 책과 칼 꿈이 모두 허망해라.	半生書劍夢俱虛
참다운 즐거움 완전히 수습하지 말고	休敎眞樂全收拾

한가로운 시름 부디 다 쓸어버리소.	却把閑愁盡掃除
이곳은 방호(方壺)와 멀지 않을 줄 아노니	此去方壺知不遠
금단(金丹)의 소식 다시 어떠하겠는가.[310]	金丹消息復何如

　성재선생(性齋先生) 허전(許傳)

만회재의 원운 (晚悔齋原韻)

한세상 떠돌이 인생 여관방과 같으니	一生浮世等蘧廬
만년의 졸렬한 계책 산중에 들어가 사노라.	晚年拙計入山居
백발(白髮)은 공정하니 누가 늙지 않을까	白髮有公誰不老
청운(靑雲)은 분별없어 끝내 빈 곳으로 돌아가네.	靑雲無分竟歸虛
몸이 연하(煙霞)에 의탁하여 성명(性命)을 편안히 하고	身托煙霞安性命
손수 꽃과 대나무 심어 뜰을 보호하노라.	手栽花竹護庭除
돌밭 열 이랑에 돌아와 가업(家業)을 닦으니	石田十畝還修業
평지에 돌아다니는 신선 은둔함만 못하다오.	平地行仙遯莫如

26세 허온(許昷)

만회재 운에 차운하다 (謹次晚悔齋)

조계(曹溪)의 산수 광려(匡廬)와 같은데[311]	曹溪山水似匡廬
하늘이 유현(遺賢)에게 빌려주어 은거하게 하였네.	天借遺賢定隱居
계륵(鷄肋)과 같은 공명 원래 운수에 달려있고	鷄肋功名元有數
준마(駿馬)가 달리던 세월 헛되이 돌아갔네.	驥騁日月已歸虛

---

310) 이것은 … 어떠하겠는가 : 방호(方壺)는 신선이 살고 있다는 삼신산(三神山)의 하나인 방장산(方丈山)을 가리키고 금단(金丹)은 고대에 불로장생의 신선술을 추구하던 방사(方士)들이 금석(金石)을 녹여서 만든 단약(丹藥)을 이르는 바, 곧 이곳이 신선이 사는 곳과 멀지 않으니 불로장생하는 단약을 얻을 수 있지 않겠느냐는 말이다.

311) 조계(曹溪)의 … 같은데 : 조계는 산 이름으로 전라남도 순천시와 보성군에 있는 바, 조계산 도립공원으로 송광사와 선암사가 있으며, 광려(匡廬)는 중국의 여산(廬山)으로 은(殷)·주(周) 사이에 광속(匡俗)의 형제 일곱 명이 이 여산에 은둔하였기 때문에 붙여진 이름인 바, 곧 조계의 산수가 여산처럼 아름다움을 말한 것이다.

뜻을 경서(經書)에 의탁하여 성명(性命)을 편안히 하고 　　　志托經書安性命

손수 소나무와 국화 심어 뜰을 보호하노라. 　　　　　　手栽松菊護庭除

자지동(紫芝洞) 속에 지초(芝草)가 많아 　　　　　　　紫芝洞裏多芝草

요기(療飢)할 수 있으니 즐거움 이보다 더할 수 없다오. 　可以療飢樂莫如

27세 허겸(許兼)

농포당의 원운 (農圃堂原韻)

선생이 가르쳐주신 뜻 매우 크니 　　　　　　　　　先生施敎意偏長

농포라 이름하여 나의 당(堂)을 호하였네. 　　　　　農圃爲喩號我堂

한 조각의 단전(丹田) 깊이 갈고 김매면 　　　　　　一片丹田深易耨

천종(千鍾)의 옥같은 곡식 우량품을 얻으리라. 　　　千鍾玉栗得優良

지리(地利)에 따라 언덕과 습지에 마땅하게 가꾸고 　因來地利宜皐隰

천시(天時)를 써서 비오고 햇볕남에 적절히 맞춘다오. 用得天時適雨暘

다만 온집안에 가을이 성숙하기를 기다리니 　　　　第待滿家秋穫熟

이 몸 편안한 집에 머물며 닦을 수 있다오. 　　　　此身安宅可修藏

27세 허주(許注)

선아가 백이산 아래에 살면서 서당의 이름을 청풍재라 하였으므로 그 시운에 차운하여 주다 (宜雅居伯夷山名其堂曰淸風齋步其韻以贈)

청성(淸聖)이 해동(海東)에서 나오지 않았으나 　　　清聖不曾出海東

산 이름은 천년동안 우연히 서로 통하였네. 　　　　山名千載偶相通

아이들도 채미곡(採薇曲) 부를 줄 알고 　　　　　兒童解唱採薇曲

시골에도 고죽(孤竹)의 풍도(風度) 알려져 있네. 　巷里猶聞孤竹風

드높은 봉우리 대로(大老)와 같고 　　　　　　　卓爾峰巒如大老

깨끗한 천석(泉石) 한가로운 늙은이에 속하였네.　　居然泉石屬閑翁

그대의 입지(立志) 원래 깨끗함을 아노니　　知君立志元蕭爽

어찌 분분한 탁세(濁世)를 향하여 같겠는가.　　肯向紛紛濁世同

스스로 읊다 (自詠)

노쇠한 나이에 분분히 동서로 달리니　　殘年役役走西東

지난날 자취 어느덧 꿈속과 같구나.　　往跡依然似夢中

만사가 천명(天命)에 있어 지혜와 힘으로 아니되니　　萬事由天非智力

하루아침 태어나면 부귀영달 정해져 있다오.　　一朝落地定窮通

비록 구하여도 지금 세속에는 얻지 못하니　　雖求不得於今俗

죽도록 가난을 편안히 여김이 예스러운 풍모(風貌)라오.　　抵死安貧是古風

내 시(詩)를 짓고자 하니 도리어 망연자실해　　我欲作詩還自失

하루 세 때 주인옹에 공경히 고하노라.　　三時敬告主人翁

28세 허당(許鎲)

종제인 농은 거사에 대한 만사 (輓從弟農隱居士)
정미년 유월 일(丁未年 六月 日)

어느덧 금일에 그대 먼저 서거하니　　居然今日君先逝

홀로 생존한 나 여생을 어찌 보낼까.　　其奈餘年我獨存

가업(家業)을 편안히 전하니 농사에 은둔하고　　安業傳家農以隱

훌륭한 명성 세상에 장구하니 효행이 알려졌네.　　令名長世孝爲聞

연지(蓮池)의 옛 마을에 아침 구름 내려앉고　　蓮池古里朝雲落

매우(梅雨)의 차가운 언덕 밤 달이 캄캄하다.　　梅雨寒阡夜月昏

만약 구천(九泉)에서 선조를 배알하게 된다면　　若有泉臺先祖拜

영락한 가문의 내력 우러러 자세히 논하리라.　　殘門經歷仰扣論

병진년 중춘에 손자가 혼례를 이루다 (丙辰仲春 孫兒成禮)

고목의 남은 가지 봄이 온 뒤에 잎 피니	老木餘枝春後生
복숭아꽃 피는 좋은 시절에 혼례를 새로 이루었네.	夭桃佳節禮新成
가문의 번창함 이로부터 기대하고	門閭昌大從玆望
집안의 편안함 분명히 볼 수 있으리라.	家室平康見得明
세상에 처함에 벌단(伐檀)의 부끄러움[312] 없어야 하고	處世堪無伐檀愧
어진 이를 좋아하여 치의(緇衣)의 정성[313] 있기를 원하노라.	好賢願有緇衣誠
선대를 계승하고 후손을 번창하게 함을 장래에 바라노니	承先裕後將來望
지방에서는 존경하고 나라에는 성명이 알려지기를 기다리네.	佇見鄕達邦姓名

손자를 경계한 시 (戒孫詩)

남아의 뜻과 사업 근면함과 근신함에 달렸으니	男兒志事在勤謹
예로부터 성현들 분명히 이것을 말씀하였네.	從古聖賢明有言
항업(恒業)이 정해질 때에 항산(恒産)이 정해지고	恒業定時恒産定
이 마음 보존된 곳에 이 몸이 보존되네.	此心存處此身存
내 어진 할아비가 되지 못함 부끄럽고	愧吾未得爲賢祖
너는 부디 훌륭한 손자가 되기를 원하노라.	願汝庶期作肖孫
밭 갈고 글 읽으며 고기잡고 나무함에 실제가 많으니	耕讀漁樵多實地
인간의 부귀영화 모두 뜬구름과 같으리라.	人間榮辱摠浮痕

---

312) 벌단(伐檀)의 부끄러움 : 자신의 임무를 제대로 하지 못하고 녹만 먹음을 이른다. 벌단은 《시경(詩經)》위풍(魏風)의 편명인데, 여기에 "공밥을 먹지 않는다. [不素餐兮]"하였으므로 말한 것이다.
313) 치의(緇衣)의 정성 : 현자(賢者)를 좋아하는 정성을 이른다. 치의는 《시경(詩經)》정풍(鄭風)의 편명인데 현자를 좋아하여 검은 옷[緇衣]을 만들어 주고 음식을 대접할 것을 읊은 내용이므로 말한 것이다.

3. 『강남악부』와 순천의 양천허씨

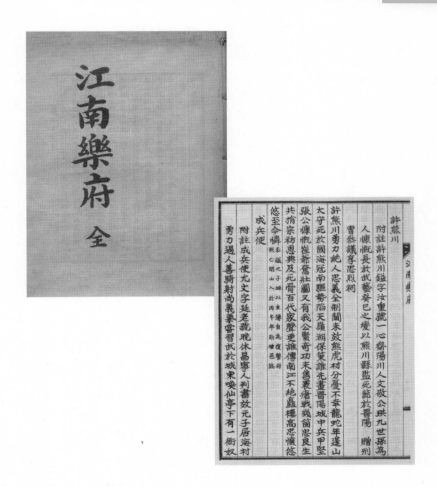

효렴행(孝廉行)

현감(縣監) 허희인(許希仁)의 자는 인백(仁佰)이요, 호는 반구정(伴鷗亭)이니, 본관은 양천(陽川)이다. 문경공 공(珙)의 7세손이다. 서울 연지동(蓮池洞)으로부터 이 고을에 와서 살게 되었다.

가정(嘉靖) 기유(己酉)[314]년에 무과에 올랐고 벼슬은 무안현감(務安縣監)에 이르렀다. 성격이 관대하고 온화했으며, 효성과 우애가 모두 지극하였다. 집에 있을 때는 생업에 종사하지 않았고, 관에 있을 때는 청렴하고도 성실하였다. 귀암(龜巖) 이정(李楨)이 행장(行狀)을 지었다.

집에서는 효가 으뜸이요,
관에서는 청렴이 으뜸이니,
효도하지 않으면 가르쳐 무엇을 이루며
청렴하지 않으면 다스려 무엇을 베풀랴.
탐관오리나 순종치 않은 지식은
백성을 해치고 하늘을 어긴다네.
포정(蒲亭)의 효는 향기를 날리고,
진평(晉平)의 청렴은 이름을 전하니,
무안현감이 끼친 정치는 천년을 두고
옛 현인으로 생각되리라.

허웅천(許熊川)

웅천현감(熊川縣監)을 지낸 허일(許鎰)은 자가 여중(汝重)이고 호는 일심재(一心齋)이니, 본관은 양천(陽川)이다. 문경공(文敬公) 공(珙)의 9세손이다. 사람됨이 강개하고 무예를 잘하였다. 임진왜란 때에 웅천현감(熊川縣監)으로서 진주성 싸움에서 절의를 지켜 죽었다. 나라에서 형조참의

---

314) 가정은 명 세종의 연호이니 기유년은 1539년(명종 4)이다.

(刑曹參議)에 추증하였고, 충렬사(忠烈祠)에 배향하였다.

허웅천(許熊川)이여.
용력이 남달라 충의(忠義)를 온전케 했네.
변방이 다스려지지 않았는데 용맹한 장군의 재질이 있어
용사년(龍蛇年) 불행의 근심을 나누고자 했네.
봉산(蓬山) 태수가 나라를 위해 죽었네.
왜놈들은 남에서 밀려와 기세가 하늘이라도 삼킬 것 같았네.
영남·호남을 보호할 계책을 누가 먼저 주선하리.
진양성(晉陽城)의 병사들은 용감하고,
장(張) 공은 강개하고 최(崔) 야(爺)는 분기를 떨쳤네.
장한 계획이 있고 또 우리 공의 현명함이 있네.
기이한 공이 세워지지도 않았는데 전쟁의 상처를 싸매니,
몇 사람의 충신이 나서 또 목숨을 버리는가?
나라의 은혜가 죽은 해골에까지 미치네.
백대(百代)의 집안 명성을 다시 누가 전하려는가?
남강(南江)은 끊이지 않고 촉석루(矗石樓)는 높은데,
충성스런 기운은 유유하여 지금까지 사모함을 받는구나.

[참의(參議)의 아들 원(垣)은 주부(主簿)의 벼슬에 있으면서 스스로 복수를 하고자 하여, 전쟁에 참가해서 한산(閑山)에서 죽었다. 병오년(丙午年)에 새로 증보한 읍지(邑誌)에 실렸다.]

평생조(平生操)

허정(許梃)은 자가 여강(汝剛)이고 호는 정간재(靜簡齋)이니, 본관은 양천(陽川)이다. 문경공(文敬公) 공(珙)의 11세손이다. 부모를 섬김에 지극히 효성스러웠고 친상을 치름에 예를 극진히 하였다. 자신은 규율로써 다스리고, 친척을 가르침에도 자기 자식과 차이를 두지 않았다. 친지(親知)

가 오면 땅을 나누어 살았다. 마을의 이웃이 병들고 굶주리면 곁마를 풀어서[315] 구해주었다. 오천(鰲川) 한백유(韓伯愈) 선생이 그 행적을 기술하여 이르기를,

"효성과 공경과 충성스러움과 믿음직함이 천품이며, 인자하고 어지니 대개 평생의 지조를 공경한 것이다."

라고 하였다 한다.

선비는 반드시 지키는 바가 있나니,
그런 연후에야 하는 바가 안정되네.
충(忠)과 신의와 효(孝)가 돈독했고,
인자함과 어짊과 의(義) 또한 높았네.
곁마를 풀어 주인에게 주니,
우리 공께서 성인이 하신 일을 배우셨네.
무릇 정다운 말로 친척들이 기뻐하니,
우리 공의 거문고와 서책 또한 고요(皐陶)[316]를 사모하신 것일세.
마을의 풍속도 자연스레 교화되니,
굶주림을 구하고 추위로 떠는 것을 가엽게 여겨 근심하셨네.
그대는 보지 못했나,
우리 공이 평생 지닌 바가 이같이 장함을.
오천(鰲川)이 그 때를 당하여 또한 낱낱이 기록하였다네.

어초가(魚樵歌)

허계(許棨)[317]는 자가 향백(香伯)이고 호는 어초정(魚樵亭)이다. 본관은 양천(陽川)이니, 문경공(文敬公) 공(珙)의 11세손이다. 상사(上沙)에 살

---

315) 탈참(脫驂) - 곁마를 수레에서 풀어서 구해줌. 공자(孔子)가 지인(知人)의 죽음에 곁마를 보낸 고사가 있음. 남의 상사(喪事)에 부조(扶助)를 톡톡히 보냄을 이름.
316) 고요(皐陶) - 순(舜)의 신하. 법리(法理)에 달통(達通)하여 법(法)을 세워 형벌을 제정하고, 옥(獄)을 만들었다.
317) 허희린(許希麟)의 고손자.

앗으며 흘산(屹山) 밑 의천(義川)가에 정사(精舍)를 짓고 '어초(魚樵)'라고 편액을 붙였다. 대개 공이 즐기는 바는 산수(山水) 사이에 있었으며, 바깥일에는 얽매이지 않았다. 집에 거처할 때의 풍도(風度)가 공북해(孔北海)[318]보다 훨씬 뛰어났고, 모인 손님의 정취는 위원외(魏員外)[319]의 꽃과 나무에 비길만하였다. 땔나무에 불을 붙여 생선을 끓이고, 생선이 끓으면 술을 마셨다. 술잔을 대하고는 세속의 이야기[320]를 입에 올리지 않았으니, 어찌 물에서 뛰노는 방어(魴魚)만 읊었으랴. 정자에 임한 것보다 더한 여유가 있었으니 공의 일생을 상상할 수 있다.

> 흘산(屹山)이 높고 높으니,
> 푸른 소나무, 푸른 대나무가 집 뒤에 많네.
> 의천(義川)이 힘차게 흐르니,
> 싱싱한 물고기는 문 앞에서 펄떡거리네.
> 여기에서 나무하고 여기에서 고기 낚아
> 비단옷 입고 돌아와서 또 도롱이 입고 일하네.
> 수인씨(燧人氏)[321]와 태호씨(太昊氏)[322]
> 이면(裏面)의 생애는 장가(長歌)에 부쳐 있네.
> 객이 이르면 머물면서 한번 취하니,
> 땔나무를 지피고 고기를 삶는 그 멋이 어떠한가.

군자인(君子仁)

허찬일(許續一)의 이름은 수(綏)요 자는 이술(而述)이며, 호는 죽헌(竹軒)이다. 본관은 양천(陽川)이니 문경공(文敬公) 공(珙)의 12세손으로 주

---

318) 공북해(孔北海) – 공융(孔融). 후한(後漢) 사람으로 공자(孔子)의 후손이다. 일찍이 스스로 "좌상(座上)에는 손님이 늘 가득하고, 술잔 속에는 술이 비지 않는구나."라고 하였다.
319) 위원외(魏員外) – 미상(未詳).
320) 시상초산지구(市上樵山之句) – 시장과 땔나무 이야기, 곧 세속의 속된 이야기.
321) 수인씨 – 삼황오제 중 三皇의 한 사람. 중국 태고의 전설상 제왕으로 불을 다루는 기술과 식물 조리법을 가르쳤다고 전한다.
322) 태호씨(太昊氏) – 복희씨(伏羲氏). 상고시대의 제왕으로 어렵(漁獵), 농경, 목축을 가르쳤다.

암(住巖)에 살았다. 장자(長者)의 기상이 있었으며 마음이 관대하고 인자하여, 위급한 처지의 사람에게 베푸는 것을 즐거이 여겼다.

일찍이 연수(延壽)라는 한 친구가 있었는데, 병에 걸린 지 여러 달이 되어서 거의 죽을 지경에 이르렀다. 공이 가서 보고 그 위급함을 가엾이 여기며 말하기를,

"그대는 다른 사람을 능히 고치면서 자신을 고치지 못하니, 무슨 연유인가?"[정생은 의술에 밝았다.]

하니, 친구가 말하기를,

"나는 나의 병을 알고 있으며, 마땅히 치료할 수도 있소. 그러나 집이 가난하여 약을 살 도리가 없으니, 어쩌겠소, 어쩌겠소."

라고 하였다. 공이,

"마땅히 무슨 약을 써야 하오?"

라 하자, 친구가,

"인삼을 여러 첩 먹으면, 거의 소생할 수 있다오."

라고 하였다. 공이 그 말을 듣고 가엾이 여기며 말하기를,

"이것은 어렵지 않소이다. 우리 집에 본래 삼이 약간 있다오. 살 수 없는 때를 대비한 것이라오. 지금 그대의 병이 이와 같은데 내 어찌 그것을 아끼겠소?"

라고 말한 뒤 집에 돌아가 모두 보내주었다. 정생은 그 삼을 복용하고 곧 쾌차하였다. 정생의 동생인 정용수(鄭龍壽)는 사람들과 이야기 하다가 말이 공(公)의 일에 미치게 되면 반드시,

"군자(君子)의 인(仁)이지요, 그 때 공이 보내준 삼이 아니었으면, 우리 형은 필시 살아나지 못했을 것입니다. 지금 세상에 공을 놔두고 누구를 일러 군자의 인이라 하겠소."

라고 하였다.

나에겐 농(籠) 안에 삼(蔘)이 있으니,

그것을 천금처럼 중히 여겼다오.

나에겐 평생 사귄 벗이 있으니,

그를 생각하기를 단금(斷金)[323]으로 한다오.

그가 며칠을 병으로 누웠으니,

가엾구나. 그에게 더벅머리 두 아이(二竪)[324]가 들이 닥쳤다오.

이것을 주는 뜻이 깊으니,

능히 회춘(廻春)하게 하고,

화기(火氣)가 가슴에 생기게 하리라.

그대는 보지 못하였는가,

일 푼의 은(銀)도 사람들은 모두 아까와 하는 것을.

군자(君子)는 인(仁)이여야 한다는 말을 공만이 홀로 흠모하였네.

선사행(善士行)

허미(許彌)[325]는 자가 원거(元擧)이고 호는 옥계(玉溪)이다. 본관은 양천(陽川)이니, 문경공(文敬公) 공(珙)의 13세손이다. 성남(城南) 옥계(玉溪)에서 살았다. 공의 성품은 참되고 단아했다. 조용한 것을 좋아했고, 시끄러운 것을 피했다. 집은 시장 근처에 있었으나 마음은 산림 중에 있었다. 몸은 교원(校院)[326]의 직책에 연연하지 않았으며 발길은 때 묻은 벼슬자리를 밟지 않은 지가 40여년이 되었다. 벗을 취할 때에는 반드시 단아하고 곧은 이를 택했고, 사람을 사귈 때는 반드시 무엇인가를 청탁하고 바래서 하는 것이 없었다. 명예를 위해서 이름을 구하는 것을 세속의 수치스러운 일로 여겼다. 홍득후(洪得厚) 부사[327]가 공의 행동거지를 듣고

---

323) 단금(斷金) – '두 사람이 마음을 합치면 쇠도 자를 수 있다.(이인동심 이리단금(二人同心, 而利斷金))'는 『역경(易經)』의 말에서 나왔다. 굳은 우정을 뜻함.

324) 이수(二竪) – 진(晉)의 경공(景公)이 병으로 누웠는데 꿈에 병마(病魔)가 두 더벅머리 아이가 되어 나타났다는 고사에서 나왔다. 병마를 뜻함.

325) 파보에는 허이(許彌)로 나와있다.

326) 교원(校院) – 향교와 서원·사우를 이름.

327) 홍득후 부사 – 1738년(영조 14) 6월부터 1740년(영조 16) 5월까지 순천부사로 있다가 사헌부 장령으로 전임되었다.

늘상 만나보기를 원했다. 그러나 공은 곧바로 찾아가는 것을 꺼려하여, 끝내 몸을 굽혀 찾아가지를 않았다. 하루는 홍 부사가 안부를 묻고 음식을 보내왔다. 공은 그것을 심히 괴이하게 여겨 곧 물리치고자 하였다. 그러나 그 집이 성(城)의 번화한 곳에 있는데 인사 한마디 없이 돌려보내는 것도 도리가 아닌 듯하여, 관가의 노복들에게 음식을 내어 주고 몸소 관가에 가서 후하게 내려준 것에 대해 사의를 표명했다. 그런 후에 '못난 사람이 감당할 수 없으니 이 물건을 받는 것이 합당치 않아 물건을 갖고 왔다'고 말했다. 홍부사가 말했다.

"이것은 내 뜻이 아닙니다. 암행어사께서 지난번 동각(東閣)에서 주무실 때 허생원의 안부를 묻는 뜻이 매우 간절하시었고, 관가(官家) 또한 깊이 사모하던 바가 있었습니다. 어찌 굳이 사양하십니까?"

그러나 공이 말하기를,

"이 물건은 명분이 없는 것입니다. 받는 것은 옳지 않습니다."

라고 하여, 홍 부사는 부득이 그 일을 그칠 수밖에 없었다.

공의 필력(筆力)은 또한 굳세고 바랐다. 산양(山陽)에 사는 한 선비가 교제를 트기를 억지로 청했다. 공이 그것을 허락하고 편지를 받아보니, 글이 자신을 삼호(三豪)[대개 자신을 시호(詩豪), 주호(酒豪), 가호(家豪)]라고 거듭 칭하고 있었다. 공이 그 가볍고 허탄함을 웃고, 이에 그를 물리쳐 응답하지 않았다. 공이 행동하는 것이나 일을 처리하는 것에 대해서는 이 하나만 봐도 알 수 있다. 덕이 한 고을의 가장 뛰어난 훌륭한 선비로 우러름을 받으며 세상을 떠났다.

나라 남쪽에 한 선비가 계셨으니,
착하게 사시는 것을 최고 즐거운 일로 여기셨네.
고요함은 마치 산림 중에 계신 것 같았고
학문에 남기신 자취는 성시(城市) 중에 감추어져 있네.

집 밖에 나서지 않으셔도
그 벗들이야 몇몇 군자런가.
시끄러움을 피하신 지 40여년이니,
그 마음을 맑기가 옥계수(玉溪水) 같으시네.
길이 마을 사람들이 애모하여,
다시금 우러르고 거듭 공경해 마지않네.

독행탄(獨行歎)

허린(許璘)[328]의 자는 문옥(文玉)이고 호는 장천(長川)이며, 본관은 양천(陽川)이다. 문경공(文敬公) 공(珙)의 14대손으로 장평(長平)에서 살았다. 공의 성품은 맑고 깨끗하여 자신의 뜻대로 행동하였으며, 세속에서 높이거나 낮추는 바에 따르는 것을 대단한 수치로 여겼다. 성내의 번화한 곳을 다니지 않았고, 유궁(儒宮)[329]의 일을 다시 맡지도 않았다. 자신과 집안을 다스리고 집 안팎에서 행동하는 것이나 한 번 나가고 한 번 들어오는 일들도 반드시 그 법도대로 하였으며, 움직이고 멈추는 일도 자신의 뜻대로 하였다. 다른 사람의 장단점을 따지지 않았으며, 세상 사람들의 칭찬이나 비방에 마음 쓰지 않았다. 꿋꿋하게 40여년을 삼면서 한 점의 흠이 없었으니, 오호라! 선(善)하구나.

아름다운 옥(玉)이 예 있으니,
번쩍이지도 검지도 않다네.
어찌 다른 산의 돌인들 싫어하리오.
그 맑은 빛이 스스로 더욱 기이하여지네.
화로에 던져지면 좋은 금(金)도 부끄럽게 만들면서,
깊은 못에 감추어진 구슬이 된 지 그 얼마인가.
그대는 보지 못하였나,

---

328) 파보 215페이지. 허희수(許希壽)의 고손자 삼(森)의 증손자.
329) 유궁(儒宮) - 향교의 별칭.

선비가 이 세상에 태어나서 나아갈 곳을 살핌이 마땅히 이같아야 함을.
홀로 서서 두려워하지 아니하니,
군자만이 할 수 있다네.

4. 『승평지』와 양천허씨

1) 양천허씨의 저술

향림사(香林寺) - 담락(澹樂) 허당(許鎝)

중양절(重陽節)에 여사(餘事)로 선비(禪扉)에 들어가니	重陽餘事入禪扉
성(城)에 가까운 누대(樓臺) 조그맣게 보이네.	近郭樓臺似此揮
고사(古寺)에 사람은 없는데 홍엽(紅葉)만 떨어지고	古寺無人紅葉下
깊은 가을 물에 임하니 흰구름만 떠가네	深秋臨水白雲飛
시성(詩成)하니 죽일(竹日)은 승탑(僧榻)을 흔들고	詩成竹日搖僧榻
졸다가 일어나니 다연(茶烟)은 객의(客衣)에 오르네.	睡起茶烟上客衣
석사부생(汐士浮生)이 취하기를 다하리니	汐士浮生湏盡醉
종(鍾)이나 목탁은 비갠 햇빛을 알리지말라.	休將鍾鐸報斜暉

망성암차운(望聖庵次韻) - 평사(坪沙) 허영(許永)

한가한 벼슬 율리(栗里)로 돌아오니	閒官歸栗里
늙어서 장차 남전(藍田)에 누웠네.	老將臥藍田
오히려 해바라기 뜻이 있어	尙有傾葵意
때때로 북천(北天)을 바라보네.	時時望北天

세심대차운(洗心臺次韻) - 평사(坪沙) 허영(許永)

만학운림(萬壑雲林)에 한 시내 깊인데	萬壑雲林一路溪
심대(心臺)가 넉넉히 모년(暮年) 지낸 곳을 얻었구나.	心臺優得暮年捿
하늘에 달린 폭포(瀑布)가 떨어지니 산이 첩첩이 울리고	天懸沛落山鳴疊
절벽(絕壁) 높은 바위에 나무그림자 나지막하네.	壁絕岩高樹影低
남긴 한(限)은 깊은 봄 방초(芳草)가 푸르고	遺恨春深芳艸綠
돌아갈 생각은 고요한 밤 두견새가 우네.	歸思夜寂社鵑啼
고암(古庵)을 멀리 선생의 자취 바라보니	古庵遙望先生跡

세이(洗耳)한 청풍(淸風)이 오히려 인물을 평하네.　　　洗耳淸風尙品題

송광사(松廣寺) - 지정(芝亭) 허수(許洙)

고동(古洞)에 사람은 없고 늙은 돈대직이가 맞이하니　　古洞無人老墩迎

사루(寺樓)의 찬란함에 눈이 문득 밝구나.　　　　　　寺樓金碧眼偏明

계성(溪聲)은 비같아서 천림(千林)이 어둡고　　　　溪聲如雨千林黯

협취(峽翠)는 연기 섞어 일경(一磬)이 맑구나.　　　峽翠和烟一磬清

산이 고요하니 우연히 세상 숨을 계책을 생각하고　　山靜偶懷藏世計

중이 한가하니 시험삼아 출가한 사정(事情)을 물어보네.　僧閒試問出家情

죽음(竹陰)이 동산에 가득하고 꾀꼬리 소리 멈추니　　竹陰滿院鶯初歇

나른하여 등상(藤床)을 기대니 마침내 졸음이 오네.　　懶倚藤床睡意成

환선정(喚仙亭) - 초산(樵山) 허경(許鏡)

명정(名亭)이 물결에 배가 뜬 것 같으니　　名亭傍水泛如船

오늘 등림(登臨)하니 옛 어진이 생각나네.　　此日登臨感昔賢

화각(畫閣)과 분루(粉樓)는 방수(芳樹)의 속이은　　畫閣粉樓芳樹裡

섬가(纖歌)와 염무(艷舞)는 낙화(落花)의 앞이로다.　　纖歌艷舞落花前

앵산(鸎山)은 완전히 붉은 기(旗)가 둘렀고　　鸎山完是朱旗繞

용포(龍浦)는 분명히 푸른 띠를 이끄네.　　龍浦分明翠帶牽

겨우 홍란(紅欄)에 이르러 내 눈이 밝으니　　纔到紅欄明己眼

나를 불러 신선(神仙)이 되라한들 해롭지 않네.　　不妨喚我作神仙

연자루(燕子樓) - 평사(平沙) 허영(許永)

옛 손랑(孫郎)의 일을 생각하며　　憶昔孫郎事

거듭 놀면서 한잔 술을 드네　　重遊一舉盃

가인(佳人)은 어느 곳으로 갔는고　　　佳人何處去

연자(燕子)는 해마다 오는데　　　燕子年年來

선암사(仙巖寺) – 영재(英齋) 허경(許涇)

이제와 비로소 진원(眞源)에 섞인줄 깨달으니　　　今來始覺混眞源

진적(塵跡)이 초초(迢迢)하여 꿈속에 나누네.　　　塵跡迢迢夢裡分

푸른 시내는 수풀을 새어나와 자조 비를 보내고　　　碧澗篩林頻送雨

녹음(綠陰)은 땅에 가득하여 반은 구름을 이루네.　　　綠陰滿地半成雲

선교(仙橋)의 밤달은 천년(千年)의 빛이요　　　仙橋夜月千年色

불탑(佛塔)의 천화(天花)는 사대(四大)의 흔적이네.　　　佛塔天花四大痕

청종(淸鍾)을 다 치니 산이 고요한데　　　打盡淸鍾山欲靜

한승(寒僧)은 지팡이를 짚고 문에 기대여 웃고 있네.　　　寒僧扶杖笑依門

송광사(松廣寺) – 율정(栗汀) 허강(許綱)

거듭 서봉(西峰)을 밟아 옛 있든 곳 찾으니　　　重踏西峰訪舊捿

한종(寒鍾)이 은은하게 청계(淸溪)를 건너네.　　　寒鍾隱隱渡淸溪

사는 중은 밤에는 백운(白雲)과 같이 자고　　　居僧夜與白雲宿

행객(行客)은 가을에 홍엽(紅葉)에 글쓸 것을 찾네.　　　行客秋尋紅葉題

혜월(慧月)은 공중(空中)에 뜨니 삼계(三界)가 고요하고　　　慧月當空三界靜

연화(蓮花)는 탑(塔)에 솟으니 사산(四山)이 나지막하네.　　　蓮花湧塔四山低

선장(仙庄)을 한 번 만나니 참으로 기절(奇節)한데　　　仙庄一會眞奇絶

다만 귀공(歸笻)이 마침내 가즈런하지 못함을 한(恨)하노라.　　　只恨歸笻竟未齊

연자루(燕子樓) – 해파(海坡) 허순(許洵)

백척홍란(百尺紅欄)이 벽류(碧流)를 굽어보니　　　百尺紅欄俯碧流

산천이 그림같아 웅주(雄州)를 진압하네   山川如繡鎭雄州

군현(羣賢)의 사묵(沙墨)은 벌레가 벽(壁)에서 나오고   羣賢沙墨虫生壁

일기(一妓)의 밝은 단장 제비가 누(樓)에 있네   一妓明粧燕在樓

강초(江草)는 봄이 깊으니 이별이 한스럽고   江草春深離別恨

성화(城花)는 피고지고 고금(古今)의 수심(愁心)이네.   城花開落古今愁

풍류(風流) 천재(千載) 정(情)이 모인 곳에   風流千載鍾情處

문인으로 하여금 백두(白頭)에 울지 말게하라.   莫使文人泣白頭

연자루(燕子樓) - 연호(蓮湖) 허석(許錫)

3월 강남(江南) 연자루에   三月江南燕子樓

도화(桃花)는 피고지고 물은 동으로 흐르네   桃花開落水東流

연가(烟霞)가 땅을 덮으니 봄이 바다 같고   烟霞漲地春如海

노래북이 사람을 머물게 하니 달은 물가에 가득하네.   歌鼓留人月滿洲

꿈 속에서 우연히 오늘의 즐거움을 이루고   夢裡偶成今日樂

흥이 옴에 다시 옛날 놀음을 생각하네   興來復憶昔時遊

가인(佳人)은 이미 늙고 현랑(賢郎)은 갔으니   佳人己老賢郎去

세초(細草)가 해마다 객(客)의 수심(愁心)을 부르네.   細草年年喚客愁

양사재 (養士齋) - 정간처사(靜簡處士) 21세손 허정(許梃)

목목(穆穆)한 여러 군자(君子)는   穆穆衆君子

일제히 글방에 갈 것을 약속하고   齊赴黌堂期

현가(絃歌)로 행적을 버린 지 오래니   絃歌久已轍

어찌 무성(武城)의 원님에 등용되리   焉用武城候.

때문에 우리가 학문을 익힘은   所以講吾學

오직 그것을 잃을까 두려워함이네.   惟恐或失之

양양(洋洋)한 성현(聖賢)의 가르침은   洋洋聖賢謨

방원(方圓)이 다 여기에 있네.   方圓俱在玆

기쁘게 글 읽는 소리가 들리면   欣聞讀書聲

관동(冠童)이 줄줄이 성하고   冠童列祁祁

아름답게 고협(鼓篋)하는 생도(生徒)는   斐然鼓篋徒

다듬은 옥의 모습이 아님이 없네.   無非琢玉姿

길이 탄탄한 대학(大學)과 소학(小學)을   道坦大小學

용감히 정진하면 마땅히 때에 미칠 것이며   猛進宜及時

명훈(明訓)은 논어(論語)와 맹자(孟子)를 본받고   明訓體語孟

깊은 뜻은 자사(子思)를 증험(證驗)하라.   奧義證子思

그런 뒤에 상하(上下)로 바탕을 삼고   然後姿上下

주역(周易)과 서경(書經)과 시경(詩經)을 익히라.   太易與書詩

학문을 진실로 이처럼 하면   爲學固如許

선각(先覺)을 어찌 완전히 업신여기겠는가?   先覺豈全欺

오래도록 쌓은 도(道)는 절로 드러나   積久道自顯

방촌(方寸)이 엄한 스승이 되리.   方寸是嚴師

오랑캐도 오히려 행단(杏壇) 옆에 있거늘   夷猶杏壇側

하물며 안자(顔子)와 증자(曾子)를 따르는 사람임에랴!   況與顔曾隨

세대가 멀수록 사모(思慕)함이 더욱 깊고   世遠慕逾深

늦게 태어난 이는 어게 따를까 한탄하는데   生晚恨何追

태산(泰山)에 올라 바라보면   欲登泰山望

천하(天下)가 마침내 누구에게 속했겠는가?   天下竟屬誰

추로(鄒魯)도 또한 성진(腥塵)이니   鄒魯亦腥塵

우리의 길이 진실로 여기에 있도다.   吾道諒在斯

시를 써서 한 생각을 펴고   題詩一攄懷

다시 잠규(箴規)로 삼기를 부탁하네.　　　　　　　　　　聊復托箴規

근차황후(謹次黃候) - 21세손 허정(許棖)

백우(百憂)가 병(病)이 되어 고치기 어렵도다	百憂成病劇膏盲
뿌리가 심두(心頭)에 의거하여 구장(九腸)을 격하네.	根據心頭激九腸
일에 임함에 정신이 산란하고	臨事精神多怳惚
사람을 접함에 언어가 너무 전광(顚狂)하다	接人言語太顚狂
화타(華陀)나 편작(扁鵲)이 모두가 기술이 없고	華陀扁鵲俱無術
옥찰(玉札)과 단사(丹砂)도 이미 기이한 방법이네	玉札丹砂已乖方
오직 성문(聖門)에 존양하는 방법이 있으니	惟有聖門存養法
복용하면 가히 정상으로 회복하리라.	服之可以復其常

유상곡수(流觴曲水) - 21세손 허정(許棖)

작은 개울 모퉁이에 고대(古臺)가 솟아 시원한데	古臺森爽小溪隈
끝없이 맑은 물이 굽이굽이 돌아 흘러	無限淸流曲曲回
시 한 수 술 한잔에 즐거움을 더하는데	一詠一觴猶可樂
고운(孤雲)은 무슨 일로 거듭 오지 않은가?	孤雲何事不重來

육충각기(六忠閣記)

오호(嗚呼)라 임진왜란(壬辰倭亂)을 어찌 차마 말하리오. 충신(忠臣)과 열사(烈士)가 왕래(往來)가 빈번할 때에 통훈대부(通訓大夫) 웅천현감(熊川縣監) 허공(許公) 일(鎰) 같은 분이 그 중의 한 분이다. 젊어서부터 대지(大志)가 있어 여력(膂力)이 절륜(絕倫)하니 이충무공(李忠武公) 분진(分陣)을 쫓아 연첩(連捷)하였고 또 김건재(金健齋) 막하(幕下)에 달려가 진양성(晉陽城)을 지키다가 굴복(屈服)치 않고 죽으니 그 아들 증(增)과 원

(垣)과 곤(坤)과 은(垠)과 탄(坦)이 여병(餘兵)을 수습(收拾)하여 한산(閑
山)에 이르러 여러 번 공(功)을 세우고 힘이 다하여 죽으니 부자(父子)가
모두 선무훈(宣武勳)에 기록(記錄)되었으며 장사는 의금(衣禽)뿐이요. 제
(祭)는 단(壇)뿐이니 백세(百世)의 아래 지나는 사람 또한 눈물을 흘려 공
경하고 조두(俎豆)할 겨를이 없은지 오래다. 근년(近年)에 기송사(奇松沙)
우만(宇萬)이 그 글을 찬하여 비(碑)를 세우니 이미 아름다움을 다했다.
그러나 단(壇) 아래 또 창렬사(彰烈祠)가 있다. 그러나 사기(祠記)를 아직
겨를 없었는데 또 내게 기(記)를 청하니 내가 어찌 감히 쓰리오. 하물며
공(公)같은 분은 사기(史記)에 마땅히 전할 것이다. 또한 어찌 췌설(贅說)
을 하리오. 그 입근(立懂)한 곳에 나아가 제사지내면 사우(祠宇)니 또한
가히 기(記)가 없을 수 없으니 살필지어다. 그 일을 주간(主幹)한 자는 공
의 후손(後孫) 방(彷)과 책(策)이요. 주창자(主唱者)는 당(鐺)과 총(銃)과
영석(永錫)과 경(鏡)이니 방손(傍孫)이다.

을미중하지절(乙未仲夏至節) 참판(參判) 해평(海平) 윤영구(尹寧求) 찬(撰)

송헌기(松軒記)

무릇 초목(草木) 가운데 솔이 군자(君子)가 되니 군자인(君子人)이 반드
시 사니 솔이 정직(貞直)하지 않으면 초목(草木) 가운데 우열(優劣)함이
없을 것이요 사람이 청결(淸潔)치 못하면 가히 표준군자(標準君子)의 사람
이라 하리오 사람이 솔이 아니니 그 청결(淸潔)한 지조(志操)는 솔의 솔이
요 솔이 그 사람이 아니니 그 정직(貞直)한 절조(節操)는 사람의 사람이라
말하되 우리 참봉(參奉) 배공(裵公)은 또한 사람 가운데 솔이요 솔의 군자
(君子)다 송헌(松軒)이라 한 것은 송령(松靈)이 은근이 매곡당(梅谷堂)을
가리킨 것이니 매곡당(梅谷堂)은 친히 손수 써서 남긴 것이다. 진실로 군
자인(君子人)이 부송(符松)치 않았다면 진실로 신험(神驗)이 이와 같으리

오 지난 임진왜적(壬辰倭賊)이 감히 송헌동(松軒洞)을 범(犯)하지 못했으니 반드시 송령(松靈)이 불상(不祥)을 가금(呵禁)했으며 그때 적(賊)의 괴수가 망배(望拜)하고 자취를 감추고 갔으니 이 매곡당(梅谷堂) 정기(正氣)가 세상(世上)이 다 되도록 없어지지 않은 것이다 송헌공(松軒公)이 이미 송령(松靈)의 격명(格明)을 얻었고 또 매곡당(梅谷堂) 정기(正氣)를 받았으니 그가 군자인(君子人)이 아니겠는가? 성하도다 송헌공(松軒公)의 경학(經學)과 도덕(道德)이 일유강남(一囿江南)을 창도(倡導)하니 묻지 않아도 가히 선생(先生)의 송풍상설(松風霜雪)이 둘다 사시(四時)에 변하지 않음을 알았으니 그런 후에 군자송(君子松)이 될 것이오 그런즉 호(號)를 새김에 마땅이 선생송(先生松)이라 하랴 불가(不可)하다 아니 군자송(君子松)이라 하랴 불가(不可)하다 송헌(松軒)의 이대자(二大字)는 신인(神人)이 가리킨 바이오 매곡당(梅谷堂)은 수택(手澤)이 아직도 새로워 비로소 너의 아름다움을 주어 유방백세(流芳百世)토록 불오(不朽)한 것이다. 살기를 어찌 솔이 있는고 이것이오 사람이 어찌 헌(軒)에 있는고 이것이다 내가 다행이 덕린(德隣)을 맺어 세래(世來)의 후의(厚誼)를 타화(打話)하니 아름답도다 그 솔이 마음 속에 얻어 피외(皮外)에 있지 않음을 사랑하노라

세지중추소망(歲之仲秋小望) 연파(蓮坡) 허건(許鍵) 기록하노라

2)『승평지』인물조

중간승평지(重刊昇平志) - 1729년

인물(人物)

허일(許鎰) - 임진계사(壬辰癸巳)년의 왜변(倭變) 때 웅천(熊川) 현감(縣監)으로서 진주에서 절사(節死)했다. 선조조(宣祖朝)에 형조참의(刑曹參議)로 포증(褒贈)되었다.

신증승평지(新增昇平志)

인물조(人物)

허일(許鎰) – 중간승평지와 내용 동일.

향신(鄕紳)

허희인(許希仁) – 양천인(陽川人)이다. 호가 반구정(伴鷗亭)이다. 문정랑(文正郞) 휘(諱) 온(溫)의 손자다. 무(武)로 행 무안현감(務安縣監)을 지냈다.

허경(許鏡) – 양천인(陽川人)이다. 호가 장암(莊庵)이다. 강호공(江湖公) 엄(淹)의 아들이다. 일찍이 무과에 올라 임진년에 장연(張淵) 현감으로서 삼등훈(三等勳)에 책정되어 특별히 익사원종록(翼社原從錄)이 하사(下賜)되었으나 경주판관(慶州判官)에 그쳤다.

허엽(許傑) – 양천인(陽川人)이다. 호가 만각재(晩覺齋)다. 첨추(僉樞) 전(銓)의 현손이다. 영조(英祖) 때 무예로 선전관(宣傳官)과 훈련 주부를 지냈다.

음사(蔭仕)

허함(許錩) – 양천인(陽川人)이다. 문경공(文敬公) 공(珙)의 구세손(九世孫)이다. 선조조(宣祖朝)에 학행으로 천거(薦擧)되어 특별히 사옹원(司饔院) 참봉에 제수되었다. 판서 윤용출(尹用朮)이 비명을 찬술했다.

허탁(許鐸) – 양천인(陽川人)이다. 문학으로 현감이 되었고 영(英)이 증손인데 사옹원(司饔院) 참봉이다.

사마(司馬)

허엄(許淹) – 양천인(陽川人)이다. 호가 강호(江湖)이며 모재(慕齋) 김

선생의 문인(門人)이며 현감 희인(希仁)의 아들이다.

허표(許澋) - 양천인(陽川人)이다. 비인(庇仁) 현감 영(瑛)의 손자다. 구지(舊志)에 표(氵豹)는 잘못 적은 것이다.

행의(行誼)

허정(許根) - 양천인이다. 자가 여강(汝剛)이며 호가 정간재(靜簡齋)이며, 현감 희인(希仁)의 현손이다. 천자수온(天資粹溫)하고 어버이를 섬겨 지극히 효도했다. 거상유례(居喪踰禮)하고 몸가짐이 규율과 교양이 있었다. 친척간에 사이가 없었다. 친지가 옴에 따라 땅을 떼어 주어 이웃 마을에 살게 했고 병들고 굶주리고 도망간 사람에게 참(驂)해 구제했다. 마을 사람들이 거듭 추천해 오천(鰲川) 한백유(韓伯愈)가 그 행장(行狀)을 쓰고 조현범(趙顯範)이 시를 찬(撰)했다.

문학(文學)

허탁(許倬) - 양천인(陽川人)이다. 자(字)가 대백(大伯)이고 호가 용강(龍岡)이다. 문경공(文敬公) 공(珙)의 십삼세손(十三世孫)인데 성품이 본디 강직절륜(剛直絕倫)해, 스스로 지켰다. 그 때 남들이 세속에 따라 높이고 낮추어 명예를 요한 것을 보고 매우 부끄럽게 여겼다. 평생 동안 몸가짐이 한 가지도 옳지 않음이 없었다. 손자 규(山奎)도 문학과 돈목(敦睦)으로 이름이 일컬어졌다.

허입(許岦) - 양천인이다. 자가 경준(景峻)이고 호가 양호재(兩湖齋)인데 시남공(市南公) 협(綌)의 증손이다. 문필(文筆)이 풍족하고 고우며 조행(操行) 탁이(卓異)해 과업(科業)에 생각을 끊고 궁호(弓湖) 가에 숨어 살았다. 행의록(行誼錄)이 있다. 학행으로 향도천(鄕道薦)이 있다. 손자 함(菡)도 문학과 효행이라고 이름이 일컬어졌다.

효행(孝行)

허협(許絏) − 양천인이다. 자는 중휘(重輝)이고 호가 시남(市南)이며 주부(主簿) 건(鍵)의 증손이다. 현종 정묘년에 태어났다. 평소에 안으로 덕용(德容)을 확연히 하고 밖으로 어버이를 섬기는 정성을 넉넉하게 지켰는데 천성에서 나온 것이다. 어머님이 병으로 위독함에 손가락을 찢어 피를 흘려 넣었고 상을 당해 유례(踰禮)해 파리해졌다. 지극한 덕과 아름다운 행실로 조현범이 행장을 찬술했고 조기하(趙器夏)가 치하했다. 제문 가운데 상세히 실려 있다.

허비(許備) − 양천인이다. 호가 백졸(百拙)이며 예문제학(藝文提學) 완(完)의 십일세손(十一世孫)이다. 평생에 행실을 닦아 몸을 삼가 바르게 했다. 어버이를 섬김에 정성스레 공경했고 손아래 누이 부부와 같이 살았으며 정과 사랑이 매우 두터워 여러 종씨의 가난한 집을 구제했으며 나그네를 불쌍히 여겨 도와 주었다.

승평속지(昇平續誌) − 1898년

명환(名宦)

허집(許集) − 양천인. 초당공(草堂公) 엽(曄)의 후예다. 이치(莅治)를 여러해 해 백가지를 폐한 일을 다 일으키니 이속(吏屬)이 그를 두려워했고 밝은 백성들이 그 덕을 그리워해 거사비(去思碑)를 세웠다.

사마(司馬)

허온(許溫) − 양천인이다. 성종조(成宗朝)에 문과(文科)에 급제했다.

허전(許銓) − 양천인이다. 충훈(忠勳)편에 나타나 있다.

허온(許溫) − 양천인인 문경공(文敬公) 공(珙)의 오세손이다. 학문(學

文)이 아중(雅重)하고 풍의(風儀)가 남을 움직이어 나라에 삼달(三達)한 분이라고 일컬었다. 성종조에 이조정랑(吏曹正郎)을 지냈다.

허영(許瑛) - 양천인이다. 자는 가패(可珮)이며 정랑(正郎) 온(溫)의 아들이다. 성품이 충후(忠厚)해 배움이 넉넉하고 덕을 이루었다. 어버이를 섬겨 효도하고 임금을 섬겨 충성했다. 중종조에 행 비인현감(行庇仁縣監)을 지냈다.

무과(武科)

허감(許堪) - 양천인이다. 호가 수암(守庵)이며 현감 경(鏡)의 아들이다. 선조 때 벼슬이 선전(宣傳)이다.

허장(許樟) - 호가 인당(忍堂)이고 양천인. 현감 경(鏡)의 손자다. 인조 때 선전관이며 고신교위(顧信校尉)를 지냈다.

허즙(許楫) - 양천인. 참봉 함(鍼)의 손자다. 인조 때 만호를 지냈고 벼슬이 통정부호군(通政副護軍)이다.

허정(許聚) - 일명(一名) 간(暕)이고 자가 명초(明初)이며 양천인. 현감 경(鏡)의 칠세손이다. 철종 때 행 선전관을 지냈다.

음사(蔭仕)

허희린(許希麟) - 자가 언서(彦瑞)이고 양천인. 교위(校尉) 형(亨)의 아들이다. 재덕(才德)을 겸비해 그 때 사림(士林)들이 삼망(三望)의 후보자로 추천해서 성세(聖世)에 교도(敎導)로 쓰임으로서 의방(義方)과 충효(忠孝)를 집안에 전했다. 인종 때 돈용교위(敦勇校尉)를 지냈고 좌찬성에 추증되었다.

허혼(許渾) - 양천인. 교위 희린(希麟)의 아들이다. 성품과 도량이 온후하고 의를 행하며, 근신(謹愼)하고 우애가 아주 독실했다. 선조 때 호조

참판에 추증되었다.

허령(許鈴) - 양천인. 교위공(校尉公) 희린(希麟)의 손자다. 선조 때 종옹원(宗饔院) 봉사(奉事)다.

허증(許增) - 양천인. 참의공 일(鎰)의 아들이다. 선조 때 훈련판관이며 아우 주부(主簿) 원(垣)과 임진년에 순절(殉節)했다.

허곤(許坤) - 양천인. 참의공 일(鎰)의 아들이다. 선조 때 함흥부 판관인데 아우 은(垠), 원(垣)과 임진년에 순절했고 삼등훈 녹권(三等勳錄券)에 책봉되었다.

허유(許壝) - 자가 자유(子裕)이고 양천인. 강호공(江湖公) 엄(淹)의 손자다. 기개와 도량이 청숙(淸淑)하고 부모에게 공양하며 효도했다. 맏형과 중형과 젓대(塡篪)를 불어 즐거이 화답했다. 선조 때 통덕랑(通德郎)이다.

허융(許絨) - 자가 천기(天機)이고 양천인. 윤(鈗)의 증손이다. 인조 때 사옹원(司饔院) 봉사이고 벼슬이 선무랑에 이르렀다.

허결(許結) - 양천인. 참의공 일(鎰)의 증손이다. 인조 때 전력부교위(殿力副校尉)다.

허동(許銅) - 양천인. 통정공(通政公) 잠(潛)의 아들이며 가선(嘉善) 동중추(同中樞)이다.

허순(許珣) - 양천인이다. 정종 때 절충첨지(折衝僉知) 중추부사이다. 문학편에 보인다.

허강(許玒) - 양천인이다. 현종 때 가선 동중추이다. 행의편에 보인다.

허종(許樅) - 자가 흥경(興慶)이고 양천인. 사직(司直) 엄(儼)의 손자다. 영종 때 통정대부 부호군이다.

허육(許堉) - 양천인이다. 현종 때 가선이며 동중추부사이다. 행의편에 보인다.

허호(許壕) - 양천인. 통정공 업(僕)의 손자인데 순조 때 기미년에 태어났다. 천성이 순후(純厚)해 어버이를 섬겨 지극히 효도했고 형제와 우애가 아주 독실해 즐거움에 빠졌다. 헌종 때 가선(嘉善) 동중추다.

허현(許眩) - 자가 원일(源日)이고 호가 백인당(百忍堂)이며 양천인. 시남공(市南公) 粲의 현손이다. 마음가짐이 공평했으며 아들을 가르침에 법도가 있었다. 산수에서 노닐었다. 고종 때 통정대부 부호군이다.

허훈(許曛) - 자가 훈지(訓之)이고 양천인. 참봉 함(鍼)의 칠세손인데 고종 때 통정 절충장군 부호군이다.

허식(許識) - 자가 경복(敬馥)이고 호가 매호(梅湖)이며 양천인. 매촌(梅村) 함(鍼)의 아우다. 순조 때 임진년에 태어났다. 어버이를 섬겨 고기를 낚아 맛있는 음식을 공양했는데 해질녘에 배티재(舟峙)를 넘을 때 호랑이가 앞을 인도했다. 고종 때 통정대부다.

허사(許蕙) - 양천인이며 고종 때 통정대부다. 행의편에 보인다.

인물(人物)

허희인(許希仁) - 자가 백인(伯仁)이고 호가 반구정(伴鷗亭)이며 양천인. 교위(校尉) 형(亨)의 아들인데 성품과 도량이 관후(寬厚)하고 효우(孝友)를 겸해 지극히 하며 집안에 살면서는 부지런하고 검소했고 벼슬에 임하여서는 염근(廉謹)했다. 인종 때 기유년에 무과에 급제해서 벼슬이 훈련원(訓鍊院) 서부(西部) 주부(主簿) 사헌부(司憲府) 감찰 조봉대부 행 무안(行務安) 현감이 되었다. 옛날의 순리(循吏)의 풍(風)이 있었다. 고장 사람들이 비를 세워 덕을 칭송했다. 고향으로(강호) 돌아가는 시를 읊었는데 정자를 옥계(玉溪)인 동천(東川)가에 짓고 반구정(伴鷗亭)이라 편액(扁額)하고 기(記)를 짓고 그 정자를 이름한 의의를 기록했다. 그리고 소요자적(逍遙自適)했는데 구암(龜岩) 이(李) 선생 정(楨)이 여러 차례 그의 머무름을 알고 탄식했다. 고덕(高德)이 자주 그 정자의 운(韻)을 따고 그 행장을 아울렀다. 구지(舊志)의 향신(鄕紳)에 보인다.

허엽(許傑) - 자가 사혁(士奕)이고 호가 만각재(晩覺齋)이며 양천인. 정간공(靜簡公) 정(根)의 손자인데 숙종 때 계미년에 태어났다. 성품이 본디 강직하고 기국(器局)과 도량이 매우 깊었다. 집안의 가르침을 잘 이어받아 정성스레 효도하고 두텁고 지극했다. 거상(居喪)에 예로 넘겼으며 우애가 독실하여 지극했고 종가(宗家)가 모두 화합했다. 문사(文辭)가 풍족하고 고와 장차 크게 세상에 쓰일 듯 했는데 시대의 미움을 받았다. 그러므로 높은 벼슬에 나아가려는 뜻은 없어지고 오직 고인(古人)들의 소영(所詠)과 지인(至人)들이 귀히 갈무리한 휘호(揮毫)의 시를 읊음으로서 스스로 생을 마치었다. 가계(家計)는 두려워 머리를 움츠리고 영광의 길은 임천에 숨어 세상에 나타나지 않았다. 작은 재(齋)를 궁호(弓湖) 가에 짓고 아우 원(偵), 심(心)과 피리(塤篪)를 불며 화합을 즐겼다. 수고롭게 경영하며 아들과 손자들을 위하는 꾀가 너그러웠다. 그 편액(扁額)을 만각(晩覺)이라 했는데 지부(知府) 이종병(李宗秉)이 제(題)하였고 자주 다니며 말하기를『오십살이 사십구 살의 그릇됨을 아는 것인데 줄곧 공(公)은 허물을 능히 적게 했다. 지금이 옳고 지난 날이 그릇됨을 깨달아 도령(陶令)의 바람이 어김이 없었다.』고 했다. 영묘(英廟) 을묘년에 무과에 올라 선전관 훈련원 주부가 되었으며 늙어서 통정 부호군에 승격되었다. 성재(性齋) 허(許) 선생의 전(傳)에 시화(詩和)가 잇고 참판 윤영구(尹寗求)가 기술했다.

허엄(許儼) - 자가 군찰(君察)이고 양천인. 노정공(蘆汀公) 잠(潛)의 오세손이며 영종(英宗) 때 무과에 올라 형 보(保)와 쌍벽을 이루었다. 벼슬이 부사직(副司直)이며 성품이 깨끗하고 소광(疎曠)해 산업에 대해서는 경영하지 않았다. 조금이라도 남음이 있다면 자주 베풀어 주었다. 친척과 지구(知舊)가 힘입어 구제되어 살아남이 있었고 남의 허물이 있는 것을 보면 이치에 의거해 좋은 말로 꾸짖어 따뜻한 기색으로 화하여 듣는 사람이 스스로 그 과오를 깨달아 물러나고 성낸 말이 없었다. 마을 사람들이 경모(敬慕)해 오래도록 숭상했다. 소와(素窩) 허찬(許巑)이 묘갈(廟碣)을 찬술했는데『반필(班筆)의 뜻을 버림이 멀고 빙전(憑顚)의 늙은 목음이 어지럽다. 사사로움을 경영함에 부지런하지 않으며 책선(責善)에 절절(切切)하기를 좋아했으니 족히 향방(鄕邦)의 언사(彦士)가 됨직하다.』라고 했다.

충절(忠節)

허일(許鎰) - 자가 여중(汝重)이고 창천인 호조참판 혼(渾)의 아들이다. 어려서부터 강개(慷慨)해 큰 절의와 용기가 있었다. 선조 기유년에 무과에 올라 여러차례 옮겨 웅천(熊川)현이 되어 임진년에 이순신 충무공의 막하를 쫓아 진(陣)을 분담해 여러 차례 이겼고 김건재(金健齋) 막하에서 진양성을 제공(諸公)과 같이 지키다가 순절(殉節)했다. 일등훈(一等勳)에 책정됐고 아들 증(增), 원(垣), 곤(坤), 은(垠), 탄(坦)이 (十四자 삭제) 여러 차례 공을 세우고 같이 순의(殉義)했다. 부자가 함께 선무훈(宣武勳)에 기록되었다. 증 형조참의이며 숙종 때 충렬사(忠烈祠)에 배향됐으며 사실이 호남절의록에 실려 있다. 송사(松沙) 기우만(奇宇萬)이 설향(設享) 비명(碑銘)을 찬술했고 참판 윤영구(尹甯求)가 육충문(六忠文)을 찬술했다.

허경(許鏡) - 자가 여명(汝明)이고 호가 장암(莊庵)이며 양천인 강호공(江湖公) 엄(淹)의 아들이다. 어려서부터 마음이 넓고 뜻이 굳세고 대절(大節)이 있었다. 선조 때 무과에 올라 선전관으로서 내금위(內禁衛) 훈련 어모장군(禦侮將軍) 전라 우후(虞候), 경주 판관, 장연 현감을 지냈으며 임진년을 당해 어가(御駕)를 용만까지 호종했고 아우 찰방 전(銓), 종제 동(銅)과 같이 의기(義旗)를 일으키고 위태롭게 갈무리해 곡식을 수했고 싸워 번번히 공을 세웠다. 삼등훈(三等勳)에 책정되어 익사원종(翼社

原從) 녹권(錄券)을 하사받았다. 비명(碑銘)에 『굳세고 강한 모습 백중한 의기는 만부(萬夫)의 용맹(勇猛)인데 반짝반짝 나는 모습 녹권(錄券)주어 장려하니 나라의 간성으로 백세토록 유명하다.』라고 했다. 사실이 충의록(忠義錄)에 실려있다. 오천(鰲川) 한백유(韓伯愈)가 그 행장을 찬술했다.

허전(許銓) — 자가 여평(汝平)이고 호가 송암(松庵)이며 양천인. 강호공 엄(淹)의 아들이다. 타고난 모습이 탁이(卓異)하고 마음이 활달하여 자잘한 일에 구애받지 않고 평생 나라를 걱정하고 봉공(奉公)하는 일을 자기 소임으로 삼았다. 선조 때 생진별제(生進別提)해 성현(省峴) 찰방에 제수되었다. (十九자 삭제) 특별히 청주 영장을 제수했으며 첨중추에 승격되었다. 대체로 분충(奮忠)과 적개(敵愾)가 난형난제(難兄難弟)라 이를만 했다. 오천(鰲川) 한백유가 행장을 찬술했고 소와(素窩) 허찬(許巑)이 묘갈명(墓碣銘)을 썼다.

허동(許銅) — 자가 여계(汝啓)이고 양천인 통정(通政) 잠(潛)의 아들이다. 지절(志節)이 강개(慷慨)하고 몸이 튼튼하고 용맹(勇猛)스러웠다. 선조 때(二十자 삭제) 여러 차례 기이한 공을 세우고 특별히 사용원(司饔院) 주부를 제수받았다. 무정공(武靖公) 성윤문(成允文)이 그 절조(節操)를 칭찬하고 상을 주었다.

허증(許增) — 양천인 참의공 일(鎰)의 아들이다. 선조 때 함흥판관이며 (十八자 삭제) 마침내 순의(殉義)했고 여러 차례 기이한 공을 세웠다.

허곤(許坤) — 양천인 참의공 일(鎰)의 아들인데 선조 때 훈련원 판관이 되었고(十七자 삭제) 마침내 순의(殉義)했다. 원종삼등훈(原從三等勳)의 녹권(錄券)이 책정되었다.

유일(遺逸)

허형(許亨) — 자가 통지(通之)이고 호가 세수재(世守齋)이며 양천인 문경공(文敬公) 공(珙)의 육세손이다. 중종 때 여절교위(勵節校尉)였는데 대대로 서울의 연지동(蓮池洞) 교외(郊外)에 살았다. 문정공(文靖公) 침(琛)과 서로 심사(心事)를 의논했다. 그 때 연산군이 훼개(燬改)해 문정공(文貞公)이 광구(匡救)할 수 없게 되니 울분으로 병을 얻어 죽었다. 장인 진사 박증손(朴曾孫), 아우 현감 영(瑛)과 화를 피해 순천부 옥계리(玉溪里)로 자취를 감추었다. 도(道)를 강하고 뜻을 즐기며 '세수(世守)'라고 자기가 사는 재에 편액을 붙였다. 삼종손(三從孫) 판서 굉(硡)이 그 재(齋)에 시를 읊었는데 아마 문정공의 충효 두 글자의 유훈(遺訓)의 뜻을 대대로 지켜왔기 때문이리라. 매일 일찍 일어나고 의복과 의관을 바르게 하여 방책(方策)을 경대(敬對)하며 회심처(會心處)에 이르러서 기뻐해 밥먹을 줄도 몰랐다. 고을의 선비와 뛰어난 젊은이들이 문하로 많이 와서 수학(受學)했는데 사도(師道)가 엄립(嚴立)해서 유풍(儒風)이 크게 일어났다. 선조 때 승정원 좌승지에 추증(追贈)되었고 판서 윤용구(尹用求)가 묘갈명(墓碣銘)을 찬술했다.

허엄(許淹) - 자가 구숙(久淑)이고 호가 강호(江湖)이며 양천인 현감 인(仁)의 아들이다. 자태와 품성이 청수(淸粹)하고 효우근천(孝友根天)했으며 재예(才藝)가 절륜(絶倫)했다. 자기 스스로 배움에 뜻을 갖고 모재(慕齋) 김선생의 문하(門下)에서 수업(受業)했다. 거처(居處)는 공경으로서 하고 동지(動止)는 예로 했다. 산림(山林)에 중망(重望)이 있었다. 선조 무진년에 생원시(生員試)에 급제했다. 부의 서쪽 옥천에 임청대(臨淸臺)가 있다. 아마 김한훤(金寒暄) 선생, 조매계(趙梅溪) 선생이 귀양살이를 할 때 노닐며 쉬든 곳이다. 공은 배매곡(裵梅谷) 숙(璹), 청사(菁沙) 정소(鄭沼), 정포당(鄭圃堂) 사익(思翊)과 날마다 그 속에서 살며 학문을 논하고 일컬었다. 구암(龜岩) 이정(李楨)이 부사로 부임함에 미쳐 공이 틈을 내어 찾아뵙고 질의해 자질이 더욱 으뜸되어 향학(鄕學)을 떨쳤다. 그 뒤로 경현당(景賢堂)을 수선하는 일을 잘 다스렸다. 사실이 경현록에 실려 있다. 현풍(玄風) 곽진(郭趁)이 행장을 찬술했고 소와(素窩) 허찬(許欖)이 갈명(碣名)을 지었다.

허잠(許潛) - 자가 명숙(明叔)이고 호가 노정(蘆汀)이며 양천인 교위 희린(希麟)의 아들이다. 중종 때 계사년에 태어났다. 더벅머리 때부터 배워 천인성명(天人性命)이 쌓이어 향방(鄕邦)에서 호남의 군자라 일컬었다. 형제 다섯이 한 집에서 같이 살며 편액하기를 무유당(無猶堂)이라 하고 형이 무유(無猶)하고 아우가 무유(無猶)하다. 누가 유(猶)라 하리하고 약기(略記)했다. 선조 때 갑오년에 처음으로 벼슬을 해 통정대부 행 내금위(行內禁衛)였다. 이듬해 상소하여 사퇴하고 고향에 돌아와 탄식하여 말하기를 『오히려 홍은(洪恩)을 입고 위국(衛國)의 정성을 다하지 못하고 저녁이면 동강(桐江)을 그리워했다. 또 한가닥 초하의 바람이 있어 당형(堂兄) 강호공(江湖公)을 스승으로 삼아 전언(前言)과 왕행(往行)을 낙문(樂聞)했다.』고 했다. 소와(素窩) 허엄(許儼)이 갈명(碣銘)을 찬술했다.

허택(許澤) - 자가 혜숙(惠淑)이고 양천인 예문제학(藝文提學) 완(完)의 육세손이다. 태어날 때부터 뛰어난 재주가 있었고 당형(堂兄) 강호공(江湖公) 엄(淹)에게 가훈(家訓)을 익혀 학업이 굉장히 넓고 덕망이 있어 높이 받들어 귀이 여기게 되었고 무리들이 모두 시에 탄복했다. 문인이라면 다투어 암송해 남주(南洲)의 사우의 모범이 되었다. 선조 때 통훈(通訓) 사옹원(司饔院) 봉사였으며 뒤에 현감에 제수되었다. 손자 평(棟) 동(棟) 규(圭) 후(垕) 돈(敦)이 유훈(遺訓)에 독실했고 마음을 쏟아 쉴 사이없이 학업에 열심해 삼문이필(三文二筆)로 세상에서 일컬었다.

허건(許鍵) - 자가 여수(汝守)이고 호가 연파(蓮坡)이며 양천인 노정공(蘆汀公) 잠(潛)의 아들이다. 명종 때 을묘년에 태어났다. 천성이 아정(雅靜)했으며 일찍이 시예(詩禮)의 교훈을 이어받아 뜻을 단단히 하고 힘써 배워 남쪽 고을의 사림의 모범이 되었다. 경현당을 중수했고 유풍(儒風)을 크게 떨쳤으며 팔마비를 중수 고적(古蹟)했다. 지부 이수광 지봉(芝峯)이 그의 고적을 좋아하고 유(儒)를 숭상하는 지극한 행실을 가상하게 여겨 그 전말을 상세히 기술했다. 임진년 변란에 당형(堂兄) 일(鎰)을 따라 같이 협찬할 것을 꾀하고 경장수곡(傾藏輸穀)하여 여러 차례 기이한 공을 세워 선조 때 특별히 사옹원(司饔院) 주부에 제수되었다.

허함(許鋡) - 자가 자정(子精)이고 양천인 예문제학 완(完)의 칠세손이다. 명종 임술년에 태어났다. 천성이 순후(純厚)하고 동작에 의표(儀表)가 있었다. 가훈을 잘 이어받아 전심(專心)하여 독실하게 배웠으나 영리(榮利)를 바라지 않았다. 종숙 강호공을 스승으로 섬겨 조예정심(造詣精深)하고 수신제가해 산림(山林)에 숙망(宿望)이 있었다. 선조 때 학행으로 천거되어 특별히 장사랑(將仕郎) 군자감(軍資監) 참봉에 제수되었다.

허정(許根) - 자가 여강(汝剛)이고 호가 정간재(靜簡齋)이며 양천인 첨추(僉樞) 전(銓)의 손자다. 천자(天姿)가 순온(純溫)하고 집안을 다스림에 예의가 있었다. 어버이를 섬겨 정성을 다했고 초상(初喪)과 장례에 예절을 지켰다. 학문(學文)이 굉장히 넓었으며 관곡(寬谷) 최서림(崔瑞琳)에게 종유(從遊)하며 더욱 경의(經義)를 연구했고 오천(鰲川) 한백유(韓伯愈)가 이 고을의 훈도가 되니 공을 따라 강학(講學)했으며 공(公)이 죽으매 그 행장에 효도하고 공손하며 충성하고 신의가 있었다. 천성의 타고난 바가 이렇게 어질고 용모와 기지 십이년 동안 동골육친(同骨肉親)을 보듯 정의(情意)가 얽혔고 간정(簡靜)을 좋아하며 천연(天然)히 은군자(隱君子)였다. 아 슬프다 어르신이 이미 가셨다 다시 덕음(德音)을 이을수 없다고 했다.

허원(許援) - 자가 이중(履仲)이고 호가 죽헌(竹軒)이며 양천인이다. 현종(顯宗) 계축년에 태어났다. 천자(天姿)가 관후(寬厚)하고 성품과 도량이 자양(慈養)해 남에게 다투어 베풀기를 배불리 좋아해 두루 규휼하여 배고픈 사람에게 먹이고 추운 사람에게 따뜻하게 해 주면 병든 사람에게 소생케 하고 걱정이 있는 사람에게 즐겁게 해 주었다. 돌에는 화기가 넘쳤다. 능히 회춘(回春)하게 하니 온유덕기(溫柔德基)의 군자라고 이를만하였다. 오천(鰲川) 한백유(韓伯愈)와 교계(交契)해 서로 믿고 도의(道義)를 강숙(講熟)했다. 예학(禮學)이 굉장히 넓었고 행의(行誼)가 아중(雅重)했다. 황후익(黃候翼)이 두 번이나 말에서 내려 기꺼이 죽헌(竹軒)을 찾았고 옥천원(玉川院)을 새롭게 하는 일을 했다. 삼효재(三効齋) 조현범이 시로 찬양했으며 정용수(鄭龍壽)가 행장을 찬술했다.

허양(許壤) - 자가 자관(子寬)이고 호가 귀천(歸川)이며 양천인 강호공(江湖公) 엄(淹)의 손자다. 선조 때 통덕랑(通德郎)이다. 성품이 본디 온후(溫厚)해 어버이를 섬겨 정성스레 효도했다. 안으로 가정이 밖으로 향당(鄕黨)이 기꺼이 복종하자 않음이 없었다. 어떤 일을 만나도 탄연(坦然)히 수용(受容)하고 헤아림이 있었고 희로(喜怒)가 형성되지 않으며 삼가고 말이 없었고 욕심이 적었다. 깊이 스스로 경계하고 반성해 안분(安分)에 몸이 욕되지 않았으며 기미를 알고 마음으로 스스로 조용히 경계했다. 구경(究經)을 전심해 학업에 깊고 정통해서 실로 고인(古人)의 위기(爲己)의 학(學)에 획득한 바가 있었다. 일마다 사실에 근거가 있었고 충효를 으뜸으로 삼아 참으로 성문(聖門)에서 일컬은 바 군자(君子)인 선비다 했다.

허빈(許彬) - 자가 빈빈(彬彬)이고 양천인 장사랑(將仕郎) 탁(鐸)의 손자다. 재예(才藝)가 출륜(出倫)하고 기량과 도량이 굉장히 넓었다. 전심으로 독실하게 배워 일찍이 문장을 이루었고 최만갑(崔萬甲), 양명웅(梁命雄), 박시대(朴時大), 황일구(黃一耈), 정우형(鄭寓亨)들과 문망(文望)이 세상에 중(重)해 세칭 팔문장이라 했다. 아우는 자가 삼삼(森森)인데 어버이를 섬겨 지극히 효도하고 문아(文雅)해 형이 추천해 역시 중망(重望)이 있었다고 강남악부에 실려 있다.

허이(許儞) - 자가 원거(元擧)이고 호가 옥계(玉溪)이며 양천인 시남(市南) 협(埉)의 아들이다. 타고난 바탕이 수미(粹美)했다. 집안의 가르침을 이어받아 마음이 산림에 있어 영리(榮利)를 바라지 않았고 벗을 얻음에 반드시 단정하고 정직하게 했고 사림을 사귐에 반드시 청구(淸求)함이 없었다. 글씨가 정민(精敏)해 삼호(三豪)라고 일컬었다. 아마 호(豪)란 시주필(詩酒筆)일 것이다. 지조(志操)가 아망(雅望)하니 일향(一鄕)의 선사(善士)가 되었다. 옥천 조현범이 그

시로 찬양하기를

나라의 남쪽에 한 선비가 있어
착실하게 즐거움을 쌓았을 뿐
고요히 산림 속에 살아
자취와 학식이 성시(城市)에 숨었네
집안에 누워서 나오지 아니하니
사문(斯文)이 거의 군자이리라
세상을 피해 산지 사십년인데
마음은 맑기가 옥계의 물이로다.

라고 했다. 향인들이 경앙(景仰)하였다.

허순(許珣) - 자가 자보(子寶)이고 호가 연당(蓮塘)이며 양천인 만각재(晩覺齋) 엽(偞)의 아들이다. 영종 때 갑진년에 태어나 천성이 순후(純厚)하고 너그럽고 어질어 친척을 기쁘게 하고 이웃과 화합하며 영광(榮光)의 길을 단념해서 궁호(弓湖) 가에 은거(隱居)했다. 사우(士友)를 맞아 의를 논하고 글을 읽히며 대밭 언덕에서 부는 맑은 바람과 연당(蓮塘)의 달을 즐기며 마음 내키는 대로 소요했으니 그 평일의 쌓은 부유를 상상할 만하다. 정종(正宗) 때 수계(壽階) 첨중추(僉中樞)이며 해평(海平) 윤 참판 영구(寧求)가 갈명(碣銘)을 찬술했다.

허섬(許暹) - 자가 보경(普景)이고 호가 만오재(晩悟齋)이며 양천인 첨추 전(銓)의 손자다. 타고난 성품이 온량(溫良)하고 조행이 청결하며 문필(文筆)이 넉넉하고 고왔고 풍의(風儀)가 호상(豪爽)했다. 종족이 모두 칭찬하였고 향당(鄕黨)이 그리워하며 우러렀다. 성재(性齋) 허선생이 문(門)에 종유(從遊)했는데 선생이 그 절조(節操)를 칭찬하고 만오재(晩悟齋)라 편액하여 시를 지어 보내주었다. 그 아들 겸(蒹)은 호가 농포(農圃)인데 집안의 가르침을 이어받아 문예를 일찍 이루고 성담(性潭)의 문에서 수업했고 예설문답(禮說問答)이 있으며 문학이 깊고 오묘했고 견문이 연박(淵博)해 호를 농포(農圃)라고 했다.

허함(許菡) - 자가 내훈(內薰)이고 호가 매촌(梅村)이며 양천인 궁촌공(弓村公) 입(岦)의 손자다. 순조 을해년에 태어났다. 재예가 탁이(卓異)해 집안의 가르침을 이어받아 어버이를 섬기고 조상을 받들어 효도하고 공경했다. 일찍 조상을 받들어 효도하고 공경했다. 일찍 성재(性齋) 허(許) 선생의 문하(門下)에 나아가 의심되고 어려움을 바로 잡았고 견문이 더욱 밝아 당대의 유망(儒望)이 되었다.

허식(許湜) - 자가 백현(伯賢)이고 호가 봉산(鳳山)이며 양천인 참봉 함(鍼)의 칠세손이다. 기상과 도량이 뇌락(磊落)하고 심중(沈重) 과묵하며 의(義)를 행해 평소 두드러졌다. 문사(文詞)가 부드럽고 넉넉했으며 일찍이 성재(性齋) 허선생에게 종유했는데 선생이 늘 칭찬했다. 시고(詩稿)가 있고 수계편(壽階編)에 보인다.

행의(行誼)

허계(許棨) - 자가 향백(香伯)이고 호가 어초정(漁樵亭)이며 양천인 참봉 함(鍼)의 손자이다. 상사면 흘산 아래 의천(義川) 가에 정사(精舍)를 짓고 집 이름(扁額)을 어초정(漁樵亭)이라 했다. 아마 제공이 즐거워한 바가 산수간에 있고 밖의 일에 있지 않으므로 도포를 걸치고 집에서 살며 위풍(威風)과 도량이 원대하고 고매해 공북해(孔北海)의 자리에 손님을 모아 마음의 취미가 백중(伯仲)하고 위원외(魏員外)의 화수(花樹)에서 섶을 태우고 고기를 익혀서 술을 부르는 고상한 풍의(風義)와 흉금(胸襟)이 상쾌함을 땄음(取)을 생각할 수 있다. 황후(黃候) 익재(翼再) 수레에서 내려 수방(首訪)했고 옥천원(玉川院) 중수에 이 일을 맡아 옛 경현(景賢)을 흠모했다. 사실이 강남악부에 실려 있다.

허회(許繪) - 자가 후소(後素)이고 호가 고은(孤隱)이며 양천인 현감 경(鏡)의 증손이다. 기상과 도량이 웅위(雄偉)하고 말이 적고 신중(愼重)했다. 어버이를 섬겨 부모의 뜻을 따라 즐겁게 해 드리고 종족(宗族)이 돈목(敦睦)했으며 남을 만나 은혜를 베풀며 즐겨 서사(書史)를 보았으나 권귀(權貴)에 아부하지 않았다. 세상에서 선행으로 칭송했다.

허린(許璘) - 자가 문옥(文玉)이고 호가 장천(長川)이며 양천인 장사랑(將仕郎) 탁(鐸)의 오세손이다. 숙종 때 병술년에 태어나 성품이 청결하고 세속에 따라서 높이고 낮아짐을 깊이 부끄럽게 여기고 일찍이 성시(城市)에 발을 디딘 일이 없었고 시구(詩句)를 고치는데 다시는 괘서(掛書)하지 않았다. 수신제가(修身齊家)에 그 도(道)를 특별히 수립하므로 말미암아 사십년 동안에 흠이 없는 경지였다. 옥천 조현범이 시를 지어 찬양했다. (시 생략)

허강(許玒) - 자가 중직(仲直)이고 호가 구정(龜亭)이며 양천인 참봉공 함(菡)의 오세손이다. 영조 때 기묘년에 태어나 성품이 근본이 강곡(剛穀)하고 기질이 청숙(淸肅)했다. 효우가 아주 독실했고 친척과 화열(和悅)했으며 수신제가 하는데 법도가 있었다. 제사에는 반드시 정성으로 모셨다. 당시의 사람들이 풍속을 따라 저앙(低昂)함을 심히 부끄럽게 여겨 일생동안 조심했다고 향리에서 모두 칭찬하였다. 헌종 때 가선동지(嘉善同知)

중추부사(中樞府事)다.

허귀(許歸) - 자가 군섬(群贍)하고 호가 사천(沙川)이며 양천인 첨추공(僉樞公) 순(珣)의 아들이다. 영종(英宗) 경오년에 태어났다. 성품과 도량이 인후(仁厚)했다. 가정의 가르침을 이어받아 어버이를 공양해 정성스레 효도했다. 상제(喪制)로 예를 지켰다. 문예를 일찍 이루어 학문(學問)이 굉장히 넓고 몸가짐이 근검했고 자식을 가르침에 덕의(德義)에 맞게 교훈하고 정직하고 바르며 입이 무거워 자황(雌黃)한 일이 없었다. 형제자매와 갖추어 지극히 담화(湛和)하고 물아무간(物我無間)했다. 수신제가해 안분(安分)하고 나무하고 고기잡으며 호수 가에 소요했다. 향인(鄕隣)이 흠앙했다. 증손 당(鐺)이 가장(家狀)을 썼다.

허절(許截) - 자가 윤경(潤慶)이고 호가 석헌(石軒)이며 양천인 사직(司直) 엄(儼)의 손자다. 영종 때 을해년에 태어나 성품이 본래 침착하고 묵직하며 말이 적고 신중하며 정직했다. 두 형제와 즐거움에 빠져 남이 간언(間言)함이 없었고 족친계(族親契)를 설치 공경으로 선조를 받들고 가련한 마음으로 가난한 사람을 규휼해 원씨(苑氏)의 의장(義藏)의 유풍이 있었다. 향리에서 높이어 중히 여기게 되었다.

허시(許旹) - 자가 언경(彦慶)이고 양천인 사직공(司直公) 엄(儼)의 손자인데 영종(英宗) 때 경인년에 태어났다. 어려서부터 성품이 신중했다. 일찍이 아버지의 묘 아래 집에서 날마다 새벽같이 일어나 묘에 나아가 뵙고 글방으로 돌아오곤 하며 아들 손자들을 가르쳤다. 형제가 피리를 불며 즐거워 했고 평생 성시(城市)에 들어가지 않았다. 사람들이 모두 칭송했다.

허횡(許崂) - 자가 덕휴(德休)이고 호가 홍당(鴻堂)이며 양천인 주부공(主簿公) 건(鍵)의 육세손이다. 성품이 본래 인후(仁厚)했다. 어버이를 섬겨 그 뜻에 따르며 즐겁게 해드리고 종족에게 돈목(敦睦)하고 가난한 사람을 가련하게 여기고 구제했다. 향리에서 그 은혜에 감복했다. 문학으로

세상에 이름이 남으나 영리를 바라지 않고 산수에 뜻이 있어 매호(梅湖)가
에 집을 짓고 홍당(鴻堂)이라 집이름을 붙이고 날마다 손님들과 글과 술을
주거니 받거니 하며 스스로 즐거워했다.

허육(許堉) - 자가 윤지(潤之)이고 호가 노봉(鷺峯)이며 양천인 첨추공
순(珣)의 증손이다. 성품이 본래 정직해 행하면 반드시 바르고 의젓했다.
중년에 아버지를 여의고 정성스레 예를 지켰고 어머니를 모시고 지물비양
(志物備養)했고 병이 나매 웃지 않고 돌아 다니지 않았다. 거상(居喪) 중
에는 날고기를 먹지 않고 술도 마시지 않으며 몹시 슬퍼해 몸이 헬쓱해져
서 예로써 삼년상을 마쳤다. 선친을 받들어 제사를 모시는데 정성을 다해
마치 살아계실 때 같이 했다. 아우 근(堇)과 기꺼이 봉용(縫春) 척승(尺
升)하고 상자원원(相資源源)하며 이불을 합해 함께 자며 같이 덮어 우애가
독실하여 더욱 그 행실을 찬양했다. 헌종 때 수계가선 동중추였다.

허담(許曇) - 자가 원중(元仲)이고 양천인 주부공(主簿公) 윤(鎗)의 칠
세손이다. 정종 경신년에 태어났다. 타고난 성품이 온량(溫良)하고 효도
하며 청렴하고 곧아 강의(剛毅)를 지키고 충신(忠信)할 길을 생각했으며
거지(擧止)가 안중(安重)했다.

허창(許菖) - 자가 기중(箕仲)이고 양천인 석헌(石軒) 엄(儼)의 손자다.
어버이를 섬겨 양지(養志) 양체(養體)에 정성을 다했으며 집안에 돈목(敦
睦)하고 형제간에 우애에 더욱 독실했으며 물아(物我)가 무간(無間)하였
고 남을 공경으로 유용물량(有容物量)했다.

허순(許蒪) - 자가 문명(文明)이고 양천인 강호공(江湖公) 엄(淹)의 구
세손이다. 헌종 계사년에 태어났다. 성품이 따뜻하고 바탕이 곧았으며 가
난하게 살아도 넉넉해 지혜는 원만하고 행실을 바르게 하였으며 마치 말
더듬이 같으나 일은 민첩했다. 은혜를 위엄보다 소중히 여겼으며 그윽하
기가 종족을 즐겁게 하는 일보다 우선했다. 향당이 모두 그 의리에 감복

했다.

허훈(許塤) - 자가 국현(國賢)이고 호가 상우재(相友齋)이며 시남공(市南公) 협(峽)의 오세손이다. 헌종 때 임진년에 태어났다. 타고난 성품이 혜오(慧悟)하고 힘을 다해 어버이를 섬겼으며 우애를 다했다. 아우의 농막과 기물이 뒤집어 엎어지니 넉넉히 주었는데 봄을 맞아 서로 싸 보냈다. 늙어서 성재(性齋) 선생에게 취학해 다소의 쓰임을 더했다. 그 아우가 주의해 스스로 청신(淸愼)을 닦았다. 태극(太極) 이제설(夷齊說)을 짓고 스스로 이오당(伊吾堂)이라 했다.

허당(許鐺) - 자가 내성(乃聲)이고 호가 담락(澹樂)이며 양천인 만각공(晩覺公) 엄(儼)의 오세손이다. 부모에게 효도하고 공양해 닭울음이 처음 일 때 반드시 일어났고 그 때를 어기지 않았다. 성의를 다하고 힘을 다했다. 내외분의 죽음에 거상(居喪)함에 예의를 다했다. 날마다 반드시 성행(省行)하고 남의 힘으로 부지런히 배워 문학이 부드럽고 넉넉했다. 세상의 의덕(懿德)을 앞세우고 다음으로 집안의 일을 갖추어 진술해서 세상에 이훈(彝訓)을 전했다. 종제(從弟) 용(鎔)과 우애(友愛)가 있었다. 집에 살며 화목했고 유용물량(有容物量)해 향린이 높이여 중히 여겼다.

효행(孝行)

허순(許昫) - 자가 명오(明午)이고 호가 매천(梅川)이며 양천인 찰방 장(樟)의 오세손이다. 타고난 성품이 근효지후(根孝至厚)하고 질박(質朴)했다. 평생 자기를 다스렸으며 어버이를 섬겨 정성스레 효도했다. 말린 꿩고기와 말린 생선으로 공양하고 따뜻하고 서늘함을 여쭈었다. 부모를 여의게 되자 육개 성상을 여막살이를 해 쇠약해져 오래되지 않아 애통하게도 파리해졌지만 송종(送終)에 예를 다했다. 천장(薦狀)이 있다. 사실이 삼강록에 실려 있다.

허률(許葎) - 자가 경화(敬化)이고 양천인 참봉공 함(鍼)의 칠세손이며 가선 훈(曛)의 아들이다. 헌종 임진년에 태어나 어려서부터 천성이 지극히 효성스러워 색양겸지(色養兼至)했다. 그 때 나이 아홉이었는데 항상 상욕(床褥)에 있었고 낮이 되면 시탕(侍湯)했으며 밤이 되면 달촉(達燭)했다. 이와 같이 십여 년 동안 하면서 똥을 맛보아 증세를 증험해 조금도 나태하지 않았다. 향리 사람들이 그 효성에 탄복했다. 아들 예(銳)가 가정의 가르침을 이어받아 역시 효자라 칭송했다.

허근(許芹) - 자가 경오(敬五)이고 양천인 사직 엄(儼)의 현손이다. 순조 때 계유년에 태어났다. 어려서부터 양친을 애모(愛慕)함이 천성에서 나왔으며 사랑하는 어머니 이씨가 늙어 병이 많아 여러 해 자리에 누워 있었다. 비록 춥고 덥더라도 어머니의 곁에서 떠나지 않았고 맛있는 음식의 공양을 아이들에게 맡기지 않았으며 위독하게 되자 손가락을 깨물어 피를 흘려 넣어 삼일동안 희생하였으나 끝내 천년을 다하므로 상제로 예를 지켜 마을 사람들이 흠모하며 칭송했다.

허용(許鎔) - 자가 내신(乃信)이고 호가 농은(農隱)이며 양천인 주부 만각공(晩覺公) 엽(傑)의 오세손이다. 천성이 수명(粹明)했다. 집안의 가르침을 이어받아 어버이를 섬겨 지극히 효도했다. 기색을 낮추고 기쁜 음성으로 음식을 제공하는데 다 지극했다. 부모의 상을 당해 몹시 슬퍼해 유절(踰節)했고 상제(喪制)의 예를 지켰다. 조상을 받들어 제사를 모시는데 성경(誠敬)을 다했다. 아버지의 묘가 무너져 봉분을 만들고 사초했다. 근검(勤儉)하여 스스로를 지켰고 힘써 농사를 지어 어버이를 공양하고 농촌에 숨었다고 스스로 농은(農隱)이라 했다. 당형(堂兄) 담락(澹樂) 당(鐺)이 기를 짓고 옥천 조병헌(趙秉憲)이 서문을 지었다.

허연(許演) - 자가 제원(濟元)이고 양천인 참의공 일(鎰)의 십세손이다. 어려서부터 정성스레 효도하고 어버이를 공양했다. 몸소 고기 잡고 나무하여 맛있는 음식을 공행(供行)하며 옹색해 하지 않았다. 아버지가 일찍 병이 드니 열흘 밤을 하늘에 기도해 귀신의 감응이 있어 천리 밖에서 약을 구했고 선인(仙人)의 도움을 얻었다. 똥을 맛보고 손가락을 깨었으나 효험에 이르지 못하고 상을 당하게 되자 제례의 예를 지켰다. 날마다 반드시 묘를 살피고 쓸기를 바람 불고 비 내리며 눈이 날리고 춥더라도 폐하지 않았다. 향리에서 효자라 칭했다.

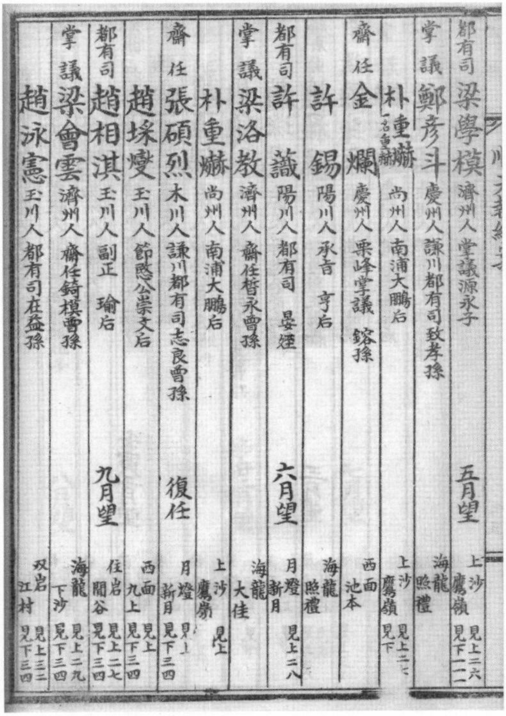
都有司 梁學模 濟州人 掌議源永子 五月望 上沙 鷹嶺 見上二六 見下一二
掌議 鄭彦斗 慶州人 謙川都有司致孝孫 海龍 照禮
朴重爀 一名重赫 尙州人 南浦大鵬后 上沙 鷹嶺 見上二七 見下
齋任 金爛 慶州人 栗峰掌議 鎔孫 西面 池本
許錫 陽川人 承吉 享后 海龍 照禮
都有司 許鑯 陽川人 都有司 晏烓 六月望 月燈 新月 見上二八
掌議 梁洛教 濟州人 齋任晳永曾孫 海龍 大佳
朴重爀 尙州人 南浦大鵬后 上沙 鷹嶺 見上
齋任 張碩烈 木川人 謙川都有司志良曾孫 復任 月燈 新月 見上 見下三四
趙㙇燮 玉川人 節愍公崇文后 西面 九上 見上 見下三四
都有司 趙相淇 玉川人 副正 瑜后 九月望 任岩 閒谷 見上二七 見下三四
掌議 梁會雲 濟州人 齋任錡模曾孫 海龍 下沙 見上二九 見下三四
趙泳憲 玉川人 都有司在益孫 双岩 江村 見上三二 見下三四

이름	연도	직책	비고
허건(許鍵)	1605년 정월	선(仚) 유학(幼學)	좌수(座首)
허경(許鏡)	1623년 5월	선(仚) 전현감(前縣監)	
허경(許鏡)	1605년 정월	봉사(奉事)	
허전(許銓)	1605년 정월	별제(別提)	
허영(許鈴)	1605년 정월	유학(幼學)	
허전(許銓)	1623년 5월	선(仚) 첨지(僉知)	
허영(許鈴)	1623년 5월	선(仚) 유학(幼學)	
허함(許錙)	1623년 5월	유학(幼學)	
허함(許錙)	1640년 7월	유학(幼學)	별감(別監)
허지(許墀)	1640년 7월	유학(幼學)	별감(別監)
허양(許壤)	1640년 7월	유학(幼學)	
허단(許壇)	1640년 7월	유학(幼學)	
허감(許堪)	1640년 7월	유학(幼學)	
허평(許坪)	1640년 7월	유학(幼學)	
허함(許錙)	1640년 10월	선(仚) 유학(幼學)	
허지(許墀)	1640년 10월	선(仚) 유학(幼學)	
허양(許壤)	1640년 10월	선(仚) 유학(幼學)	
허단(許壇)	1640년 10월	선(仚) 유학(幼學)	
허감(許堪)	1640년 10월	선(仚) 유(幼)	
허평(許坪)	1640년 10월	선(仚) 유학(幼學)	
허함(許錙)	1643년 8월	유학(幼學)	
허지(許墀)	1643년 8월	선(仚) 유학(幼學)	

허양(許壤)	1643년 8월	유학(幼學)	
허단(許壇)	1643년 8월	유학(幼學)	
허감(許堪)	1643년 8월	유학(幼學)	
허평(許坪)	1643년 8월	유학(幼學)	
허빈(許彬)	1661년 9월		유안(儒案)
허시(許時)	1661년 9월		
허재(許梓)	1661년 9월		
허격(許格)	1661년 9월		
허상(許相)	1661년 9월		
허장(許樟)	1661년 9월		
허익(許榏)	1661년 9월		
허주(許柱)	1661년 9월		
허신(許身)	1661년 9월		
허국(許國)	1661년 9월		
허종필(許宗弼)	1661년 9월		
허정(許錠)	1661년 9월		
허희도(許希道)	1661년 9월		
허종철(許宗哲)	1661년 9월		
허종준(許宗俊)	1661년 9월		
허빈(許彬)	1664년 9월		별유안(別儒案)
허정(許棖)	1664년 9월		
허재(許梓)	1664년 9월		
허격(許格)	1664년 9월		
허상(許相)	1664년 9월		
허장(許樟)	1664년 9월		
허익(許榏)	1664년 9월		
허빈(許彬)	1667년 5월		별유안(別儒案)

허종(許棕)	1667년 5월		
허격(許格)	1667년 5월		
허상(許相)	1667년 5월		
허순(許枸)	1667년 5월		
허익(許榏)	1667년 5월		
허정(許棖)	1667년 5월		
허빈(許彬)	1669년 6월	선(仚) 유학(幼學)	향유사(鄕有司)
허삼(許森)	1669년 6월	선(仚) 유학(幼學)	
허돈(許墩)	1669년 6월	선(仚) 유학(幼學)	
허항(許杭)	1678년 8월		청금록(靑衿錄)
허상(許相)	1678년 8월		
허원(許楥)	1678년 8월		
허정(許棖)	1678년 8월		
허해(許楷)	1678년 8월		
허제(許梯)	1678년 8월		
허서(許緖)	1678년 8월		
허서(許緖)	1692년 3월		청금록(靑衿錄)
허계(許棨)	1692년 3월		
허협(許綊)	1692년 3월		
허서(許緖)	1693년 6월		청금록(靑衿錄)
허계(許棨)	1693년 6월		
허협(許綊)	1693년 6월		
허찬(許纘)	1693년 6월		
허겸(許縑)	1693년 6월		
허서(許緖)	1695년 8월		청금록(靑衿錄)
허계(許棨)	1695년 8월		
허협(許綊)	1695년 8월		
허찬(許纘)	1695년 8월		

허겸(許鎌)	1695년 8월		
허서(許緒)	1697년 정월		청금수행안 (靑衿隨行案)
허계(許棨)	1697년 정월		
허협(許綊)	1697년 정월		
허찬(許纘)	1697년 정월		
허겸(許鎌)	1697년 정월		
허계(許棨)	1699년 12월		청금수행안 (靑衿隨行案)
허찬(許纘)	1699년 12월		
허겸(許鎌)	1699년 12월		
허계(許棨)	1701년 3월		청금수행안 (靑衿隨行案)
허찬(許纘)	1701년 3월		
허겸(許鎌)	1701년 3월		
허항(許恒)	1715년 4월		별유안(別儒案)
허세(許繐)	1723년 6월		청금수행안 (靑衿隨行案)
허길(許佶)	1723년 6월		
허칙(許伳)	1723년 6월		
허계(許棨)	1726년 12월		청금안(靑衿案)
허협(許綊)	1726년 12월		
허회(許繪)	1726년 12월		
허세(許繐)	1726년 12월		청금수행안 (靑衿隨行案)
허길(許佶)	1726년 12월		
허칙(許伳)	1726년 12월		
허육(許堉)	1726년 정월		향교유생안 (鄕校儒生案)
허은(許殷)	1726년 정월		
허벽(許蘗)	1732년 12월		
허세(許繐)	1735년 8월		청금수행안 (靑衿隨行案)
허회(許繪)	1735년 8월		
허급(許伋)	1735년 8월		청금부거안 (靑衿赴擧案)

허엽(許偞)	1735년 8월		
허준(許儁)	1735년 8월		
허린(許璘)	1735년 8월		
허이(許儞)	1735년 8월		
허습(許濕)	1735년 8월		
허세(許繐)	1736년 12월		
허회(許繪)	1736년 12월		
허엽(許偞)	1738년 10월		
허호(許豪)	1741년 5월		유안(儒案)
허진(許瑨)	1741년 5월		
허세(許繐)	1742년 4월		청금수행안 (靑衿隨行案)
허세(許繐)	1750년 정월		청금수행안 (靑衿隨行案)
허린(許璘)	1757년 9월		청금부거안 (靑衿赴擧案)
허습(許濕)	1757년 9월		
허심(許璕)	1757년 9월		
허탁(許倬)	1757년 9월		
허작(許綽)	1761년 3월		청금수행안 (靑衿隨行案)
허의(許儀)	1761년 3월		
허거(許琚)	1804년 8월	장의(掌議)	
허거(許琚)	1805년 정월	장의(掌議)	
허집 (許𤨏)	1809년 2월	도유사(都有司)	
허입(許岦)	1810년 정월	재임(齋任)	
허입(許岦)	1811년 2월	재임(齋任)	
허입(許岦)	1811년 4월	재임(齋任)	
허입(許岦)	1811년 8월	재임(齋任)	
허입(許岦)	1812년 정월	재임(齋任)	
허강(許綱)	1813년 5월		객사집사유생안 (客舍執事儒生案)
허방(許昉)	1818년 3월	장의(掌議)	

허섬(許暹)	1819년 3월	재임(齋任)	
허언 (許巘)	1821년 3월	재임(齋任)	
허언 (許巘)	1821년 4월	재임(齋任)	
허헌(許巚)	1831년 5월	재임(齋任)	
허섬(許暹)	1834년 2월	장의(掌議)	
허섬(許暹)	1834년 4월	장의(掌議)	
허입(許岦)	1837년 3월	도유사(都有司)	
허우련(許佑連)	1840년 3월		향교재복유생안 (鄕校齋服儒生案)
허증(許嶒)	1843년 2월	도유사(都有司)	
허근(許瑾)	1849년 2월	재임(齋任)	
허장명(許長命)	1849년 4월		향교서재유생안 (鄕校西齋儒生案)
허재구(許在九)	1849년 4월		
허부귀(許富貴)	1849년 4월		본부객집유생안 (本府客執儒生案)
허인(許汃)	1849년 4월		
허난득(許蘭得)	1849년 4월		
허근(許瑾)	1849년 9월	재임(齋任)	
허섬(許暹)	1850년 12월	도유사(都有司)	
허섬(許暹)	1850년 12월	도유사(都有司)	
허섬(許暹)	1852년 2월	도유사(都有司)	
허훈(許曛)	1852년 2월	장의(掌議)	
허장명(許長命)	1855년 정월		향교서재유생안 (鄕校西齋儒生案)
허식(許湜)	1858년 3월	재임(齋任)	
허식(許湜)	1858년 윤5월	재임(齋任)	
허호(許灝)	1862년 2월	재임(齋任)	
허겸(許兼)	1864년 2월	재임(齋任)	

허안(許晏)	1865년 2월	장의(掌議)	
허윤(許㻋)	1868년 8월	재임(齋任)	
허근(許墐)	1869년 2월	장의(掌議)	
허안(許晏)	1873년 2월	도유사(都有司)	
허겸(許兼)	1874년 4월	장의(掌議)	
허훈(許曛)	1875년 2월	도유사(都有司)	
허훈(許曛)	1875년 3월	도유사(都有司)	
허근(許墐)	1881년 5월	도유사(都有司)	
허식(許湜)	1885년 12월	도유사(都有司)	
허식(許湜)	1887년 11월	재임(齋任)	
허식(許湜)	1887년 2월	재임(齋任)	
허식(許湜)	1889년 2월	장의(掌議)	
허식(許湜)	1889년 2월	장의(掌議)	
허식(許湜)	1889년 3월	장의(掌議)	
허규(許垞)	1891년 2월	재임(齋任)	
허규(許垞)	1892년 2월	장의(掌議)	
허당(許鐺)	1893년 2월	장의(掌議)	

■ 저자소개

이 욱

고려대학교 사학과 졸업
같은 대학원 사학과 졸업(문학박사)
(전) 국립민속박물관 학예연구사
(전) 한국국학진흥원 책임연구위원
(전) 경상북도 문화재 전문위원
(현) 순천대학교 사학과 교수

최연숙

이화여자대학교 사학과 졸업
한국고전번역원 상임연구부 졸업
한국학중앙연구원 고문헌관리학과 졸업(문학박사)
(전) 한국법제연구원 선임연구원
(전) 국립중앙도서관 고서전문원
(현) 한국고전번역원 외부전문번역위원
(현) 한국국학진흥원 책임연구위원